KB156054

교육과 일

사회학적 접근

데이빗 B. 빌스 지음
장원섭·장시준·김영실 옮김

박영
story

『교육과 일: 사회학적 접근』이 한국의 독자들에게 소개될 수 있어서 매우 영광입니다.

내가 가장 잘 알 수 있는 사회는 미국입니다. 따라서 이 책에서 제시한 대부분의 경험적 증거들은 내가 이해한 미국의 제도와 조직에 관한 개념과 문제들을 설명하기 위한 것이었습니다. 그렇지만 블렉웰출판사의 권유로 국제적 독자들을 염두에 두고 책을 집필했습니다. 다른 나라들에서 교육과 일 사이의 연계가 이루어지는 사례들을 찾기 위한 어려운 시도를 하기도 했습니다. 이러한 비교분석을 하기 위한 노력이 매우 유익하다고 생각합니다. 국가들은 다른 국가들, 특히 경쟁적이거나 협력적 위치에 있는 국가들이 어떻게 기술을 개발하고 인력을 양성하는지를 앎으로써 많은 시사점을 얻을 수 있을 것입니다.

물론, 모든 사회가 그 자체로 독특한 특성들을 가지고 있습니다. 그러나 동시에 어떤 사회도 완벽하게 고유하지만은 않습니다. 경험적 증거, 제도적 구조, 역사적 맥락이 다르겠지만, 한국의 연구자와 정책가 역시 다른 나라의 연구자와 정책가와 마찬가지로 내가 이 책에서 다룬 광범위한 문제들 −인구학적 변화, 후기 산업주의, 사회경제적 불평등− 을 고민하고 있을 것입니다. 나는 이 책에서 발전시킨 개념들이 매우 다른 특성을 가진 사회에서도 적용될 가능성이 있다고 믿습니다.

우리는 점점 더 지구화된 세계 속에서 살고 있습니다. 미국의 금융정책이 한국 경제에도 빠르게 영향을 미칠 수 있습니다. 동시에 한국은 중국이나 인의 다른 국가들과 함께 과학기술분야 등에서 그 세계적 존재성을 계속 확장해 나가고 있습니다. 모든 국가들은 교육과 일 사이의 다양하고 변화하는 연계성에 주목할 필요가 있습니다. 광범위한 문화적 차용이 언제나 국가의 기술 형성 체제를 특징 지워왔겠지만(Tanaka 2005), 그것이 오늘날만큼 급박하게 이루어진 적은 없었을 것입니다.

나는 고용과 교육 정책가들이 이 책을 읽고 가치로운 무언가를 얻기를 희망하지만, 이 책은 사회정책가보다는 수많은 사회학적 질문들에 흥미를 가진 사람들에게 더 도움이 될 것이라고 생각합니다. 그 중에 많은 것들이 한국의 연구자들에게도 해당될 것입니다. 예를 들어, Park(2001)은 지난 수십 년간 한국에서 이루어진 급격한 교육팽창의 문제를 검토했습니다. 그는 기대와는 달리, 그 팽창이 계층에 따른 고등교육 접근기회를 완화하는데 거의 기여하지 못했고 여전히 매우 계층화된 상태로 남아있다고 결론을 내렸습니다. 이와 유사하게, Kim(2005)은 한국의 노동시장에서 졸업장과 직업 획득 사이의 관계가 문제가 있음을 보여주었습니다. Chang(2004)은 한국 기업들이 자질을 갖춘 구직자를 채용하는 것과 이미 고용된 직원들에게 훈련을 제공하는 것 사이의 선택에 직면하여 숙련된 노동력을 형성해 나가는 문제를 분석했습니다.

나는 연세대학교의 장원섭 교수가 이 책의 한국어 번역판을 낼 수 있도록 애써 준데 대해 깊은 감사를 전합니다. 십수년 전에 아이오와대학교 대학원생으로서 원섭을 지도했던 즐거움과 영예를 가졌었습니다. 그의 박사학위논문을 지도한 이래 원섭이는 나의 가장 귀중하고 훌륭한 동료의 하나가 되었다는 것에 매우 기쁩니다. 나는 그와 더욱더 많이 함께 연구할 기회를 갖기를 기대합니다. 또한 원섭의 동료들인 김영실 교수와 장시준 선생이 이 책을 번역하는데 참여하여 수고를 아끼지 않은데 대해서 매우 감사합니다.

다시 한번, 블렉웰과 원미사의 관계자들에게 감사합니다. 그들의 전문성뿐만 아니라 국가와 언어를 초월하여 학자들이 연구할 필요성을 인정한데 대해 경의를 표합니다.

참고문헌

Chang, Wonsup. 2003. Hiring and Training in Korean Establishments: Do Employers Substitute Making for Buying? *Research in the Sociology of Work, Volume 12: The Sociology of Job Training.* Elsevier, London. pp. 31-48.

Kim, Ki Hun. 2005. Mismatch between Education and Job: Focusing on College Graduates in Korea and Japan. *Korean Journal of Sociology of Education* 15: 51-77.

Park, Hyunjoon. 2001. "Educational Expansion and Inequality in Korea." Center for Demography and Ecology, University of Wisconsin-Madison, Discussion Paper number 2001-04.

Tanaka, Masahiro. 2005. *The Cross-Cultural Transfer of Educational Concepts and Practices: A Comparative Study.* Symposium Books, Oxford, England.

감사의 글

아이오와 대학교에서 여름학기 대학원 수업을 개설하는데 필요한 최소 인원은 6명이다. 6명 미만이면 폐강이 된다. 2001년 여름학기에 내 수업에 5명의 학생이 수강신청을 하였다. 알지 못하는 수강신청하지 않은 6번째 학생에게 감사한다. 그 또는 그녀로 인해 『교육과 일: 사회학적 접근(원제: The Sociology of Education and Work)』 집필에 집중할 수 있는 자유시간을 가질 수 있었다.

내가 이 책을 마칠 수 있기까지는 두 명의 학과장이 기꺼이 그리고 적절하게 도와주었다. 나의 동료이자 친구이고, 때때로 나의 상사였던 체트 르존카Chet Rzonca와 래리 바틀렛Larry Bartlett의 큰 도움에 깊이 감사한다.

나는 아이오와 대학교와 그 밖의 다른 곳에서 교육과 일에 관해 나와 대화하고 이 책에 대해 조언해준 여러 사람들에게 많은 고마움을 전한다. 그들 가운데는 케빈 라이히트Kevin Leicht, 데이브 젭슨Dave Jepsen, 어니 파스카렐라Ernie Pascarella, 켄 브라운Ken Brown, 그리고 장원섭Wonsup Chang이 있다. 나는 이 책의 초고 전부 또는 일부를 읽고 지적 자극을 준 나의 동료들에게 특별히 큰 도움을 받았다. 데이빗 브라운David Brown, 클로디아 부취만Claudia Buchmann, 빌 카보나로Bill Carbonaro, 그리고 폴 킹스톤Paul Kingston이 준 조언과 격려에도 크게 감사한다. 또한 이 책에 있는 표와 그림들을 그리는데 도움을 준 로라 로위Laura Lowe에게도 감사한다.

나는 블렉웰출판사의 수잔 라비노위츠Susan Rabinowitz와 켄 프로벤처Ken Provencher와 함께 작업하는 행운을 가졌다. 이 프로젝트를 착수하도록 격려해주고 내가 원하는 것에 초점을 맞출 수 있도록 도와준 수잔과 확실하고 침착하며 끈질기게 교정을 본 켄에게 감사한다.

각 장의 첫 쪽에 나오는 그림들은 아이오와시티에 위치한 시니어하이 대안센터의 매우 재능있는 학생 5명에 의해 디자인되었다. 그것은 역시 재능많은 교사 하니 엘카디Hani Elkadi의 지도아래 이루어졌다. 나는 각 장에서 목표로 하는 것을 학생들에게 말했고 그들은 놀라운 창의력과 통찰력으로 그것에 부응했다. 그들은 앤드류 베넷Andrew Bennett, 카일 빙햄Kyle Bingham, 메간 비숍Megan Bishop, 멜리사 칼슨Melissa Carlson, 그리고 릴리 맥커스커Riley McCusker였다.

무엇보다도 나의 아내 발레리Valerie와 세 아들 샘Sam, 맥스Max, 아이작Issac 에게 내가 형언할 수 있는 모든 것을 다해 깊이 감사한다. 나는 더 이상의 축복을 상상할 수 없다.

차 례

CHAPTER 01

교육과 일

: 몇 가지
영역의 설정

교육과 일
: 몇 가지 영역의 설정

교육과 일의 모호한 관계

이 책은 모든 사회에 존재하고 있는 두 가지 기본 제도인 교육과 일의 관계를 고찰하는 것을 목적으로 한다. 이 책에서 나는 우리가 한편으로는 교육(학교교육, 학습, 훈련 등)이라고, 다른 한편으로는 일(일터, 고용, 노동, 직업)이라고 통칭하는 수많은 사회적 실천이 어떻게 오랜 시간에 걸쳐 발전되어 왔으며, 현재 어떻게 변화하고 있는가에 대해 탐구하고자 한다. 또한 비록 이론적일지라도, 교육과 일의 관계가 미래에 어떻게 발전할 것인지에 대해 경험적으로 뒷받침된 예측을 시도하고자 한다.

기본적인 사회제도institutions로서 교육과 일의 특징은 그것들의 지속적이고 영구적인 사회적 특성들에 대해 검토함으로써 가능하다. 개별 학교와 일의 배경은 각각 독특한 의미가 있겠지만, 여기서는 어떤 특정한 배경을 초월하는 학교와 일터의 모습에 더 관심을 갖는다. 리처드 스콧 Richard Scott(1995, p.33)은 이 제도가 "사회적 행위자들에게 안정과 의미를 제공하는 인지적, 규범적, 규정적 구조와 행위들로 구성되어 있다"고 진술하였다. 즉, 학교와 일터는 학생을 가르치고 노동자의 생산적 행위를 이끌어 내는 장소일 뿐 아니라, 사회의 기본적 본성을 정의하도록 해주고, 그 사회의 구성원들이 어떻게 삶을 살아가는지에 대한 구조를 제공하는 사회적 공간이다.

그러나 영속성과 내구성에 초점을 둔다는 것이 교육과 일의 관계가 시간이 흘러도 변하지 않는다는 것을 의미하는 것은 결코 아니다. 변화는 미국의 제대군 인원호법GI Bill 혹은 중국의 문화혁명과 같이 갑자기 일어날 수도 있고, 오랜 시간에 걸쳐 장기적으로 이루어질 수도 있다(Braudel, 1992; Collins, 2000). 학교교육과 일은 시대와 장소에 따라 어떻게 다양하게 연계되어 왔을까? 교육과 일의 관계에 대한 우리의 지식이 불확실하다 할지라도, 우리는 이에 대한 일반화된 경향과 과정을 밝혀낼 수 있는 많은 지식을 가지고 있다.

이 책에서 나는 교육과 일의 범위 내에서 구조와 행위가 사회적 구조에 의해 어떻게 결정되는지, 또한 이것들이 사회구조를 구성하는 데에 어떻게 영향을 미치는지에 대해 논의할 것이다. 예를 들어, 이 책에서는 교육과 일의 관계에 대한 사회의 광범위한 신념과 실천이 이 관계에 어떻게 영향을 미치고 이러한 관계가 인생의 기회, 사회경제적 불평등, 개인의 개발과 같은 것에 어떤 영향을 미치는지에 대해 질문을 던질 것이다.

스콧 등이 제시하는 바와 같이, 제도란 상당히 높은 수준의 이론적 추상성을 갖는다. 나는 높은 수준의 제도도 다루겠지만, 제도화된 삶이 실제로 경험되는 수준에 보다 많은 관심을 두고 있다. 교육과 일의 제도는 일반적으로 학교와 일터의 조직화된 배경setting 내에서 경험되어진다. 현대사회에서 학교교육과 일은 주로 조직 내에서 수행되는 활동들이다. 이것이 불변의 사실은 아니지만 홈스쿨링과 원격통신을 생각해보라. 심지어 이들도 조직적 성격을 띠고 있다. 교육과 일에 관련된 조직들은 모든 사람들의 삶에 중요한 영향을 끼친다.

많은 사회학자들이 전통적으로 어떻게 생각했던 간에, 학교와 일의 관계는 결코 매끄럽게 이어져 있지 않다. 오히려 이들의 관계는 긴장상태에 있고, 애매하며, 모순적인 경우가 많다. 예를 들어, 미국의 학교는 평등과 시민의식이라는 가치를 강조하는데 이는 일터의 규범인 경쟁이나 위계와 종종 상충되는 것이다. 동시에, 경쟁적이고 위계적인 학교는 민주적이고 포용적인 일터와 갈등관계에 있을 수 있다.

이렇듯 내재적으로 경쟁상태에 있는 교육과 일의 관계는 사회에서 현재 벌어지고 있는 논쟁과 관심의 핵심 이슈로 떠오르고 있다.

이 관계는 곧 위계, 평등, 특권, 업적, 공정성 등과 같이 중요하지만 때로는 상충되는 사회적 가치에 대해 어려운 질문을 던진다. 이렇게 함으로써 올바른 교육은 무엇이며, 누가 교육시스템을 통제할 수 있고, 좋은 직업생활은 무엇이며, 교육자와 일의 세계 상호 간의 책무는 무엇인가 등과 같이 가치가 부여된 쟁점들이 논의된다.

질문에 대한 대답은 분명하지 않으며, 교육과 일의 연계라는 단순한 사실은 처음 분명해보였던 것처럼 명확한 것은 아니다. 사실 오늘날 세계 곳곳에서 밝혀진 교육과 일 사이의 연결 강도는 다른 시대와 다른 장소에서는 매우 혼란스럽게 여겨졌을 것이다. 역사학자 바바라 핑켈스테인Babara Finkelstein(1991, p.464)은 매우 명쾌하게 다음과 같은 이슈를 제기하고 있다. "왜 미국의 정치가, 학자, 언론인, 노동계 지도자들이 경제적 문제를 해결하기 위해 학교에 눈을 돌리는가? 교육과 일에 관한 어떠한 사고구조가 경제적 문제와 학교개혁 요구를 통합시킬 수 있을 것인가?" 이 책에서는 앞으로 이 주제를 반복적으로 다루게 될 것이다.

교육과 일: 우리가 말하고자 하는 것은 무엇인가?

교육과 일은 대단히 광범위한 영역을 포괄하고 있다. 학교와 일터에 관해 연구하는 학자들은 이 두 가지 제도의 구체적인 측면에 대해 관심을 기울여 왔다. 예를 들어, 어떤 교육학 연구자는 초등학교 또는 비공식적 학습, 엘리트 대학, 직업훈련, 교육체제의 또 다른 "부분들"에 관심을 한 정한다. 마찬가지로 일터를 연구하는 학자들은 생산직 노동자, 직업 이 동, 소외된 노동자, 일 경험의 그 밖의 모습들에 관심을 기울일 수 있다. 교육과 일의 관계를 연구하는 이들은 무엇이 관심영역이며, 무엇을 보류 할 것인가에 대한 결정을 내릴 필요가 있다.

교육과 일에 대한 연구는 유용한 경험적 연구에서 요구되는 구체성과 깊이를 크게 손상하지 않으면서 연구의 폭을 넓힐 수 있는 기회를 제공한 다. 다시 말해 이 책을 통해 통합적인 해석을 제공함으로써 나는 "교육과 일"을 포괄하는 넓은 그물을 형성할 수 있다. 따라서 나는 모든 것을 포 함하지는 않지만 교육과 일에 대해 확장적인 정의를 채택하고자 한다.

본 연구 제목인 "교육과 일" 중 "교육"은 다양한 활동과 구조를 포괄하 고 있다. 즉, 초등학교에서부터 고등학교, 그리고 중등교육 이후의 기관 에 이르기까지, 그리고 직업훈련, 성인교육, 도제훈련 등 보다 포괄적이고 학교 형태를 덜 갖춘 "기술향상"을 통해 일어나는 사회화, 교수instruction, 자격인증 등이 포함된다. 나는 특정한 형태로 제도화된 학습에 대해 다룰 것이지만, 일반적으로 "학교"라고 생각하는 특정기관에 한정짓지는 않을 것이다. 사실 이러한 정의조차 정보통신기술의 발전과 원격학습으로 인한 변화에 따라 매우 혼란스러운 개념이 되고 있다.

교육을 무엇으로 보는가에 대한 이해는 많은 사항들을 배제한다. 가장 중요한 것은 교육이 "학습"과 같지 않다는 것이다. 사람들은 학교에 다니 면서도 학습하지 않을 수 있고 또 많은 경우 그러하다.

사실 일정한 학습을 하지 않고도 졸업장과 자격증을 받고 다음 단계의 학교에 진학할 수 있다. 물론 이 책에서는 교육적 환경에서 일어나는 학 습의 양과 종류에 관심을 가지고 있지만, 이 밖에도 교육이 지식의 전수 이상으로 어떤 역할을 담당하는지를 살펴보고자 한다.

사람들은 많은 것을 학습한다. 일터에서 중요하다고 알고 있는 것, 그리고 정규교육 영역 밖에서 경험을 통해 학습되는 것도 있다. 학습이 가장 먼저 이루어지는 곳은 가정이다. 그러나 동료 집단, 미디어, 지역, 이웃 등도 강력한 교육적 기능을 수행한다. 의도적, 비의도적으로 이루어지는 학습은 사회의 기초를 이루고 있다. 그러나 이 책에서는 이를 논의하지는 않는다.

많은 학자들은 교육과 훈련을 구별한다. 교육은 기능을 개발하는 장기적 과정을 의미하며, 이를 통해 사람들이 학습하는 방법도 배울 수 있다고 여겨지기도 한다. 반면 훈련은 보다 단기적 과정이고 현장의 당면 요구와 연결된다. 이 둘의 선호도는 경제적 보상과의 관계에 따라 결정된다. 다시 말해 교육을 옹호하는 이들은 교육의 내구성과 전이성을 지적하는(Carnevale & Desrochers, 1997) 반면, 훈련을 지지하는 이들은 구체적인 기술을 익히고 급격하게 변화하는 일터에서의 요구에 부응하는 즉각적인 효용을 강조한다(Bishop, 1998).

교육과 훈련이 다르다는 것을 상기하는 것은 때때로 유용할 수 있다. 그러나 이 책에서는 그 차이를 강조하고자 하지 않으며 오히려 그 차이를 가급적 드러내지 않을 것이다. 어떤 이들은 2학년 교실에서 일어나는 것은 교육이고, 계약 훈련 프로그램에서 일어나는 것은 훈련이라고 명백하게 구분하기도 하지만, 두 개념의 구분은 쉽지 않다. 일반적 기술이 구체적 기술로 "변형"되는 시점은 불분명하다. 따라서 나는 교육과 훈련을 하나의 큰 개념으로 묶고자 한다.

교육과 마찬가지로 "일"은 매우 광범위한 개념이다. 일과 대비되는 노동, 노역, 고용, 직업, 부업 등의 용어에 대한 개념적, 경험적 차이에 대해서는 이미 광범위한 연구가 진행되어 왔다(Bernstein, 1997). 실제로 사회학적 전통의 많은 유산이 이러한 연구에 기초하고 있다. 맑스의 재생산, 뒤르케임의 분업, 베버의 종교체제와 경제기업의 관계에 대한 서술에 이르기까지 고전 사회학 이론의 창시자들 대부분이 "일"의 세계에 대해 큰 관심을 갖고 있었다.

많은 사회학자들은 "일"의 개념이 너무 포괄적이기 때문에 생계를 유지하기 위한 사람들의 행위를 충분히 이해할 수 없을 것이라고 생각한다 (Karlsson, 1995). 몇몇의 학자들은 무엇이 "일"에 해당되고 무엇이 아닌지에 대한 명확성을 확보하기 위한 방법을 모색하였다(Chajewski & Newman, 1998). 그러나 이 책에서는 교육의 개념과 마찬가지로 일의 개념을 보다 광범위하게 해석할 것이다. 그럼에도 불구하고 "일"을 어떻게든 한정할 필요는 있다.

"일"의 가장 중요한 부분은 금전적 보상과 교환하기 위한 자발적인 행위로 여겨진다. 이 정의가 지나치게 협소하다고 일부에서 비판하지만(Daniels, 1987), 이는 오랜 시간에 걸쳐 획득된 사회학적 관행이다(Dubin, 1965). 이러한 정의는 합리적이고 광범위하긴 하지만, 많은 노력과 시간을 필요로하고 경제적으로도 생산적인 여러 가지 활동들을 배제한다. 예를 들어, 금전적 보상이 없는 가사노동은 세계 인구 대부분의 주된 활동이며 가장중요한 생산활동이다. 마찬가지로 자원봉사voluntarism는 많은 사회적 제도를 유지하는 근간이며, 측정할 수 없는 사회적 이익의 원천이 되고 있다. 그러나 이는 논의의 범위를 벗어난다. 한편, 노예 등 강제 노동은 역사적으로는 매우 중요한 의미를 가지고 있지만, 이 책에서 논의하고자 하는 "자발적 교환"의 성격은 아니다.

이러한 범위설정에도 불구하고 일은 인간 행동의 광범위한 영역을 포괄한다(Terkel, 1997). 여기에는 자영업, 불완전 고용, 수십만 달러 연봉을 받는 일, 법정 최저임금보다 낮은 소득의 일, 자유 계약과 단체교섭을 수반하는 일, 정규교육을 요구하는 일, 교육제도와 연계되지 않은 일, 지저분하고 천시받는 일, 고귀하고 명예로운 전문적인 일 모두가 포함된다.

"기술"이 의미하는 것은 무엇인가?

논의를 전개하기 앞서 한 가지 개념에 대해 언급할 필요가 있다. 사회과학 개념들 중 기술skill이라는 개념만큼 일관성 없이 사용된 것도 드물다 (Vallas, 1990). 이 개념에 대한 편차는 이 책에서도 계속 반복된다. 예를 들어, 일하는 사람의 직무 기술, 인지 기술, 비인지 기술, 분배된 기술, 기술의 폭과 깊이 등이 언급된다. "기술"은 다차원적이고 이질적인 개념이다. 침묵하기, 야구공 치기, 회로판 설계하기, 미소 지으며 커피 따르기, 오르간 수리하기 등은 모두 기술이지만 이들 간에 명백한 공통분모를 찾기는 힘들다.

사회과학자들이 교육과 일의 관계에 있어 기술의 역할에 대한 통계적인 조사를 수행하고자 한다면, 가설을 시험하고, 틀렸다고 여겨지는 가정을 폐기하고 잠정적으로 옳다고 판단되는 가정을 채택할 수 있도록 기술을 정의하고, 조작하고, 측정해야 한다. 이러한 과정의 첫 번째 단계는 다른 종류의 기술들을 범주화하는 것이다. 일반적인 기술과 특수한 기술, 인지적인 기술과 감성적인 기술, 기초적인 기술과 고도화된 기술과 같이 양분된 도식이 일반적이지만, 보다 정교화된 범주 또한 가능하다. 연구 질문에 따라 기술에 대한 시각도 달라야 한다. 이러한 많은 분류상의 도식 중 어떤 것이 가장 좋은가를 결정하는 것은 그것이 연구 질문에 답변하는 데 얼마나 도움이 되는가와 관련이 있다(Spenner, 1983, 1985; Diprete, 1988; Attewell, 1987; Frenkel et al., 1999; Kerckhoff et al., 2001).

이 책에서 정확한 정의의 기술을 언급하기도 하겠지만, 포괄적인 의미를 지칭하기 위해 보다 폭넓은 정의를 사용하게 될 것이다. 가장 포괄적인 의미에서 기술이란 어떤 일을 수행하기 위한 능력이라고 할 수 있을 것이다. 여기에서는 이 정의를 보다 정교화함으로써 논지를 명확히 하고자 한다.

첫째, "기술"은 교육과 다르다. 개인의 학교교육 수준과 기술수준을 동일한 것으로 다루는 것(또는 연구논문에서 종종 학교교육을 "준" 기술로 간주하는 것)은 노동경제학과 일반적 사회학자들 사이에서는 전통적이며 일반적이다(Handel, 2000 참조). 그러나 이러한 관행은 정당화 될 수 없다. 경제학자 잉그램Ingram과 뉴만Neumann(1999, p.1)은 "교육 그 자체로는 기술을 적절하게 측정할 수 없다"고 다소 직설적으로 표현하였다. 반면 사회학자 알렌 커크호프Alen Kerckhoff 등(2001)은 개인의 기술수준과 학교교육 수준은 서로 다른 요인에 의해 결정될 뿐 아니라 서로 다른 노동시장에서의 결과물을 낳는다고 입증하였다(Carbonaro, 2001). 이러한 점은 이 책 전반에 걸쳐 분명하게 논의되고 있다. 그러나 학교교육과 기술이 서로 연계되어 있으나 구별되는 개념이라는 점은 미리 설정해 둘 필요가 있다.

더 나아가 기술을 개인적 특성으로 생각하는 것이 옳을 때도 있지만, 직무의 특성 또는 근로자 집단의 특성으로 보는 것이 맞을 때도 있다. 발라스Vallas(1990)에 따르면, 교육심리학자들과 인적자본 경제학자들은 기술을 노동자들이 보유하고 있는 어떤 것이라고 파악하고 있는 반면, 사회학자들은 기술을 직업에 내재된 것으로 본다. 기술을 보다 풍부하게 이해하기 위해서는 기술을 스틴초콤브Stinchocombe(1990)가 말한 소위 조직의 "정보 과정"에 내재되어 있는 것으로 파악해야 한다. 스틴초콤브(1990, p.21)의 정의는 기술이 가지고 있는 다차원적인 속성을 잘 나타내고 있다.

불확실한 환경에서 주어진 업무 역할로부터 비롯된 대부분의 행동을 관행화하는 역량 … 기술은 노동자가 정확하고 빠르게 주어진 업무를 수행할 수 있도록 하는 관행의 목록이며, 관행들 사이의 선택 원칙에 있어서의 틀을 의미한다. 이러한 관행과 선택의 복잡성은 불확실성이 노동자에게 제공하는 대부분의 일들을 다룬다. 그러므로 기술이 제품 또는 서비스가 생산되기 위해 많은 다른 것들이 수행되어져야 하지만 상황에 따라 각각 다른 방법으로 일이 수행되어져야 할 때, 우리는 기술을 찾아내는 것을 기대하게 될 것이다.

이는 기술이 특정한 노동 조건 하에서 특정한 근로자 혹은 근로자 집단으로부터 도출된 것임을 시사한다. 분명히 어떤 사람은 다른 사람에 비해 보다 "숙련"되어 있으며, 어떤 일은 다른 일보다 해당 종사자의 노력을 더 많이 요구한다. 그러나 대부분의 사회학적 관심사는 기술의 생산, 전시, 보상에 있어서 노동자, 직무, 일터가 어떻게 협력하는가에 있다.

사회학적 개념의 논쟁적 속성

사회학도 다른 학문과 마찬가지로 일련의 기본 개념들을 사용한다. 필립스Phillips(1971, p.47)는 "개념"을 사회학 이론 및 연구의 "건축 자재"로 파악한다. 그에 따르면, 개념은 중요한 사회적 과정을 이해하는데 도움이 되는가에 따라 판단되어야 한다. 필립스는 개념의 가치가 명료성, 범위, 체제적 의미라는 세 가지 기준에 의해 주로 결정된다고 보았다. 그는 어떤 개념을 정의하는데 사용된 용어가 일상적 용어일 경우, 그 개념의 명료성은 떨어진다고 지적하였다. 사실 대부분 사회학적 개념들이 그러하다. 예를 들어, 사람들이 동료를 "숙련되었다"고 말하는데, 숙련된 것의 정확한 경험적 의미를 고민하지 않은 채 이렇게 말할 수 있다는 것이다. 사회학자들에게는 그러한 선택권이 없다.

"범위"와 관련하여 필립스는 어떤 개념이 적용될 수 있는 다양한 상황을 제시한다. 예를 들어, 소프트웨어 컨설팅 회사에서의 "기술"과 건설현장에서의 "기술", 운동장에서의 "기술"이 모두 같을 수 있는가? 미국에서 말하는 "기술"이 동유럽 혹은 남미에서 말하는 "기술"과 같은가? 한편, "체제적 의미systematic import"는 대부분 개념의 명료성과 범위와 관련이 있다. 이는 명제와 이론을 개발하는데 얼마만큼 성공적으로 개념이 활용되는가를 의미한다.

사회에 대한 보다 깊은 이해를 위해 사회학자들은 끊임없이 핵심개념에 대한 성찰과 재개념화를 시도해야 한다. 이는 신중하게 이루어져야 한다. 오래되고 이미 증명된 개념을 폐기하는 것은 축적된 과학적 연구 성과를 혼란에 빠지게 할 것이다. 그럼에도 불구하고 개념들은 지속적으로 도전받아야 한다. 사실 교육과 일에 관한 선도적 연구자들은 "직업적 지위"(Hauser & Warren, 2001), "일"(Tilly & Tilly, 1998), "학습"(Resnick, 1987), "직업"(Barley, 1996) 등의 기본 개념에 대해 심각한 재검토가 필요하다고 지적하고 있다. 요약하자면, 교육과 일에 대해 학자들이 사용하는 개념적 장치는 일반적으로 견고하지만, 당연한 것으로 여겨질 수는 없는 것이다.

따라서 이 책에서는 분석의 근간이 되는 몇몇의 핵심적이고 기본적인 개념을 충실하게 설명할 것이다. 앞서 "기술"에 대한 논의가 좋은 예가 된다. 실력주의, 학력주의, 후기 산업사회, 기술 또는 직업 등과 같은 개념에 대해서는 보다 면밀한 검토를 할 것이다. 이러한 모든 기본적인 개념은 이들이 어떻게 개념화되고 측정되는지가 사회학자들이 관찰하는 것을 부분적으로 결정한다는 차원에서 사회적으로 형성되는 것이라 할 수 있다. 특히, 유용한 사회학적 이해는 일상적인 이해와는 다르기 때문에 여기서는 일반적으로 당연시되는 것들을 명확히 하고자 한다.

교육, 일, 그리고 그 외의 것?

교육과 일은 수많은 사회제도 중 단지 두 가지에 지나지 않는다. 가장 좋게 본다면 "교육과 일"은 흥미롭고 긴급한 사회적 현상의 일군을 이해하는 렌즈라고 할 수 있을 것이다. 반면 좁게 본다면 교육과 일은 전체 그림에서 다른 제도들을 배제시킬 수 있다. 학교와 일터는 다른 제도들(이웃, 지역구조, 정치, 문화 등)과 서로 영향을 주고받는다.

다음의 몇 가지 예는 이러한 점을 잘 보여준다. 청소년들이 학교에서 일로 어떻게 이동하는지를 연구한 커크호프Kerckhoff(2000, p.454)는 이러한 이동이 사회적으로 고립된 방법에 의해서가 아니라, 수많은 사회적 행위자들이 참여함으로써 이루어진다고 기술하였다. 그의 기술에 따르면, "고용 결정에는 고용주와 잠재 노동자 외의 다른 사람들도 포함된다. 가족과 친구 뿐 아니라 학교, 노동조합, 직업협회, 정부기구는 종종 접근, 평가, 추천 등을 제공함으로써 고용주의 필요에 노동자의 기술을 연계시키는 작업에 도움을 준다(Rosenbaum & Jones, 2000)." 커크호프에 의하면 교육과 일의 관계는 오직 다양한 사회적 제도와 연계된 네트워크에 참여함으로써 이해될 수 있다.

교육과 일에 대한 통찰력을 얻기 위해 사회학 외부의 시각을 살펴볼 필요가 있다. 지리학자 메건 코프Maghan Cope(1998)는 교육과 일의 관계가 형성되어 펼쳐지는 사회적 맥락을 무시하지 말 것을 지적하였다. 코프는 1920년대와 30년대 메사추세츠 로렌스의 모직공장 노동자의 경험을 검토하였다. 코프는 가정과 일의 관계가 상호의존적이라고 분석, 기록하고 있으며, 이러한 연계가 노동시장의 사회적 규제에 어떻게 영향을 주는 지를 보여주었다. 즉, 노동자와 그 가족이 자신의 가정생활과 경제적 생산활동 간의 관계를 어떻게 이해하고 있는지를 파악함으로써, 교육이 사회·문화적 패턴과 어떻게 조화를 이루는지를 알 수 있다는 것이다. 코프의 연구는 교육과 일의 관계에 대한 우리의 현재 이해는 이전 시대의 사람들에게는 거의 무의미했을 것이며, 따라서 교육과 일의 관계를 연구할 때 역사적, 현재적 맥락을 이해할 필요가 있음을 상기시켜 주었다. 교육과 일의 관계가 다른 제도들과 어떻게 조화를 이루는지, 즉 다른 제도적 장치들과 어떻게 영향을 주고받는지를 살펴보는 것은 이 책의 매우 중요한 부분 중 하나이다.

미국과 그 외 국가에서의 교육과 일

이 책에서 활용한 자료의 대부분은 미국에서의 교육과 일에 적합한 것들인데, 여기에는 장점과 단점이 있다. 상이한 문화, 역사, 정치, 제도에서 비롯되는 변수들에 의해 방해받지 않으면서 이미 복잡한 관계망에 초점을 맞출 수 있지만, 다른 한편으로는 미국에 대한 고립적 연구가 될 수 있고 미국의 관행을 보편적 현상으로 오해할 여지가 생긴다.

사실 미국의 현상은 보편적인 것과는 거리가 있고 특별히 일반화할 수 있는 것도 아니다. 미국의 교육 및 "일"의 시스템은 세계적 견지에서 보았을 때 전적으로 고유한 것도 아니고 중요한 특색이 있을 뿐이다. 그러나 학교교육의 주된 가치가 윤택한 삶을 누릴 수 있도록 지원하는 역량에 있다는 믿음은 특별히 미국적인 것은 아니지만, 미국이 다른 국가들과 공유하는 부분이다. 나아가 사회마다 특수성이 있겠지만, 모든 사회는 교육을 활용하여 일의 세계에 사람을 분배하고 있다.

여기에서 분석적, 설명적 도전과제가 제기된다. 세계 여러 사회마다 학교-일 관계가 상이하게 나타난다는 증거는 설득력이 있다. 실제로 뮐러Muller와 샤빗Shavit(1998)은 사회에 따른 학교-일 관계의 차이가 "사회경제적 주기"를 특징짓는 그 어떤 관계보다도 크다고 지적한다(이와 관련된 자세한 내용은 다음 장에서 다루기로 한다). 그 밖에 다른 연구에서도 교육과 일의 관계가 사회적으로 다르게 나타났다(Kerckhoff, 2000; Rosenbaum & Jones, 2000). 미국에 대한 연구만으로 "교육과 일의 관계"에 대해 완전히 이해하기는 힘들다. 그러나 이 책에서 모든 국가의 상황을 분석하는 것은 효과적이지 않다.

이 책에서는 가능한 한 중간의 입장을 취하고자 한다. 공식적이고 체제적인 비교는 아니지만, 나는 미국의 관행과 패턴을 다른 국가들과 비교하기 위해 많은 노력을 기울였다. 이를 위해 "변수"를 활용한 접근법 보다는 "명명naming"기법을 활용하였다. 즉, 모든 국가에 적용되는 변수에 기반한 가설을 구체화하려고 노력하기 보다는 각 국가별 예시 자료를 활용하여 논거를 전개하고자 한다. 물론 전자의 방법은 교육과 일의 관계에 대한 이론과 연구를 발전시키는데 필수적인 요소이지만, 이 책에서는 크게 유용하지 않을 것 같다.

교육과 일

교육, 그리고 일이 아닌 것

얼마나 많은 사회학 논문들이 교육과 일이라는 주제에 관련 있는가를 알면 놀랄 만하다. 사회학자들이 교육과 일이라는 주제 외에는 연구 주제를 찾지 못하는 것처럼 보였던 적이 한 두 번이 아니다. 놀라울 정도로 사회는 교육과 일 간의 관계를 둘러싸며 조직된다. 그리고 이는 사회과학뿐 아니라 정치, 문화 영역으로부터 많은 관심을 받고 있는 것에서도 증명된다.

그러나 "교육과 일"의 영역이 광범위하기는 하지만, 두 제도를 각각의 맥락에서만 생각하는 것은 잘못이다. 교육과 일은 다른 모든 주요 사회제도와 어떤 식으로든 연관되어 있다. 예를 들어, 우리가 알다시피, 교육을 많이 받은 사람들은 사회적 환경에 더 깊숙이 통합되고 문화 행사에 참여할 가능성이 높으며 더욱 풍부한 사회적 관계망에 포함되게 된다. 마찬가지로 학교교육은 개인의 감성적, 심리적 안녕을 증진하며 가족과의 관계, 정치 참여, 가치, 여가 활용과 정적인 상관관계를 맺고 있다.[●] 그러나 이 책에서는 논의를 분산시키지 않기 위해 이러한 종류의 관계는 대체로 배제하였다. 그럼에도 불구하고 교육이 더 좋은 치아위생, 자녀 사랑, 영화 감상, 정보에 입각한 투표 등과 연관이 있다는 것은 이들이 궁극적으로 노동 생산성을 증진시키는지와 상관없이 흥미로운 사실이다.

실제적인 용도로 사용되면 좋겠지만, 이 책은 교육을 일의 세계에 보다 적절히 맞추기 위한 안내서는 아니다. 교육을 일에 맞추는 것은 많은 경우 그다지 좋은 생각이 아니며, 사회학적 판단과 구별하기 위해 노력하겠지만 나는 개인적으로 학교와 일터의 관계가 약한 것을 선호한다. 고대

[●] Pallas(2000)은 그의 논문 "The Effect of Schooling on Individual Lives"에서 이 책에 소중한 자료를 제공하였다.

그리스의 문헌을 연구하는 것이 회로판 수리를 공부하는 것보다 우월한 것은 아니지만 이들은 서로 다른 것이다. 교육과 일의 관계를 분석하고 그 사회적 중요성을 인정하는 것은 이들 관계가 사회적으로 이상적이라는 것을 인정한다는 의미는 아니다.

이 책의 개요

도입부인 이번 장 이후 이 책은 다음과 같은 순서로 기술된다. 제2장은 "학교교육과 사회경제적 성공 사이에는 어떤 관계가 있는가?"에 대한 질문으로 논의를 시작한다. 학교교육과 일 사이의 관계가 중요한 것으로 밝혀지지 않는다면, 이후의 논의를 진전시킬 필요가 없다. 그러나 학교교육과 사회경제적 성취가 서로 강한 연관을 가지고 있다는 사실은 매우 쉽게 입증될 수 있다. 이러한 "사회적 사실"이 미국 문화와 사회구조에 어느 정도 뿌리를 내렸는가는 별개의 문제이다. 2장에서는 교육과 일의 관계가 미국에 대해 어떤 "영향"을 미치는지 논의할 것이다.

왜 이 관계가 지속되어야 하는가 —왜 교육을 많이 받은 사람들이 좋은 직업과 높은 소득을 얻는지— 는 별개의 질문이다. 제3장에서는 교육적 성취가 왜 사회경제적 보상과 연관되는지에 대해 서로 대비되는 두 가지 모델을 제시하였다. 이는 실력주의Meritocracy 모델과 학력주의Credential 모델인데, 이들은 포괄적인 모델로서 각 모델의 지지자들은 모델의 세부적인 사항까지 동의할 수는 없을 것이다. 그럼에도 불구하고 이 두 모델 간의 차이는 분명하기 때문에 왜 학교교육과 일이 강력하게 연관되어 있는지를 기술하기에 충분하다.

제4장에서는 실력주의 모델과 학력주의 모델에 적합한 증거를 살펴보기 위해 사회경제적 삶의 주기에 관한 모델을 활용하였다. 이 장의 목표는 미국을 실력주의 혹은 학력주의 사회로 특징 지울 수 있는지 없는지를

교육과 일

최종적으로 결정하는 것은 아니다. 이러한 판단은 가능해 보이지 않으며, 이 질문에 단순한 해답이 나올 수는 없다. 따라서 이 장에서는 이 문제에 대해 비판을 해왔던 학자들의 방법을 설명하고, 어떠한 질문이 미래에 가치있는가를 지적하고자 한다.

실력주의와 학력주의 모델은 사회의 중요한 특징들을 설명하지만, 사회구조에 대한 보다 폭넓은 이해를 위해서는 다소 부족한 개념이다. 제5장에서는 후기 산업사회의 모델을 제시하였다. 이 장에서는 학교와 일의 관계가 내재된 새로운 사회구조를 이해하기 위한 방법을 제시하고자 하였다. 후기 산업사회 이론은 산업시대를 벗어나 "정보화 시대"로 빠르게 전환함에 따른 "이론적 지식"의 중요성을 강조한다. 또한 후기 산업사회 모델은 상품에서 서비스로의 전환, 일의 성격의 변화 등에 대해서도 주의를 환기시킨다.

2장에서 5장까지 형성된 이론적 토대는 이후의 논의를 진행하는데 기초가 된다. 제6장에서는 최근 몇 십 년 동안 미국 사회의 모습을 특징지었던 다양한 인구통계학적 변화에 대해서 다루고 있다. 나는 논의를 베이비붐에서 시작할 것이다. 베이비붐은 약 20년에 걸친 출산율 증가로서 미국 사회를 변화시켰으며 그 변화는 이제야 비로소 명확해졌다. 베이비붐과 이에 따른 인구 증가와 긴밀하게 연결되어 있는 것이 바로 세 가지 인구통계학적 동향으로, 이는 교육ー일 관계를 지속적으로 변화시키고 있다. 이 세 가지 동향은 미국 인구의 노령화, 문화적 다양성으로의 지속적 진행, 그리고 미국인의 표준적 생활 방식의 붕괴를 의미한다.

제7장에서는 미국의 교육과 일에서의 최근 변화를 살펴보며 이 변화가 청소년 노동시장에 어떻게 영향을 미치는 지를 살펴보았다. 고등학교는 한편으로는 노동시장에 참여하기 위한 경쟁의 장이며, 10대 후반을 보내는 장소이다. 다른 한편으로 고등학교에서의 경험은 성인으로서의 일을 준비하는 과정일 수도 있다. 이 장에서는 미국에서 고등학교에서 일의 세계로의 힘든 전환 과정을 자세하게 묘사하였으며, 또한 중등 이후 교육에

서 일로의 마찬가지로 힘든 전환 과정에 대해서도 언급하였다.

제8장에서는 "학습사회"의 가능성에 대해 논의하였다. 현대사회가 "평생학습"을 가능하게 하는 제도와 구조를 구축함으로써만 번영할 수 있다는 생각은 적지 않은 세계와 국가들의 관심을 끌고 있다. 또한 8장에서는 "성인교육"에 대한 역사적, 비교학적 접근 방법을 활용하였다. 이는 교육사회학자들에게 놀라우리만큼 적은 관심을 받아왔지만, 역사학자들에게는 보다 많은 관심을 받아온 영역이다(Kett, 1994). 이는 교육과 일의 연계를 위한 가장 큰 요소인 노동자의 훈련을 주의 깊게 조망할 수 있도록 도와준다.

제9장에서는 8장까지의 분석을 기반으로 하여 교육과 일의 관계에 대한 기본적인 질문을 제기한다. 그 질문은 "교육과 일 사이의 긴밀한 관계가 영구적으로 지속될 수 있는가?"이다. 수사적이고 자극적일 수 있는 이 질문에는 간단명료한 답이 없다. 대부분의 좋은 질문들과 마찬가지로 이 질문은 많은 새로운 질문들을 야기한다. 이 질문에 답하기 위해서 나는 고용주, 구직자, 교육기관들이 인구통계학적이고 기술적으로 전환된 후기 산업시대의 사회적 긴장과 요구에 어떻게 대응하는지를 살펴볼 것이다. 교육과 일의 관계를 긴밀하게 하는 사회적 현상은 완화되지 않겠지만 이들 관계의 모습은 몇 십년 후 현재와 많이 달라질 것이다.

이 책의 집필이 상당히 진척되었을 때 고스타 에스핑—앤더슨Gosta Esping-Andersen의 저서 「후기 산업 경제의 사회적 기초Social Foundation of Postindustrial Economics」(1999. p.184)를 우연히 접할 기회가 있었다. 따라서 나는 교육 전문가들이 실행 가능한 기술훈련 자격부여 시스템, 즉 이상적인 후기 산업사회 복지제도에 적합한 시스템을 설계하도록 권하면서 이 책을 마치고자 한다. 나는 이러한 모범적 표현이 다른 쪽에서도 적용될 수 있을 것이라 생각한다. 즉, 산업체 전문가들도 개방적, 포괄적인 이상적 교육에 적합한, 그리고 실행 가능한 기술훈련 자격부여 시스템을 설계하는데 동참할 수 있을 것이다. 범위를 폭넓게 설정했을 때, 우리는 우리가 "원하는"

학교와 일의 관계를 "얻을" 수 있겠지만, 사회학적 관점에서 사회적 목표
는 지속적으로 상기되어야 한다. 이제 그 논의를 시작해보자.

CHAPTER 02

학교교육과
사회경제적 성공

: 관계설정

학교교육과 사회경제적 성공
: 관계설정

학교교육과 사회경제적 성취

미국인들은 학교에 대해 상반된 기대를 하고 있다. 그들은 학생들이 인지·감성적이 되도록, 사회적 인식을 향상시키도록, 그리고 생계를 꾸리고 가정을 구성하고, 약물을 피하고, 고등교육에서 성공을 거두는 성인이 될 수 있기를 기대한다. 또한 학교가 시험 성적을 올리고 지역사회에 기여하고, 문화적 감수성을 중요시하며, "다양함 속의 하나e pluribus unum"의 정신을 전파할 것으로 기대한다. 이러한 목적의 일부는 언어, 수학과 같이 널리 인정된 교과와 같은 공식적 교육과정을 통해 충족된다. 또 다른 일부는 기술되어 있지는 않지만, 강력한 규범과 가치를 가지고 있는 일상 생활의 실천과 구성으로서의 "잠재적 교육과정"을 통해 직접적이지는 않지만 포괄적으로 달성된다(Jackson, 1968).

학교에 대한 이러한 목적과 기대보다 더 중요한 것은 정규교육이 사회경제적 성공의 첩경이라는 신념이다. "교육을 위한 교육" 또는 "전인교육"

과 같은 훈계와는 상관없이 경제적 성공을 위한 투자로서 학교교육을 생각하는 것이 현실이다. 시대와 장소에 따라 학교에 부여되는 사회·문화적 역할은 다르지만, 학교교육과 사회경제적 성취 간의 관계를 부정하는 것은 현실적인 대안이 될 수 없다.

이 점은 몇 가지 간단한 예를 통해 입증할 수 있다. 첫째, 미국의 대학 입학생들의 가치와 열망, 둘째, 교육의 경제적 목적에 대한 공식적인 승인, 셋째, 교육과 일의 관계를 보여주는 다양한 문화적 상징과 신념이 그것이다.

대학 신입생에 있어서 교육의 의미 변화

로스앤젤레스 캘리포니아 대학의 애스틴Alexander Astin은 1966년 이후 매 가을학기마다 미국 모든 대학의 신입생을 대상으로 조사를 실시하였다(Astin, 1997, 2000). 애스틴은 삶에서 원하는 것이 무엇인가, 즉 고등교육 이상의 열망과 목표가 무엇인지에 대해 질문하였다. 이 설문조사는 기술적으로 실시되었기 때문에 미국 고등교육의 관찰자들은 미국 대학 신입생들의 심리상태에 대한 신뢰할 만한 척도로 수용되었다.

2000/01학년도 조사에서 애스틴은 434개의 4년제 대학에서 25만명이 넘는 학생들로부터 자료를 수집하였다. 이 조사를 통해 애스틴은 지난 35년간의 대학 신입생들의 태도와 포부에 대한 동향 차트를 작성할 수 있었다. 그는 대학생 집단에 있어서 물질주의가 만연하고 있으며, 이들이 학교교육을 물질적 성취를 위한 도구적 관점에서 바라보고 있다는 것을 발견하였다. 애스틴의 가장 최근 보고서의 제목과 같이 "대학 신입생들의 최대 목표는 돈"(latimes.com 2001, 1. 22)이다. 애스틴은 미국 학생들이 대학에 입학하는 유일한 이유가 궁극적으로 고소득을 얻을 수 있는 능력향상은 아니더라도 그것이 중요한 이유가 된다고 지적한다.

〈상자 2.1〉은 애스틴의 2000년의 조사 결과를 보여준다. 욕심 많은 신입생들을 묘사하는 자극적 제목이지만, 좀 더 객관적으로 말하자면, 이들의 열망은 비평가들의 논평보다 복잡하고 양면적이다. 사실 학생들은 "경제적 성공"(73.4%)만큼이나 "가족 부양"(73.1%)을 중요하게 여겼으며, "어려운 사람을 돕는 것"(61.7%)에도 많은 관심을 가졌다. 그러나 대학 4년 동안 능동적인 시민이 되는 것, 또는 예술적, 표현적 자아를 개발하는 것에 관심을 가진 학생들은 극소수에 불과했다.

대학 신입생들의 열망에 대해 가장 주목할 만한 것은 시간이 경과함에 따른 이들의 변화 모습이다. 이전 세대는 경제적 가치에 대해서 무관심하지는 않았지만, 공동체, 가족, 인격 함양 등의 가치를 지지한다는 점에서 확연한 차이를 보이고 있다. 즉, 대학의 신입생들은 점차적으로 사회 이동의 가능성을 극대화하는 수단으로서 교육과 일의 관계를 바라보고 있다.

**상자
2.1**

미국 대학입학 계층의 가치
: 각각의 진술에 "필수적" 혹은 "매우 중요함"이라고 답변한 학생들의 비율

금전적인 풍요	73.4
가족의 부양	73.1
어려움에 처한 사람에 대한 지원	61.7
자신의 분야에서의 권위	59.7
자신의 분야에 공헌하기 위한 다른 사람으로부터의 인정	51.2
정신과 삶의 통합	45.1
의미있는 삶의 철학 계발	42.4
자신의 직업에 있어서의 성공	39.3
사회적 가치에 대한 영향력 행사	37.6
다른 사람의 일에 관리상의 책임 획득	36.9
인종에 대한 이해 증진 지원	30.8
정치적 문제에 대한 이해	28.1
공동체 행동 프로그램 참여	22.7

정치 구조에 대한 영향력 행사	17.6
환경 개선을 위한 프로그램 참여	17.5
과학에 대한 이론적 기여	16.0
예술적 작품 창조(그림, 조각, 장식 등)	14.8
독창적인 작품 집필(시, 소설 등)	14.7
공연예술 활동에서의 성취(연기, 춤 등)	14.5

출처: Astin(2000)

애스틴의 조사 결과는 주목할 만하다. 그러나 이에 놀랄 사람은 거의 없을 것이다. 학생들이 왜 다르게 답했는지 이해하기는 어렵지만, 그 이유는 이 책에서 반복적으로 다루게 될 것이다. 또 그들이 교육에 대한 도구적 접근을 채택하는 것에 대해 비난하는 것 역시 어렵다. 모든 사람들은 자신도 "좋은 직업을 위한 구직 행렬"에서 빠지지 않기 위해서 학교교육을 많이 받기를 원하기 때문이다. 즉, 학교교육은 계층 상승을 위한 기반이 될 뿐 아니라 계층 하락을 방지하는 최후 방어선이 되는 것이다 (Thurow, 1975).

위기에 처한 국가

교육부 장관 벨Terrell H. Bell이 1981년 구성한 교육수월성을 위한 국가위원회the National Commission on Excellence in Education는 1983년 「위기에 처한 국가: 교육개혁의 필요성A Nation at Risk: The Imperative for Education Reform」이라는 보고서를 발간하였다. 벨은 위원회에 광범위한 특권을 부여하였지만, 벨과 레이건 행정부의 주된 관심사가 경제였다는 것을 의심하는 이는 거의 없었다.

위원회는 보고서 서론에서 화려하고 수사적인 언어로 "한 때 확고한 1위였던 미국의 교육, 상업, 과학, 기술적 혁신"이 취약해졌음을 경고하였다(p.5). "미국 국민의 지적, 도덕적, 정신적 능력"을 향상시키기 위한 교육의 필요성에 대해 간헐적으로 언급하고 있긴 하지만(p.7), 이 보고서의 전반적인 논조는 국제적 경제 경쟁과 일터에서의 이동과 성공을 보장하기 위한 학교교육의 수준과 질을 달성할 필요성을 강조했다는 차원에서 냉전시대를 회상시켰다.

「위기에 처한 국가」는 어떤 측면에서는 미국 교육부와 노동부 간의 제도적인 관계 변화를 암시하였다. 1980년대 들어서 교육부는 노동부로부터 전적으로 독립적이지는 않았지만, 노동자들의 필요(보다 정확히 말하자면 경영진의 필요)에 대해 보다 반응적 (혹자는 종속적이라고 표현) 태도를 보이기 시작하였다. 사실 「위기에 처한 국가」가 발표된 이후 제정된 모든 주요 연방 교육법은 어느 정도 일터에서의 필요를 반영하고 있다. 어느 시대에나 교육개혁은 일정한 경제적 요구에 따라 이루어졌지만(Gaskell, 1992), 그 관계가 가장 명확하게 드러난 것은 클린턴 행정부의 교육정책이다.

「위기에 처한 국가」는 경험적으로는 명백하지 않지만, 학교와 일의 관계가 어떻게 되어야 하는지에 대한 개념을 강력하게 표현하고 있다. 그럼에도 불구하고 이는 고위급에서 합법성을 인정한 보고서 중 하나이다. 1980년대 중반의 평가(Altbach et al., 1985)에 따르면, 적어도 2~30여개의 주요 보고서들이 있었다. 이들 중 일부는 연방 또는 주 정부에서 작성되었고 대부분은 사설 재단에서 작성된 것이다. 여기서는 가장 중요한 보고서 몇 개만 논하고, 나머지 보고서에 대해서는 이후에 다시 언급하겠다.

아마도 가장 영향력이 컸던 보고서들은 필수 기술 성취에 대한 장관 위원회Secretary's Commission on Achieving Necessary Skills에 의해 작성된 것으로 (1991; 1992a; 1992b) 이는 SCANS라고 지칭되었다. 이들은 이후 교육 및 훈련의 개혁을 위한 연방과 주 정부의 의안 제출에 있어 중요한 개념적 토대가 되었다.

「위기에 처한 국가」가 전투의 준비를 알리는 신호였다면, SCANS 보고서들은 전투를 위한 탄약 역할을 담당하였다. SCANS 보고서의 저자들은 새로운 경제에서의 성공을 위해 노동자들이 필요로 하는 것이 무엇인가, 학교는 이러한 것을 가르치기 위해 무엇을 해야 하는가를 명확하게 정의하는 것을 목표로 삼았다. SCANS는 기술의 "세 가지 토대"를 정의하였다. 이 세 가지 토대는 기초 기술(원래는 3R Reading, wRiting, aRithmetic을 의미하지만, 이 보고서에서는 "읽기, 계산과 수학적 연산, 듣기와 말하기"로 정의하였다), 사고 기술(창조적으로 생각하기, 판단하기, 문제해결하기, 구체화하기, 논리적으로 사고하기, 학습하는 방법을 이해하기), 개인적 자질(책임감, 자기존중, 사회성, 자아관리, 성실/정직)을 포함하고 있다.

이러한 기초 기술foundation skills과 관련하여, SCANS는 일에 필요한 5가지 역량에 대해 다음과 같이 정의하고 있다.

1. 시간, 돈, 물질, 시설, 인적 자원과 같은 자원을 확인하고, 계획하고, 배치하는 역량
2. 팀원, 교사, 리더, 협상자와 같이 다른 사람과 함께 일하는 역량, 합의에 이르기 위한 협상 역량, 다양한 배경을 가진 다른 사람들과 일할 수 있는 역량
3. 정보를 획득·평가·조직·유지·해석하는 역량과 정보처리를 위해 컴퓨터를 사용할 수 있는 역량
4. 시스템과 다른 복잡한 내부관계를 이해·감시·조정·향상시키는 역량
5. 다양한 테크놀로지를 선택·적용·유지하는 역량

이 보고서의 저자들은 이러한 기술과 역량이 "일반적generic"인 것이라고 조심스럽게 지적하고 있다. 즉, 기술적 혹은 "지엽적인local" 지식과는 구별된다는 뜻이다. 이 논점이 중요한 이유는 이러한 기술 습득의 책임이 고용주가 아니라 자연스럽게 교육기관에게 전가되기 때문이다. SCANS는 「위기에 처한 국가」만큼이나 학교와 경제의 관계를 공고히 할 것을 주장

한다.

SCANS의 개념화는 그 이후의 교육과 일에 대한 대중적 논쟁의 기반이 되었다. 특히 영향력 있었던 저술로는 「미국의 선택: 높은 기술 혹은 낮은 임금America's Choice: High Skill or Low Wage」(1990)이다. 미국 노동력의 기술에 대한 위원회The Commission on the Skills of American Workforce가 발간한 이 보고서는 미국과 기타 후기 산업국가가 직면하게 될 선택을 제시하였다. 요약하자면, 미국은 국제시장의 경쟁환경 하에서 저임금과 궁핍한 생활수준을 선택하거나, 반대로 세계 최고의 상품과 서비스 제공을 선택할 수도 있다는 것이다. 위원회는 후자, 즉 "고임금" 대안을 선호하였고 이는 일터의 재구조화·효율화와 동시에 일터를 채울 앞서있는 근로자들에 대한 투자를 의미하였다. 위원회는 교육과 훈련에 대한 진지한 재검토와 재구조화가 필요하다고 단호하게 권고하였다. 여기서 다시 교육은 번영의 열쇠로 부상하게 된다.

주목할 만한 다른 보고서로는 「낙오자 없는 교육: 미국 노동력의 재교육에 대한 21세기 기금 특별 과업 보고서No One Left Behind: The Report of Twenty Century Fund Task Force on Retraining America's Workforce」가 있다. 전(前) 뉴저지 주지사 짐 플로리오Jim Florio가 의장을 맡고 공공 및 민간 부문을 망라한 주요 인사들로 구성된 특별 과업팀은 미국 경제의 문제가 교육에서 기인한다는 전통적 진단을 다시 한번 확인하였다. 이 보고서는 낮은 실업률, 저인플레, 높은 생산성, 높은 주식가격, 그리고 높은 법인 수익성 등을 인정하면서도 이들을 교육 개선의 덕으로 돌리지 않았다.

나아가 이 보고서는 "지금은 많은 미국 노동자들에게 불행한 시기"이며, "생활수준 향상과 경제적 우려를 감소하기 위해 일터에 있는, 그리고 해고되어 다시 일터로 돌아오지 않을 노동자들의 교육과 훈련을 강화해야 한다"고 결론을 맺고 있다.

이전의 보고서들과 비교할 때 「낙오자 없는 교육」은 평생학습에 대한 관심을 확장시켰다. 저자들은 경제성장 과정에서 뒤쳐진 취약계층을 위해 공공-민간 협력을 장려하였다. 그리고 개혁을 위한 구체적이고 합리적인 대안을 제시하였다. 이 보고서에서 취약계층을 강조하고 있는 것은 바람직하다. 그러나 경제적 목적을 위해 교육이 존재해야 한다는 가정은 여전히 변함이 없다. 이전의 보고서들만큼, 이 보고서의 기본적인 가정은 "이렇기 때문에 우리에게 교육 시스템이 있는 것이다"라는 것이다.

교육의 경제적 가치에 대한 미국인의 신념을 가장 직접적이고, 강력하게 표현한 저술은 1995년 경제고문평의회Council of Economic Advisor와 미국 노동부의 보고서이다. 「미국 교육하기: 우리의 미래를 위한 투자Educating America: An Investment for Our Future」라는 제목의 보고서는 현대사회에서 교육의 올바른 역할을 진술하기 위한 전형적 시도였다. 이는 교육이 개인의 사회이동 뿐 아니라 국가의 경제발전에 기여하는 바에 관해 기술하고 있다.

물론 이러한 정서는 미국에만 해당되는 것은 아니다. 아마도 모든 후기 산업국가에서, 그리고 어쩌면 후기 산업국가가 아닌 곳에서도 비슷한 보고서들이 발행되었을 것이다. 2001년 영국의 교육고용부the Secretary of State for Education and Employment에서 구성된 국가기술특별전문위원회National Skills Task Force는 「지식주도 경제에서의 기회와 기술Opportunity and Skills in the Knowledge-Driven Economy」이라는 보고서를 발간하였다. 이 보고서의 논조는 이제까지 우리가 살펴본 내용들과 차이가 없다. 보고서의 진단에 따르면, 국가의 번영은 고급기술의 보편화에 달려있고 이러한 요구를 충족하기 위해서는 학교교육과 훈련체제가 바뀌어야 하며, 교육과 일의 관계가 더욱 밀접해져야 한다는 것이다.

이러한 정책은 여전히 선호받고 있다. 교육과 일의 관계를 강화하고 합리화하는 주요 법안들이 뒤따랐다. 주 의원들의 고등교육에 대한 설문조사(Ruppert, 2001, p.26)에서 나타나듯이 명백히 정책입안자들은 교육의 경제적 가치에 대한 강력한 신념을 가지고 있다. 이 연구의 저자는 "해당 주의 가장 중요한 전략적 요구가 무엇이고, 이를 충족하기 위한 고등교육의 역할이 무엇인가 질문하면 거의 모든 의원들은 해당 주의 경제발전과 관련하여 답변하였다"고 말한다. 의원들은 초·중등교육k-12과 고등교육 전체에 대해서 이러한 관점을 취하고 있었다.

입법안 중 가장 중요한 것은 아마도 1994년 「학교에서 일터로의 이동에 관한 법률School to Work Opportunities Act, STWOA」일 것이다. 이 법률은 "일 경험, 직업훈련, 일터에서의 멘토링, 그리고 일반적인 직무 역량과 산업의 모든 측면에 대한 교육을 포함"하도록 구성하였다(Levine, 1994, p.34). 비슷한 맥락에서 제정된 1998년 「새로운 노동력에 대한 투자에 관한 법률New Workforce Investment Act」은 교육과 일의 긴밀한 상응관계를 반영하고 있다. 판타지스Pantazis(2000)는 이를 "공공 고용과 훈련 서비스를 효율화하고 개선하기 위한 주요 노력"으로 보았다.

「학교에서 일터로의 이동에 관한 법률」, 「새로운 노동력에 대한 투자에 관한 법률」과 같은 법안에 반영된 정책은 성공을 위한 수단으로서의 학교교육의 역할에 대해 강력한 메시지를 전달하고 있다.

이들 법안이 경제적 기회를 어느 정도 염두에 두고 성안된 것인 만큼 이는 이미 예견된 것이었다. 그렇지만 보다 넓은 의미에서 본다면, "성공을 위한 학교교육"이라는 관점은 모든 연방 정부 정책을 통해 취해지고 있다. 제2차 세계대전 참전 군인에게 교육 기회를 제공하기 위한 제대군인지원법의 통과, 존슨 대통령의 '가난과의 전쟁War on Poverty'에서의 교육과 훈련에 대한 강조, 심지어 브라운 vs. 교육위원회의 "분리되어 있지만 평등separate but equal" 원칙 거부 등은 모두 학교가 경제적 안정의 열쇠라는 개념에 근거하고 있다. 위 예에서 언급된 메시지의 직접 수용자들은 퇴역 군인, 빈민층, 흑백 분리학교의 학생들이었겠지만, 프로그램과 의사결정의 근간이 되는 교육의 목적은 보다 광범위한 것이었다.

이들은 교육과 일에 관한 정부 및 민간 재단의 성명 중 일부일 뿐이며, 여타에 대해 세부적으로 기술할 필요는 없다(일부에 대해서는 이후 장에서 다시 언급하도록 하겠다). 구체적인 제안과 처방은 보고서마다 다르지만 근본적인 논거는 같다. 이들은 모두 인적자본 모델을 이용하여 교육과 일의 연계를 합리화, 제도화하도록 종용한다. 이러한 진단이 경험적으로 잘못되었다는 것은 아니다. 비록 최고 자문위원단blue-ribbon panels이 명시한 이유들로 인해 언제나, 모든 장소에서 적용되는 것이 아니지만, 이 모델은 교육과 사회경제적 성공 간의 관계에 대해 매우 강력한 증거를 제시한다. 그러나 이보다도 교육이 경제성장과 개인의 사회이동을 위한 가장 중요한 동력이 되어야 한다는 가정에 대해 주의를 기울일 필요가 있다.

미디어, 대중문화, 그리고 교육과 일에 대한 일반인들의 화법

우리는 문화적 전통의 견지에서 학교교육이 더 나은 삶을 위한 열쇠가 된다는 미국적 신념에 대해 생각해 볼 수 있다. 미국인들이 주고받는 문화적 메시지는 입법 행위 혹은 화폐에 비해 계량화하기 힘들다. 그럼에도 불구하고 문화적 메시지는 학교가 개인의 경제적 가능성을 향상시키는 장소라는 인식을 강화해 준다.

이 장에서는 미국인이 교육과 일에 대한 중요한 세 가지 예를 보여주는 소재인 호레이스 만Horace Mann, 맥거피 독본McGuffey Readers, 호라티오 엘저Horatio Alger를 살펴보고자 한다.

거의 모든 평가에서 호레이스 만은 미국 교육사, 나아가 미국 역사의 거목임이 분명하다. 미국 공립학교의 성취가 만 혼자의 공이라고 주장하기는 어렵겠지만, 그가 미국 교육 발전에 많은 영향을 미쳤음은 부인할 수 없다.

만은 교육과 일의 올바른 관계에 대해 지속적인 관심을 가지고 있었다. 물론 19세기 초의 주장을 21세기 초반에 전적으로 적용하는 데에는 위험이 따른다. 그럼에도 불구하고 만은 제도적인 상호관계에 대해 명확하게 파악하였다. 1848년 메사추세츠 주 교육위원회에서의 열두 번째 연차보고서를 통해 그는 "지적이고 실천적인 사람들은 영구적으로 가난해

지지 않을 것이며 앞으로 그러할 것"이라고 주장하였다. 또한 만은 학교교육이 경제적으로 부유한 생활을 담보하지는 못하더라도 적어도 한 개인을 보호할 수 있다고 주장하였다.

맥거피 독본도 만 만큼이나 문화적으로 중요하다. 1830년대 맥거피Reverend William H. McGuffey에 의해 창간된 이 독본은 오랜기간 동안 수많은 미국 학생들의 교육적 경험의 중심에 있었다. 맥거피 독본은 미국 인구가 2,300만 명이 넘지 않았던 1836년에서 1850년 사이에만 700만 부가 팔리기도 하였다. 맥거피 독본은 자연스럽게 설교를 하였으며, 이야기를 풀어나갔고, 인물상(像)을 창조하였다. 저자들은 자신의 임무를 좋은 사회의 건설과 이러한 사회에서의 개인의 올바른 역할에 대한 비전을 제공하는 것이라고 보았다.

바이네르Weiner는 이 독본이 교육과 일의 세계의 관계를 어떻게 만들어가고 있는지를 다음과 같이 논평하였다. 맥거피 독본은 또 다른 의미에 있어 실용적이다. 이 독본은 자본주의(이는 직접적으로 도덕적 훈계와 관련이 있다)의 규칙을 가르친다. 선한 행동과 악한 행동의 결과가 일반적인 소재가 되었다. 젊은이들은 게으름뱅이 휴와 부지런한 일꾼Hugh Idle and Mr Toil, 게으름의 결과Consequences of Idleness, 근면함의 이득Advantages of Industry, 구속의 비극The Miseries of Imprisonment, 야망의 청년The Ambitious Youth, 일하지 않으면 성공할 수 없다No Excellence without Labor, 교육의 필요성Necessity of Education, 책을 잘 읽는 사람The Good Reader 등의 책을 읽었다.

마지막으로 호라티오 엘저의 이야기는 19세기 후반 미국의 중요한 문화적 산물 중의 하나를 보여준다. 유니테리언Unitarian(유일교도) 교회 목사의 아들인 엘저는 100편이 넘는 소설을 출판하였으며, 사회이동과 사회적 향상에 관심을 가졌다. 만과 맥거피와 마찬가지로 엘저는 도덕성과 경제적 번영(그것이 부(富)가 아닐지라도)을 거리낌 없이 뒤섞었다.

엘저는 누더기를 입은 딕Ragged Dick과 정직한 파울러Frank Fowler라는 캐릭터를 사용하여 "힘든 노동, 교육, 후원자와 높은 도덕적 인격의 유지"를 통해 가난에서 부에 이르는 주제를 연대기적으로 그리고 있다. 「계산대 점원The Cash Boy」에서 인용한 다음의 사례는 학교교육이 훌륭한 경제적 보상을 가져온다는 것을 보여준다.

프랭크는 제일 먼저 손에 잡힌 책, 어빙의 작품을 또박또박하고 자연스럽게 반쪽 쯤 읽어 나갔다.

"정말 잘했어! 잘 배웠구나. 어떤 학교를 다녔니?" 와튼 씨가 물었다.

"저희 마을에는 학교가 하나밖에 없었어요."

"어쨌든 너의 장점을 잘 활용했어."

"그렇지만 저에게 무슨 도움이 될까요? 책을 읽는다고 돈을 벌지는 못하잖아요?"

"일반적으로는 그렇지. 그러나 눈이 어두워 잘 보지 못하는 사람을 생각해보렴. 이 사람들은 밤에 눈을 많이 사용하면 눈이 더 나빠지겠지. 이런 사람은 친절하고, 또박또박하고, 또렷하게 책을 읽어주는 사람을 필요로 할 거야. 기꺼이 그에게 급여를 줄 것 같지 않니?"

"저도 그렇게 생각해요. 아저씨는 그런 사람 중 아는 사람 있어요?"

"바로 나란다. 일년 전 무리를 해서 눈이 상하게 되었지. 그 후로 가스 등 밑에서 눈을 많이 쓸 엄두가 나지 않아. 가정부 브레들리 부인이 나에게 조금씩 읽어주지만, 다른 할일이 많잖니. 게다가 내게 책 읽어 주는 것을 그다지 좋아하는 것 같지 않아. 네가 다른 볼일이 없다면 저녁에 나에게 책을 읽어주도록 해도 될까?"

"그렇게 하세요, 아저씨" 프랭크는 의욕적으로 말했다. "최선을 다할게요."

"그 점에 대해서는 의심하지 않아. 그렇지만 다른 문제가 있어. 내가 줄 수 있는 돈보다 네가 더 많이 요구하면 어쩌지?"

"일주일에 1달러는 너무 많나요?" 프랭크가 물었다.

"좋은 듯 하구나" 와튼 씨가 무겁게 말했다. "좋아, 너를 책 읽어주는 사람으로 고용하겠다."

교육과 일

"감사합니다. 아저씨"

"그렇지만 네 급여는 일주일에 5달러로 정했어."

"일주일에 5달러요!!" 프랭크는 재차 말했다 "그건 제가 하는 일에 비해 너무 많아요"

"프랭크, 그건 내가 판단할 문제야"

"어떻게 고맙다는 말씀을 해야 할지 모르겠어요, 아저씨" 프랭크는 기쁘게 말했다. "제가 이렇게 부자가 될지는 상상도 못했어요. 그레이스의 기숙사 비용과 옷값도 문제없겠어요. 아저씨, 언제부터 책을 읽어 드리면 되겠어요?"

"네게 다른 일이 없다면 오늘밤부터 시작하면 좋겠구나."

호레이스 만, 맥거피 독본, 호라티오 엘저라는 미국의 세 가지 기준은 각각 학교교육에 대한 미국의 몰입이 번영과 연계될 것이라고 예견한 것이다. 이들은 교육의 올바른 역할에 대한 강력한 비전을 제시하였으며, 이는 모두 경제적 목적과 연관되어 있었다. 이러한 메시지는 종종 모순적인 측면을 함께 가지고 있었다. 호레이스 만의 가장 중요한 관심사는 도덕성과 민주 국가 건설이었다. 맥거피 독본은 직업훈련보다 프로테스탄티즘의 틀에 입각한 인성에 관심을 가졌다. 호라티오 엘저는 준비와 인내에 대해 어떻게 생각했는지 모르지만, 도덕성과 용기에 대해서는 상당한 신념을 가지고 있었으며, 행운이라는 요소에 큰 역할을 부여하였다. 위의 셋 모두에게 있어서 아메리칸 드림은 통상 가사(家事)라는 미래를 부여받는 여자아이들보다는 남자아이들의 영역이었다.

논의의 핵심은 미국의 문화가 일관되거나 명확하다는 것이 아니다. 엘저의 소설에 대한 마크 트웨인Mark Twain의 파괴적인 풍자는 이 점을 명확하게 보여준다. 미국인들은 아메리칸 드림, 즉 학교교육을 통해 발전할 수 있다는 가능성을 믿는 동시에 이와 정반대의 논리, 즉 "지식보다는 인맥이 더 중요하다"는 것을 모두 믿고 있는 듯하다. 여기서 중요한 것은 사회이동의 수단으로서의 교육에 대한 욕구는 언제나 미국 문화의 한 부분이었다는 점이다. 특히 만, 멕거피, 엘저 이래로 그 욕구는 더욱 증가하였다.

학교교육과 사회경제적 성공에 관한 신화는 어떻게 유지되어 왔는가?

학교교육이 경제적 풍요함의 열쇠가 된다는 미국의 문화적 신화는 그 자체로는 잘못된 것이 아니다. 신화는 얼마간의 경험적 현실에 기반한 사회적 필요를 충족시키기 때문이다. 논의를 전개하기에 앞서 교육과 일의 관계에 대한 간단한 경험적 사실들을 몇 가지 살펴볼 필요가 있다. 먼저 교육이 사회경제적 성공과 어느 정도 연관이 있는가? 라는 간단한 질문을 던져보자.

이에 대한 대답은 "매우 높은 관련이 있다"라고 나오며 그 증거 역시 설득력이 있다. 사회학자들과 경제학자들은 교육적 성취가 직업 및 경제적 지위와 지속적인 관계를 맺고 있다고 지난 수십 년에 걸쳐 입증해왔다. 〈표 2.1~2.5〉는 이와 관련한 증거를 보여주고 있다.

이 표에서 두 가지 중요한 사실이 나타난다. 첫째, 더 많은 학교교육을 받은 사람은 그렇지 못한 사람에 비해 더 나은 경제적 삶을 영위한다는 점이다. 노동 분석가들에 의해 사용되는 가장 기본적인 지표는 〈표 2.1〉의 경제활동 참가율civilian labor force participation rate이다. 미국 노동통계청은 이를 "일반인 중 노동인구의 비율"이라고 정의내리고 있다. 여기에는 실업자도 포함되지만, 실업자 중 비구직자는 포함되지 않는다.

경제활동 참가율이 교육적 성취와 밀접하게 연관되어 있다는 사실은 명백하다. 노동인구 중 고등학교 교육을 이수하지 못한 사람의 60% 정도만이 경제활동에 참여하고 있다. 이 비율은 교육수준이 증가함에 따라 높아져 대학 졸업자의 경우 90%가 경제활동에 참여하고 있다.

교육과 일

표 2.1	경제활동 참가율, 1999			(단위: %)
구분	고등학교 졸업 미만	고교졸업자	학사학위 소지자 미만	대학 졸업자
합계	62.7	78.1	83.0	87.6
남성	74.4	86.6	89.4	93.0
여성	50.5	70.4	77.4	81.9
백인	64.2	78.5	83.3	88.6
흑인	55.1	76.5	82.9	88.6
히스패닉	67.0	79.0	84.0	85.0

출처: US Census Bureau, *Statistical Abstract of the United States*, 2000.

비슷한 맥락에서 교육적 성취가 높을수록 실업률은 확실히 감소하고 있다(표 2.2). 경제가 비교적 좋았던 1999년에는 고등학교를 졸업하지 못한 사람들의 실업률은 약 7.7%에 달했으나, 대학 졸업자는 불과 1.9%의 실업률을 나타냈다. 이는 직업을 원하는 50명의 대학 졸업자 중 49명이 직업을 구했다는 것을 의미한다.

표 2.2	실업률, 1999			(단위: %)
구분	고등학교 졸업 미만	고교졸업자	학사학위 소지자 미만	대학 졸업자
합계	7.7	4.0	3.1	1.9
남성	7.0	4.1	3.2	1.9
여성	8.8	3.9	3.0	1.9
백인	7.0	3.4	2.8	1.7
흑인	12.0	6.7	5.2	3.3
히스패닉	7.8	5.5	3.7	2.5

출처: US Census Bureau, *Statistical Abstract of the United States*, 2000.

교육과 실업의 관계에 대해서는 다소의 토론이 필요하다. 이 점에 대해서는 나중에 논의하겠지만, "교육 부족under education"이 젊은 근로자의 취업기회에 장벽이 되는 것은 분명하다. 오스터만Osterman(1993)은 보스턴

지역의 경제활황기 동안 일과 직업 유지에 대한 방해요소를 조사하였다. 그는 다양한 요소들을 통계적으로 통제한 후에도 고등학교 중퇴자들이 고등학교 졸업자들에 비해 노동력으로의 진입과 연결이 부족하다는 사실을 발견하였다. 단지 고등학교 졸업장이 없다는 것만으로도 빈곤탈출을 어렵게 하는 중요한 장애요인이 된다. 물론 그렇다고 고등학교 중도탈락자에게 졸업장을 준다고 해서 적절한 기회가 갑자기 생겨난다는 것도 아니다. 일자리가 부족할 때 최소한의 교육을 이수한 이들은 최소한의 기회만을 얻을 수 있다.

국가 수준의 자료에서도 유사한 사실을 보여준다. 최근 노동통계청BLS이 발표한 보고서(2001)는 다음과 같이 언급하고 있다.

> 1999년 10월과 2000년 10월 사이에 50만 명이 약간 넘는 청소년들이 고등학교를 그만두었다. 이러한 고등학교 중퇴자 중 3분의 2 이상이 2000년 10월 노동시장에 속해 있었다. 그러나 젊은 노동력 중 28.1%는 실업상태에 있었다. 이는 고등학교를 졸업하고 대학에 입학하지 않은 이들의 실업률 보다 0.15% 이상 높은 수치이다.

〈표 2.2〉에서 제시한 교육과 실업의 결과는 "견고한tight" 노동시장, 즉 구직자 수에 비해 상대적으로 일자리가 풍부한 노동시장에서 비롯된 것이다. 교육수준 간의 불균형은 주기적인 경제침체기 동안 더욱 확대된다. 이는 실업률이 상승하게 되면 교육수준이 낮은 사람들이 가장 큰 타격을 받는다는 것을 의미한다. 반 아우어스Van Ours와 리더Ridder(1995)는 네덜란드의 데이터를 활용하여 "느슨한" 노동시장, 즉 고용주에게 유리한 시장에서는 낮은 교육수준의 노동자가 고용될 가능성이 낮으며, 이들이 해고될 가능성이 높다고 지적한다. 입증된 결과에 따르면 결국 교육을 덜 받은 사람들은 해고 시점보다는 오히려 고용 시점에서 불이익을 받는다(Huang, 2001). 그러나 어느 쪽이 됐든 학력 부족은 직업의 안정에 심각한

장애요소가 된다.

만약 높은 교육수준이 실업의 위험으로부터 개인을 지켜주는 완충장치라면 이는 실업의 부정적 효과로부터 경제 전반을 보호하는 역할도 할 것이다. 프랑세스코니Francesconi 등(1999)은 노동인구의 교육 구성이 실업률 수준과 동향에 영향을 미친다고 주장하였다. 그들은 미국 노동인구의 교육수준이 시간에 따라 높아지고 있음을 증명함으로써 이를 보여주었다. 1971년부터 1996년이라는 비교적 짧은 기간 동안에도 교육수준은 매우 높아졌다.

프랑세스코니 등은 노동통계청의 자료에 근거하여 노동인구 중 고등학교 중퇴자의 비중이 1971년 34.8%에서 1996년 10.8%로 떨어졌다고 밝혔다. 동시에 대학 졸업자 비중은 14.8%에서 28.3%로 두 배가 상승하였으며, 대학을 조금이라도 다녔던 사람의 비중은 12.3%에서 27.8%로 증가하였다. 이는 25년 전에 비해 1996년의 미국인들이 훨씬 더 높은 수준의 교육을 받고 있다는 점을 보여준다.

이 사실이 왜 중요한 것일까? 프랑세스코니 등은 대다수의 미국 노동자들이 직업을 잃는 위험을 줄일 수 있는 수준의 교육을 받기 때문에, 전체 실업률이 상당 수준 낮아졌으며, 그 차이는 교육수준이 낮은 경우와 비교할 때 2.5%에 이르고 있다고 추정하였다.

이는 상당한 효과이다. 실업률이 낮아진 이유는 교육수준이 높은 노동자들은 훈련이 용이하고 경제적으로 불황기에 고용주에게 덜 부담스럽기 때문이다. 프랑세스코니 등은 미국 노동인구의 교육수준 향상을 통해 미국이 이 시기 대다수의 유럽 국가들이 겪었던 높은 실업률을 피할 수 있었다고 믿었다.

교육과 사회경제적 성공과의 관계는 고용상태뿐 아니라 일의 유형과 일과 관련된 보상에까지 적용된다. 다음 질문은 "특정 교육수준이 도달한 사람들의 직업적 종착점은 어디인가?"에 관련된다.

전반적인 경향은 명확하다(표 2.3). 남성 노동인구 중 고등학교 중퇴자는 약 11%의 비중을 차지하고 있는데, 이들은 관리직과 전문직(1.7%), 기술·판매, 행정직(3.9%) 인력의 극소수만을 구성하고 있다. 이들은 기사, 제작직(22.5%), 농림수산업 종사자(32.1%)일 가능성이 높다. 이러한 경향은 고등학교를 졸업하지 않은 여성 노동자에서도 동일하게 나타난다. 단, 여성들은 서비스 직종에도 많이 종사하는 것으로 파악된다.

표 2.3 **직업, 2000년** (단위: 천명, %)

구분	총고용	관리직/ 전문직	기술/판 매 /행정직	서비스 직	정밀 생산직	기사 /제작직	농림 수산업
남자(총)	58,770	18,641	11,124	4,472	11,581	10,693	1,949
고졸 미만	11.0	1.7	3.9	17.1	16.1	22.5	32.1
고졸/대학 미진학	31.5	11.7	26.8	37.6	46.4	50.9	37.1
학사학위 미만	26.1	19.9	34.8	32.5	30.4	21.4	19.9
대학졸업	31.4	66.7	34.5	12.8	7.1	5.1	10.9
백인	50,125	16,451	9,439	3,558	10,295	8,551	1,776
고졸 미만	11.0	1.7	3.9	16.8	16.3	23.6	31.6
고졸/대학미진학	31.1	11.8	26.9	37.7	47.0	50.9	36.6
학사학위 미만	25.8	20.0	34.2	33.8	29.9	20.6	20.3
대학졸업	32.1	66.4	35.0	13.8	6.9	5.0	11.5
흑인	5,870	1,149	1,031	922	907	1,738	124
고졸 미만	11.8	2.4	4.1	15.9	14.3	17.2	38.7
고졸/대학 미진학	39.3	13.8	30.8	46.1	45.1	54.0	45.2
학사학위 미만	29.8	24.9	43.3	29.3	33.5	24.5	12.9
대학졸업	19.1	58.9	21.7	8.6	7.1	4.3	2.4
여자(총)	50,773	18,273	19,356	7,794	1,145	3,670	535
고졸 미만	8.1	1.2	4.4	21.7	17.1	27.2	23.9
고졸/대학 미진학	32.0	13.8	39.4	45.5	46.2	50.2	37.6

학사학위 미만	29.6	24.6	38.4	25.9	25.9	18.3	23.7
대학졸업	30.3	60.6	17.8	6.9	10.7	4.3	14.6
백인	41,700	15,571	16,202	5,726	918	2,780	503
고졸 미만	7.5	1.2	4.3	21.0	16.6	27.7	22.9
고졸/대학 미진학	32.2	14.0	40.7	45.5	47.8	50.5	38.2
학사학위 미만	29.4	24.5	37.6	26.4	25.4	17.6	24.3
대학졸업	30.9	60.3	17.5	7.2	10.1	4.2	14.7
흑인	6,331	1,817	2,355	1,656	144	642	16
고졸 미만	10.6	1.4	4.6	23.7	16.7	22.4	43.8
고졸/대학 미진학	33.9	12.3	35.2	47.2	45.1	52.6	37.5
학사학위 미만	33.5	29.8	46.1	25.1	30.0	22.1	6.3
대학졸업	22.0	56.5	14.1	4.1	8.3	3.0	12.5

출처: Bureau of Labor statistics0.

대학교육을 받은 사람들에게는 정반대의 경향이 나타난다. 남성과 여성 모두 대학 졸업자들은 관리직이나 전문직 노동자가 될 가능성이 크며, 서비스나 육체노동에 종사할 가능성은 적다. 남성과 여성 모두 고등학교 졸업자나 학사 학위가 없는 사람의 대부분은 양극단의 중간에 위치하게 된다.

〈표 2.3〉은 보여주는 것만큼이나 많은 의미를 가지고 있다. 예를 들어, 기성세대들은 젊은 세대에 비해 고등학교를 마쳤을 가능성이 상대적으로 적다. 또 "서비스직"의 범주는 매우 이질적인 요소들을 포함하고 있다. 그럼에도 불구하고 〈표 2.4〉는 많은 것을 말해주고 있다. 〈표 2.4〉에 따르면, 경제적 소득은 교육수준이 높아질수록 지속적이고 유의미하게 증가하고 있으며, 모든 수준의 노동자들은 하위 단계 수준의 노동자들에 비해 상당히 많은 수입을 얻고 있다.

표 2.4 **25세 이상의 전일제 임금 노동자의 연간 소득 중앙값, 2000** (단위: US$)

구분	모든 인종		백인		흑인		히스패닉	
	남성	여성	남성	여성	남성	여성	남성	여성
고졸 미만	24,279	16,330	27,611	17,819	21,499	15,396	20,225	14,555
고졸	32,098	21,970	34,839	22,469	27,408	20,609	25,291	19,923
약간의 대학교육	37,245	26,456	39,817	27,136	31,961	25,209	31,446	24,236
준학사	40,474	30,129	41,186	30,547	31,206	27,198	36,212	24,744
학사	51,005	36,340	51,884	36,909	40,805	34,692	41,467	31,996
석사	61,776	45,345	61,904	45,914	52,308	41,780	50,410	43,718
박사	76,858	56,345	80,697	59,010	55,700	41,593	60,690	55,425
전문학위	96,275	56,726	100,000	59,098	67,449	39,371	60,432	56,666

교육수준이 높은 노동자는 그렇지 못한 노동자에 비해 기술을 향상시키기 위한 기회를 더 많이 갖는다(표 2.5 참조). 높은 교육수준을 가진 노동자는 공식적 훈련을 받을 확률이 높으며, 더 많은 훈련 시간을 가진다. 교육수준과 비공식적 훈련과의 관계는 직접적이지는 않지만, 학교교육을 더 많이 받은 사람이 불이익을 받지는 않을 것이다.

표 2.5 **고용주 제공의 훈련 이수, 1995** (단위: %)

구분	고졸	학사학위 미만	학사학위 이상
공식적 훈련을 받는 종업원	60.1	67.8	89.7
종업원당 공식 훈련 시간	10.9	14.3	16.1
종업원당 비공식 훈련 시간	24.8	37.0	31.8

출처: Survey of Employer Provided Training.

〈표 2.1~2.5〉가 학교교육과 사회경제적 성공 간의 전체적인 관계를 명확하게 보여주고 있다는 첫 번째 중요한 결론은 이미 언급한 바 있다.

이 표들이 나타내고 있는 두 번째 중요한 사실은 교육을 통해 제공되는 윤택한 생활은 모든 사람에게 동등하게 적용될 수 없다는 점이다. 예를 들어, 아프리카계 미국인과 히스패닉은 백인에 비해 실업률이 높을 가능성이 크다. 이러한 차이는 아프리카계 미국인에게는 대단히 중요한 문제이다. 또한 여성들은 남성에 비해 교육수준에 관계없이 더 적은 임금을 받는다. 이 책에서는 인종, 민족, 성별과 그 밖의 다른 요소들이 교육과 일의 관계를 계층화하는지에 대해 심도 깊게 논의할 것이다. 여기서 지적하고 싶은 것은 모든 사람들이 학교교육의 혜택을 받기는 하지만, 일부는 더욱 많은 혜택을 받는다는 것이다.

표에 제시된 수치들은 많은 것들을 보여주고 있지만, 두 가지 사실을 고려할 필요가 있다. 첫째, 이 수치들이 이미 일정수준의 교육을 받은 사람들과 관련된 것이라는 점이다. 예를 들어, 이 수치들은 대학교육을 마친 아프리카계 미국인과 백인을 비교한 것이다. 모든 사람들이 사회경제적 보상에 접근하기 위한 학교교육 수준에 도달할 가능성은 동등하지 않다. 특히, 미국 내에서의 인종·민족적 소수자들은 백인들에 비해 중등교육 이후의 학위를 획득할 수 있는 가능성이 현저히 낮다. 이는 어떤 집단은 다른 집단에 비해 학교교육의 기회가 적고, 그들이 받은 학교교육에 비해 상대적으로 적은 임금을 받을 수밖에 없다는 이중의 불이익을 시사하는 것이다.

두 번째는 이러한 수치들이 학교교육의 연한과 학위와 관련이 있다는 점이다. 즉, 이 수치들은 교육의 양을 보여주는 것일 뿐, 교육의 질과 유형을 보여주지는 못한다. 이러한 종류의 질적인 지표들은 교육과 일이 어떻게 연관되어 있는지에 대한 보다 세련된 설명을 가능하게 할 것이다. 어떤 전공은 다른 전공에 비해 더 많은 임금을 보장하며(Horn & Zahn, 2001), "높은 수준"의 대학에 입학하는 것도 효과가 있을 것이다. 초·중등학교의 질적 측면의 효과(예를 들어, 자원, 교육과정, 평가 등)는 명확하지는 않을지라도 중요하게 다루어져야 한다. 결과적으로 가장 중요한 것은 학교교육 연한과 학위이지만, 차별적인 삶의 기회를 가져다주는 학교교육의 다른 요소들도 많다.

세 번째는 학교교육과 사회경제적 성공 간의 관계를 완벽하게 나타내고 있는 통계자료는 어디에도 없다는 점이다. 교육은 경제적 궁핍에 대한 예방접종도 아니고, 양질의 삶을 위한 보증도 아니다. 학교교육의 결핍이 자동적으로 낮은 임금 혹은 발전가능성이 없는dead-end 직업을 얻게 하는 것은 아니다. 널리 알려진 직업, 존경받는 일, 높은 임금과 같이 사회경제적 보상이 주어지는 수준 내에서만 보더라도 교육수준은 다양하게 나타난다.

마리아니Mariani(1999)는 25세 이상의 학사학위를 가지고 있지 않은 15%의 전일제 노동자들이 대학 졸업자들의 평균보다 더 많이 벌고 있다는 것을 보여 주었다. 다른 방식으로 표현하자면, 절반의 대학 졸업자들이 15%의 비학위자보다 적은 연봉을 받고 있었다. 상당수의 노동자들이 더 높은 학위의 혜택 없이도 상대적인 경제적 성공을 거두고 있는 점은 분명하다. 그러나 완전하지 않다 하더라도, 학위와 경제적 성공 간의 경험적 관련성이 지속적으로, 높은 것은 분명하며, 많은 연구에 의하면, 이 관련성은 더욱 증가하고 있다. 학교교육이 전도양양한 사회경제적 성공을 보장하지는 못할지 몰라도, 자신의 미래에 안정적인 투자를 해야 한다면 자신의 졸업장에 투자를 한다는 것은 대체로 안전한 방법이다.

미국인들에게 "성공을 위한 학교" 모델의 지배력은 어떻게 설명되는가?: 만병통치약으로서의 학교교육

학교교육의 경제적 힘에 대한 미국인들의 믿음은 미국의 문화·제도사에 깊이 뿌리박혀 있다. 그러나 호레이스 만도 미국 교육에 다양한 제도, 기관, 졸업장, 프로그램, 학위, 관료제, 규정 등이 포함되리라고는 예견할 수 없었을 것이다. 또한 숙련되고 인증된 노동력을 요구하는 후기 산업사회 경제에 대해서도 상상할 수 없었을 것이다. 이제 "성공을 위한 학교" 모델의 지속성에 대해 좀 더 구체적으로 살펴보기로 하자.

역사학자 헨리 퍼킨슨Henry Perkinson(1991)은 미국인들이 모든 사회문제를 해결해야 할 때 학교에 눈을 돌려왔다고 주장한다. 사회문제를 해결하는 교육의 힘에 대해 미국인들은 강한 믿음을 가지고 있다(Levin, 1991; Tyack & Cuban, 1995). 미국인들이 사회이동 "문제"에 대한 해결책으로서 교육에 눈을 돌렸던 것은 놀라운 일이 아니다. 이러한 의미에서 교육은 퍼킨슨의 표현을 빌리자면 미국인들의 "위대한 만병통치약"이다.

사회학자 제인 게스켈Jane Geskell(1992, p.16)은 학교교육의 목적이 일을 준비하는 과정이라는 미국인들의 신념은 "제2차 세계대전 이래 교육 투자에 중요한 이유가 된다"고 주장했다. 이는 노동시장의 문제를 해결하기 위한 교사, 교육과정, 교육행정가의 능력에 대한 신뢰를 의미하는 것이다. 그런데 왜 교육자들에게 이러한 과제가 주어져야 하는가?

일의 준비과정으로서 학교교육이 "사회적 기정 사실"이고 이러한 관계는 만, 맥거피, 엘저의 저서에서도 제시되었지만, 이러한 신념이 현재만큼 굳건했던 것은 아니다. 역사학자들이 말해주듯이, 지금은 당연한 것으로 여기는 교육과 일의 관계는 식민지 시대 미국인들에게는 결코 형성되지 않았다. 이러한 이념과 실천의 전환은 어떻게 일어났을까?

핑켈스테인Finkelstein(1991)은 이 질문에 대해 통찰력 있는 처방을 제공하였다. 그는 미국에서 "노동과 학습의 관계"가 역사적으로 3단계에 걸쳐 변화되는 과정을 설명하였다. 핑켈스테인은 각 단계를 "교육공화국을 꿈꾸는 공상가"(1790~1840), "공교육의 설계자"(1840~70), "노동 공동체로서의 학교"(개략적으로 1870년 이후)라고 지칭하였다.

핑켈스테인에 의하면, 1790~1840년 시기의 교육과 일의 관계는 불명확하였다. 이 시기에서 가장 두드러진 경계선은 대부분의 미국인들이 생활하고 일하는 전통적인 농촌과 아직 중요도가 낮은 도시 간의 경계였다. 핑켈스테인은 "학교교육과 일이 연결되지 않은 농촌유형과 학교교육이 일터에 영향을 미치거나 일터문화가 학교에 영향을 미치는 도시유형"을 구분하였다(1991, p.466).

왜 그래야 했는가? 핑켈스테인에 따르면 농촌에서는 농부 혹은 소규모 사업주, 수공업자들이 학교와 일터 사이에 공식적 또는 비공식적 관계를 형성할 필요가 없었다. 그는 "교실에서의 기술과 농장에서의 기술은 확연히 구분되고 … 노동환경과 학교환경은 별개의 것이었다"(p.468). 요약하자면, 학교와 일터의 사회적 관계는 산업화 이전의 농촌지역보다 산업화된 도시에서 잘 맞물려 있었다. 본질적으로 도시화와 산업화는 학교와 일터의 관계를 보다 공고히 하였다.

핑켈스테인은 광범위한 사회적 전환의 모순된 성격을 조심스럽게 지적하였다. 그는 도시 지역에서 학교와 일터의 밀접한 관계에 대해 언급하면서도, 19세기 초 도시의 불규칙하게 형성된 환경 하에서 학교와 일터 사이의 외견상의 공조가 다음의 사실을 가려서는 안 된다고 주장하였다. 즉, 농촌의 학교교육과 마찬가지로 도시 및 공장마을의 어린이 집단학습은 학교와 일터의 관계를 형성 또는 규제하는 데 영향을 미치지 않았다는 것이다(1991. p.471). 즉, 1840년대까지 교육과 일은 여전히 많은 면에 있어서 각각의 논리에 의해 작동되는 자율적 제도였다. 이후에야 이들은 서로 얽히게 된 것이다.

핑켈스테인은 두 번째 단계인 1840~1870년 "공교육의 설계자" 시기로 논의를 옮겨간다. 이 시기에는 "미국 전역의 사회 개혁자들과 지역사회 지도자들의 폭넓은 연합세력이 학생들과 일터의 관계를 재정립하고, 학생들이 일을 배울 수 있는 협의망을 재조정하게 되면서" 학교교육과 일의 관계는 제도화되었다(1991, pp.471-2). 이민 증가와 노동계급 자녀들의 급격한 학교 유입에 대한 대응의 일환으로 도시와 농촌의 학교 및 사회개혁자들은 학교의 관료화·표준화를 위해 노력했다.

이 모든 것들은 미국 공교육이 "직업화vocationalization"되는데 기여하였다. 미국의 학교들은 신흥 도시의 산업과 조화를 이루는 규범과 기대를 충족시키기 위해 관료적 구조로 지속적으로 변화하였다. 핑켈스테인은 역사적으로 불가피했던 것은 아니었지만, 강력한 논리에 의해 주도되었던 교육과 일의 관계 강화 과정을 설명하고 있다. 세부 사항에 있어서는 다를지 모르지만 다른 역사학자들도 학교와 일터가 점차 가까워졌다는 사실에는 동의하고 있다(Hogan, 1996).

미국인들은 학교교육이 사회경제적 성취를 가져와야 한다는 생각 이외의 다른 대안을 가질 수 없게 되었다. 이러한 문화적 신념은 일반 대중에게 국한되지 않는다. 예외가 있기는 하지만, 많은 사회과학자들은 정치인들과 일반 대중이 곧바로 수용하는 것처럼 교육이 사회경제적 성공을 유도해야 한다는 생각을 가지고 있었다. 브루킹스 연구소Brookings Institute의 최근 출판물이 담고 있는 메시지는 다음과 같다. "문제는 우리의 아이들에게 가장 좋은 것이 무엇인가?이다. 이 논문집은 공교육이 사회이동을 위한 동력이 되어야 한다는 견해, 즉 브라운 vs. 교육위원회 판례와 1965년 「초·중등 교육법Elementary and Secondary Education Act」의 정신을 다시 부활시키고자 한다."

일반 대중만큼이나 사회과학자들은 학교교육의 기본적인 목적은 사회경제적 상승을 돕는 것이어야 한다는 생각을 받아들이고 있다. 대부분의 시대에 대다수의 사람들은 학교와 일터의 경제적 관계를 당연시 한다고 해도 과언이 아니다. 학교와 일터의 경제적 관계는 언제나 존재했던 것이고, 그 이외의 가능한 또는 이상적인 사회적 대안은 없는 것을 당연한 것으로 여기고 있다.

상반된 견해

반대의 목소리도 있다. 교육과 일의 경험적 관계를 의심하지는 않지만 몇몇 사회학자들은 교육과 일의 밀접한 관계가 사회를 위해 바람직하다는 생각에 동의하지 않는다. 이 중 가장 강력한 비판은 데이비드 라바리 David Labaree(1997)의 이론이다. 라바리는 "우리는 앞의 것이 교육의 중심 목표라는 생각에서 한 발짝 뒤로 물러설 필요가 있다"고 기술하였다(1997, p.1). 라바리는 개인적 성취를 위한 학교교육은 미국 교육의 세 가지 목표 중 하나일 뿐이며, 최근에 와서야 두드러졌을 뿐이라고 주장하였다. 라바리에 의하면 미국 역사에서 학교는 민주주의적 평등과 사회적 효율성이라는 목표를 달성해왔다. 즉, 미국인들은 높은 사회적 지위를 획득하기 위한 효과적 경쟁수단으로써 뿐 아니라 자치에 참여시키고, 경제적 생산성과 성장이라는 폭넓은 사회적 목표에 기여하는 시민들을 훈련시키기 위해 학교를 만들었다는 것이다.

라바리는 세 번째 목표, 즉 "사회적 이동"의 목표가 교육 소비자의 혜택을 위해 교육이 공공재에서 사유재로 변질되는 결과를 초래하는 것으로 파악하였다. 이 결과, 시민, 납세자, 심지어 기업에 대한 공적 관점이 완전하게 없어진 것은 아니더라도 적어도 상당히 약화되었다는 것이다. 그 결과 교육이 지위획득을 목표로 하는 상품으로 전락하였으며, 지식의 획득보다 졸업장 취득이 더 중요시되었다(Labaree, 1997, p.39). 미국인들은 개인적 이득과 연관하지 않고서는 학교교육에 대해 말할 수 없게 된 것이다.

또 다른 사회학적 비판론자는 랜달 콜린스Randall Collins이다. 그의 중요한 저서인 「학력사회: 교육과 계급화의 역사적 사회학The Credential Society: An Historical Sociology of Education and Stratification」(1979)에 대해서는 이 책의 3장에서 별도로 다룰 것이다. 그의 저서에서 종종 간과되고 있는 부분은 도발적 성격을 띠는 마지막 장, 즉 "명목사회Sinecure Society의 정치학"이다.

콜린스는 미국 사회에서 만연한 학력 인플레이션에 대해 논하였다(Dore, 1976a; 1976b 및 기타 자료는 타 국가 관련). 학력 인플레이션이란, 고용주가 요구하는 학력이 해당 직업에 필요한 기술 범위를 크게 벗어난 것을 의미한다. 콜린스에 따르면 학교에서 학습되는 기술은 극소수에 불과하며, 대부분의 사람들은 자신의 일에 비해 많은 교육을 받고 있다. 그 결

교육과 일

과 값비싸고 배타적인, 붕괴 직전에 있는 직업배치 시스템이 탄생하였다.

이러한 문제에 대한 콜린스의 해결책은 "학력 폐지론credential abolitionism" 이다(1979, p.197). 이는 "학교가 졸업장의 통용가치에 의해서가 아닌 교육 자체의 내재적인 산출물에 의해 자신을 지원해야 하는 상태"로 돌아감으로써 교육과 일의 관계를 차단하는 것이다(p.198). 콜린스는 "법적으로 학력 폐지론은 의무교육 요건을 철폐하여, 고용조건에 정규교육을 요구하는 것을 불법으로 규정함을 의미한다"라고 기술하였다. 이러한 탈학력주의는 "학교문화의 수준을 향상시키고, 경제적 불평등을 극복하기 위한 신중한 노력을 시작하는 것"이다(p.198). 물론 콜린스는 이러한 제안이 "현재의 학력주의 팽창"을 극복할 가능성은 별로 없다는 점을 인정한다(p.203). 그럼에도 불구하고 유토피아적인 그의 제안은 적어도 학교와 일터의 관계의 불가피성을 반문하는데 도움이 된다.●

이러한 논의들의 시사점은 다음과 같다. 첫째, 미국인들은 교육과 일이 밀접하게 연관되어 있으며, 연관되어야 한다고 믿는다. 이러한 신념은 여러 증거에 의해 견고하게 지지되고 있다. 사람들이 교육과 일의 관계가 밀접하기를 원하든 원치 않던, 이미 밀접한 관계가 있다는 점은 부인하기 힘들다. 이 책의 이후 장에서는 제도, 관행, 규제, 행위 등 교육과 일의 관계를 구체적으로 분석할 것이다.

교육과 일의 관계가 밀접해야 한다는 신념은 아직 견고하지 않다. 남겨진 질문은 왜 학교교육을 더 많이 받은 사람이 더 좋은 직업과 더 높은 소득을 얻는가에 관련되어 있다. 이에 대해서는 다음 장에서 살펴보기로 하자.

● 라바리와 콜린스는 아마도 가장 일관되게 사회이동을 위한 교육이라는 미국의 선입견에 대해 비판을 제기하여 왔지만, 다른 학자들도 역시 이 관계에 대해 비판적이었다. 이와 관련해서 언급하지 않을 수 없는 학자들은 호간(Hogan, 1996), 카츠넬슨(Katznelson)과 웨어(Weir, 1985), 리빙스톤(Livingstone, 1998), 포웰(Powell, 1985) 등이 있다.

CHAPTER 03

교육과
일의 관계에 대한

두 가지 모델

교육과 일의 관계에 대한
두 가지 모델

실력주의와 학력주의

우리가 당연한 것으로 여겨왔던 학교교육과 일터의 관계는 역사적으로 볼 때 필연적인 것은 아니었다. 그 관계의 강도와 지속성은 시대와 사회에 따라 변해왔고 이에 대한 대안도 상상할 수 있었다. 그러나 미국에서 이 관계는 개인의 행동, 제도, 정책 결정에 상당 부분 영향을 미쳐왔다. 미국인들이 학교에 입학하고 자녀들을 학교에 보내는 것은 대부분 이러한 행위의 결과가 경제적 이득을 가져온다고 보기 때문이다. 그들은 비공식적인 지역사회 교육, 지역사회대학community college, 직업훈련, 연구중심대학, 인증기관, 비인증 인터넷 교육 등을 포함하는 정교한 중등 이후 교육체제를 구축하여 왔다. 사회정책 입안자들은 빈곤으로부터의 탈출, 사회이동의 성취, 국제 경쟁력의 향상을 가능하게 하는 열쇠가 교육의 지속적인 확대에 달려있다고 가정하였다. 이러한 가정은 몇 대의 행정부에 걸쳐 지속되고 있다.

이 장에서는 왜 학교교육이 일의 세계와 밀접히 연결되기를 기대하는 가라는 질문을 통하여 이러한 가정을 보다 주의 깊게 살펴보고자 한다. 학교교육이 무엇이기에 이를 더 받은 사람이 그렇지 못한 사람보다 더 좋은 직장과 더 높은 임금을 받는가? 학교 수가 많은 국가가 부강해지는 이유는 무엇인가? 질문에 대한 대답은 명확하지 않다.

이러한 질문에 답하기 위해서는 몇 가지 개념을 발전시킬 필요가 있다. 여기서 나는 학교교육과 일의 관계에 관한 두 가지 경쟁적 모델을 제시함으로써 이 책의 나머지 논의의 틀을 구성하도록 하겠다. 그것은 실력주의meritocracy 모델과 학력주의credentialist 모델이다. 실력주의 모델은 사회적으로 생산적이고 합리적이며 유익한 이유들로 인해 학교와 일의 관계가 형성되었다고 상정한다. 또한 사회경제적 성공은 특권 계급, 성별, 인종 등 선천적 요인보다는 성공을 누릴 만큼 노력한 사람들에게 주어진다고 주장한다.

반대로 학력주의 이론은 학교와 일의 관계가 사회적 불평등을 재생산하고 경제·문화적 이해관계의 충돌을 가져온다고 본다. 이 모델에 의하면 학교에서 배운 것과 직업생활에서 필요로 하는 것은 그다지 관계가 없다. 졸업장을 "가진 자"만이 특권이 부여된 지위와 높은 임금에 제한적으로 접근할 수 있다.

이 두 가지 모델은 아마도 개인의 수준에서 가장 쉽게 이해될 수 있을 것이다. 학자들은 일반적으로 학교교육을 더 혹은 덜 받은 사람들이 일정한 경제적 보상을 얻는데 성공하는지 실패하는지에 관심이 있다. 이는 중요한 질문이다. 이를 통해 학교교육이 어떻게 사람들을 직업, 일터, 경력의 위계구조에 배치시키는가를 볼 수 있다. 그러나 이러한 위계구조의 밑바탕을 형성하는 사회적 힘 또는 위계구조 그 자체의 기원과 성격에 대해서는 충분히 다루지는 않는다(Mare, 2001).

이 두 모델은 개인의 행동에 대한 설명으로써 뿐만 아니라 "구조 모델 structural model"로서 사회, 조직, 제도 수준에서 이해되어질 필요가 있다.

실력주의와 학력주의는 개인과 지위라는 미시적 수준뿐 아니라, 일터의 사회적 관계(예: 권위, 위계, 분업)가 어떻게 교육기관의 사회적 관계(예: 교육과정, 교수법, 평가)에 영향을 주는지, 그리고 일터의 사회적 관계가 학교 조직에 의해 어떻게 영향을 받는지를 이해하는 방법으로서 작동되기 때문이다. 더구나 일터의 사회적 관계는 학교교육과 일의 "조직 영역", 즉 느슨하게 연결되어 있지만 복잡하게 얽혀있는 학교, 기업, 정부, 기타 사회적 행위자 등을 이해하기 위한 모델을 제공한다(Scott, 1995; Arum, 2000). 스콧Scott은 이러한 조직 영역을 "조직 공동체community of organizations"로 기술하였다. 실력주의와 학력주의는 교육과 일이 속해 있는 조직들의 공동체를 이해하는 수단을 제공한다.

실력주의와 학력주의를 사회적, 개인적 모델로서 바라봄으로써 교육과 일의 관계를 보는 유용한 관점을 확보할 수 있다. 사회학적 관점에서 보면, "교육"은 단순히 사람들이 "받는 것"이 아니고, "일"은 사람들이 "하는 것"만은 아님을 알 수 있다. 즉, 교육과 일은 제도적인 것들이다. 스콧 (1995, p.33)은 "제도들은 문화, 구조, 관행 등 다양한 매개체들에 의해 전달되며, 여러 층의 영역에서 이루어진다"고 말하였다. 이러한 문화, 구조, 관행들은 교육과 일의 관계를 풀어내는 중요한 국면의 일부이다.

순수한 실력주의 혹은 학력주의 모델은 그 어느 국가에도 존재하지 않는다. 이는 마치 완전한 민주주의, 자본주의, 카스트 제도, 사회주의 등이 존재하지 않는 것과 같은 이치이다. 내가 말하고 있는 실력주의와 학력주의 모델은 실제로 존재하는 것을 경험적으로 기술하는 것이 아닌 이상형 ideal types이다. 달리 말하자면, 나는 실력주의와 학력주의란 세계 어디에도 완전한 형태로 존재하지 않는다는 것을 충분히 인식한 상태에서 그 이상형을 제시한다. 즉, 유토피아에 가까운 이상형을 강조함으로써 이들 중 하나의 모델을 채택할 때 어떤 영향이 생길지 명확히 하고자 한 것이다.

실력주의

문화적 신화, 경험적 기술 혹은 추구하고자 하는 목표 그 어떤 것으로 묘사되든지 간에 실력주의는 미국 사회를 구성하는 중요한 원리이다. 간단히 말해서, 실력주의 사회는 기여와 보상이 균형을 이루고 있는 사회이다. 실력주의에서 개인은 일정한 경제적 교환을 위해 이룬 업적에 기반하여 보상을 받으며, 이러한 보상이 이루어지도록 제도가 형성된다. 이는 상속, 재산, 인맥 등의 특권 또는 인종, 민족, 성별 등의 타고난 요인 등의 "전통적" 특권 요소들이 경제적 이득을 위한 경쟁에서 그다지 중요하지 않다는 것을 의미한다.

실력주의의 견해는 몇몇 사회학적 개념에 근거하고 있는데, 이들 중 다수는 사회학적 "기능주의functionalism"의 전통으로부터 발전하였다. 기능주의 이론은 미국 사회학 중에서는 탈코트 파슨스Talcott Parsons(1967), 로버트 머튼Robert Merton(1963)의 이론과 가장 밀접하게 연관되어 있다. 기능주의 이론은 각각 다른 형태를 취하고 있기는 하지만, 사회제도를 이해하기 위해서는 해당 제도가 사회를 유지하는데 어떤 기능을 수행하는가를 검토해야 한다는 점에서 공통적이다. 기능주의자들은 사회의 모든 측면이 사회의 영속성 및 안정성에 긍정적인 기여를 한다고 주장하고 있다.

기능주의 이론이 교육과 일의 관계에 어떻게 적용되는지를 이해하기 위하여 킹슬리 데이비스Kingsley Davis와 윌버트 무어Wilbert Moore(1945)는 논문 "계층화의 몇 가지 원리Some principles of stratification"를 통해 예시적 논거를 제기하였다.● 데이비스와 무어는 모든 사회가 사회 질서 유지에 기능

● 모든 관련성을 여기서 밝히지는 않았지만 데이비스와 무어 이론에서 알려진 바의 핵심은 오래 전 피티림 소로킨(Pitirim Sorokin)의 「사회 문화적 이동(Social Cultural Mobility, 1927)」에서 거의 완벽하게 예견된 바 있다.

적으로 중요한 활동이 수행되도록 하는 상황에 직면해 있다고 주장하였다. 사회는 중요하고 높은 지위가 가장 실력 있고 숙련된 사람들에 의해 구성되도록 하는 방법을 찾아야 한다. 이러한 사람들은 희소하기 때문에 사회는 기술과 필요를 연결시키기 위한 인센티브를 제공해야 한다. 따라서 사회는 기술을 개발할 의지와 능력이 있는 이들에게 경제적 보상과 높은 사회적 지위와 특권을 제공할 방법을 고안한다. 이러한 상황이 발생하는 가장 대표적인 곳이 바로 학교이다.

기능주의 이론은 그리 복잡한 이론은 아니며 처음에는 그럴 듯 하고 심지어는 정교해 보이기도 할 것이다. 그러나 기능주의 이론은 불평등의 구조적 기반에 대한 관심을 갖지 않고, 궁극적으로 동어반복적 속성을 가지고 있었기 때문에 사회학자들은 시간이 지남에 따라 이에 대한 회의를 가지게 되었다(Geskell, 1992). 즉, 기능주의 이론은 보상의 수준에 의해 기능적으로 중요한 지위를 정의하는데, 이 보상은 아마도 기능적 중요성의 성과물일 것이다. 이렇게 함으로써 기능주의 이론은 입증해야 할 부분을 가정으로 상정해 버린다. 그럼에도 불구하고 기능주의 이론은 보상이 수혜자에게서 나타난 장점에 어느 정도 기초한 것인지, 또는 보상의 근거가 다른 곳에 있는지 여부에 관심을 집중시킨다는 점에 있어서는 유용하다.

이 점은 귀속ascription과 성취achievement 간의 중요한 차이점을 보여준다. 이는 또한 귀속된 지위와 성취된 지위 간의 차이라고도 할 수 있으며, 동시에 특수주의particularism와 보편주의universalism 간의 차이라고도 할 수 있다. 귀속된 지위는 출생으로부터 획득된 것이며, 일생에 걸쳐 본질적으로 변하지 않는 지위를 의미한다. 사람은 주어진 성별, 출생 지역, 사회적 계급, 인종, 민족 등 수많은 지위를 가지고 태어난다. 이러한 것들은 개인이 추구하거나 획득한 것이 아니다. 실력주의 사회에서 귀속적 지위에 직접적으로 기반하여 보상을 배분하는 것은 부조리한 것으로 여겨진다. 귀속에 기반하여 보상하는 사회구조는 "특수주의"라고 일컬어진다.

반대로 획득된 지위는 개인이 어떤 방법을 통해 얻는 지위를 의미한다. 이 책에서 제시하는 분석의 틀 내에서 본다면 중요한 획득 지위로는 교육, 직업, 소득이 있다. 그러나 그 밖에도 여러 가지가 있다. 결혼 관련 지위, 자발적 조직의 회원권, 정치적 관계 등은 모두 획득된 지위이다. 성취에 기반한 보상체제를 가진 사회는 "보편주의" 사회라고 여겨진다.

여기에도 중간지대는 존재한다. 예를 들어, 일부 문화권에서 나이는 성취와 존경의 업적 표시로 여겨진다. 반대로 어떤 문화권에서 나이는 차별과 편견의 부조리한 기준으로 여겨지며, 심지어 보상 제공의 비합법적 기반이 되기도 한다. 또 다른 예로 건강을 들 수 있는데, 건강은 다이어트와 운동을 통해 획득되는 것일 수도 있고, 유전자의 우연한 조합을 통해 귀속될 수도 있다. 리Li와 왈더Walder(2001)는 중국의 사회 계층화에 대한 흥미로운 분석을 통해 정당의 멤버십이 어떻게 귀속과 성취 또는 특수주의와 보편주의와 같은 단순 조합에 의해서는 쉽게 개념화될 수 없는지를 보여주고 있다. 그들은 정당의 멤버십은 "출생에 의한 특권도 아니고 능력이라는 성취기반의 지표도 아니다"고 주장하였다(Li & Walder, 2001, p.1375).

나아가, 사회경제적 보상이 귀속된 지위와 연계되어 있다는 경험적인 증거는 실력주의의 실패를 충분히 설명하지 못한다. 보상과의 연관성에 근거하여 귀속된 지위가 획득된 지위와 상관성을 갖는다고 생각할 수도 있다. 예를 들어, 기업가의 자녀는 기업가로 성장할 가능성이 상당히 높다. 이것이 출생(획득)의 우연성에 의한 것인지 혹은 그들이 기업가적 성공(성취)에 중요한 가치와 기술을 습득해서인지 아직까지 해결되지 않은 질문이다.

이러한 생각들을 따라가 보면 실력주의의 실현은 귀속에 대한 성취의 승리 또는 특수주의에 대한 보편주의의 승리로 개념화할 수 있다. 다시 강조하지만 여기서 말하는 실력주의는 이상형이며, 완전한 실력주의의 실현 가능성은 사실상 희박하다.

무엇이 실력에 해당되는가?

이러한 모든 것들은 매우 간단하고 직설적으로 보인다. 그러나 실제로 실력주의에 대해 보다 깊이 있게 고찰할수록 몇 가지 문제점들이 드러나고 있다. 첫째, 실력주의는 대립되는 의미를 가지고 있다. 실력주의를 연구하는 학자들에게도 그렇고 넓은 의미의 실력을 생각하는 일반 대중에게도 마찬가지이다. 올넥Olneck과 크루즈Crouse(1979)는 미국인들이 실력을 사람들이 보유하고 있는 특성이라기보다 사람들이 수행하는 것으로 바라보는 경향이 있다는 조사 결과를 발표하였다. 즉, 사람들은 탁월한 지적 능력이나 "IQ"를 가진 사람보다는 열심히 일하고, 착실하게 행동하고, 재능을 보여주는 "마땅히 그럴만한" 사람이 사회경제적으로 성공했으면 하고 바란다는 것이다. 올넥과 크루즈는 기술적, 인지적인 역량을 강조하는 실력주의에 대한 두 번째 측면에 대해 언급하면서, 이 점은 실력주의가 물려받은 혹은 유전적인 특성을 반영할 수도 있다고 하였다. 그들은 미국에서 실력에 대한 이러한 이해는 여러 가지 표준화된 시험에서 사람들이 획득하는 점수로 전이되는 경향이 있다고 진술하였다(Lemann, 2000 참조).

실력주의의 개념형성에 있어서 두 번째 어려움은 동어반복의 위험에 빠질 수 있다는 점이다. 즉, 가장 훌륭하게 보상을 받은 사람을 실력이 있는 사람으로 보는 함정에 빠질 수 있다는 것이다. 위에서 살펴본 바와 같이 이는 계층화를 설명하는 기능주의 이론의 문제점이었다.

그러나 여전히 남아있는 문제는 "실력merit"을 어떻게 인식해야 하는가? 또한 무엇이 업적에 해당되는가?이다. 이러한 문제에 대한 해답은 명료하지 않다. 심지어 교육자격증과 인지적 역량과 같은 실력을 설명하는 유용한 지표들조차 면밀한 조사를 해보면 애매모호한 것으로 판명된다. 획득되는 것으로 보이는 평량평균GPA이 부여된다고 보일 수 있는 수학능력시험SAT보다 더 실력주의적인가? 또는 직업에서의 연공서열이 관리자로부터 받은 등급보다 더 혹은 덜 실력주의적이라고 할 수 있는가? 또는 연령에 따른 고용이 불법인 상황에서, 일터에서 실력주의적 평가기준으로 나이를 활용하는 패터슨 등(Petersen et al., 2001)의 주장을 어떻게 이해해야 할 것인가?

실력주의에 대한 논의를 위해서는 마이클 영Michael Young의 고전적 반유토피아적 소설인 「실력주의의 도래The Rise of the Meritocracy」(1994[1958])를 다룰 수밖에 없다. 2034년 영국을 배경으로 설정한 영의 소설은 엄격하게 실력에 기반한 사회가 예상치 않은 비극적 결과에 직면한다는 내용을 묘사하고 있다. 「실력주의의 도래」는 사회학적 기준에서 매우 드문 저서로서, 가장 엄정하고 세심한 경험적 학자들까지도 이를 권위있는 출처로 인용하고 있다. 이 소설은 실력주의에 대한 사람들의 생각에 광범위한 영향을 미쳤다는 점에서, 그리고 아마도 읽히기 보다는 인용되는 빈도가 더 잦다는 점에서 고전이라 할 수 있다.

영에 의하면 실력은 "지능과 노력IQ+Effort"으로 구성된다. 즉, 책임과 권위의 직책에 가장 적합한 사람들은 단순히 타고난 능력이 있는 사람들이 아니다. 이에 노력까지 겸비한 사람들인 것이다. 이러한 요소들 중 하나만 있다면 실력이라고 하기에 불충분하다. 영은 "게으른 천재는 천재가 아니다"라고 언급하고 있다(p.84).

영이 매우 효과적이고 탁월한 소설을 저술했다고 해서 그에게 실력주의라는 단어의 활용에 대한 독점권이 부여되지는 않는다. 사실 그의 훈계적 소설이 광범위한 경험적 연구 프로그램으로 점진적으로 전환되는 과정에는 예기치 않은 일들이 있었다. 먼저, 영은 최고 소득자 또는 민간 부문에서 최고의 직업을 가진 사람들만큼 공공 부문에서 높은 지위를 성취한 사람들에 대해 관심을 가졌다. 실력주의에 대한 영국적 전통과 이해는 미국의 경우와는 처음부터 매우 달랐다.

사회경제적 불평등의 과정은 모든 사회에서 중요한 문제이다. 「실력주의의 도래」는 이 문제에 대해 많은 관심을 쏟고 있으며, 이에 대한 생각을 돕기 위한 개념을 소개하고 있다. 그러나 유감스럽게도 영이 제시한 지능과 노력이 결합된 실력주의 역시 IQ로만 귀결되는 경우가 너무 많았다. 영의 논의가 보다 진지하게 받아들여졌을 경우 더 많은 이해가 가능했겠지만, 이로 인해 실력주의에 대한 이해의 폭은 더 줄어들게 되었다.

"지능지수" 혹은 IQ의 개념화와 측정에 대한 착안은 심리학의 영향을 받았다. IQ의 개발에 대한 일화는 다양한 시각에서 설명되어져 왔으며 (Gould, 1996), 이는 성공 혹은 실패로 이야기된다. 그 일화를 여기서 다룰 수는 없겠지만, 인간의 지적, 인지적 태도 또는 역량을 하나의 점수로 포착할 수 있다는 발상은 미국 문화에 강력한 영향을 끼쳤다. 미국인들은 표준화된 검사점수에 실력주의의 합법성을 부여하였다. 저술가 니콜라스 레만Nicholas Lemann(2000)은 높은 IQ는 고소득을 정당화하는데, 이는 미국의 엘리트들이 이를 허용하는 계층화 구조를 설계하기 위해 암묵적으로 공모했기 때문이라고 말한다.

레만의 논거가 과장되었을 수는 있지만, 남보다 높은 인지 능력을 가진 사람이 보다 우수한 학교성적을 획득하고 궁극적으로 일터에서 보다 나은 성과를 얻는다는 데는 별다른 이견이 없는 듯하다(Brody, 1997). 학교는 인지적 기술이 개발, 평가, 보상되는 장소이다. 그러나 사회과학자들이 실력의 지표로서 IQ의 개념에 대해 집중하는 것은 놀라운 일이며 어떠한 이유로 IQ와 실력이 연계되었는지는 분명하지 않다. 로버트 하우저Robert Hauser 등(2000, p.203)은 이 점에 대해 통찰력 있는 시각을 제공하였다.

실력이라는 용어가 왜 사회적, 경제적 성공의 기회를 촉진하는 많은 다른 고려사항 및 특성들과 구별되어 정신적 역량과 밀접하게 연관되는지는 분명하지 않다. 야망 혹은 욕구, 인내력, 책임감, 개인적 매력, 육체적/예술적 기술 및 재능, 그리고 좋은 사회경제적 네트워크 및 자원에 대한 접근 등이 그 예가 될 것이다. 물론 인지적 기능은 복잡한 사회의 직업 구조 내에서 중요한 역할을 하는 것은 사실이지만, 이것이 인종, 성, 그리고 사회경제적 기원 등의 타고난 조건을 넘어선 성취에 있어서의 유일한 요소가 아님은 분명하다.

하우저 등은 심리학자와 경제학자들이 복잡한 기술 및 역량들을 IQ라는 단일지표로 제한함으로써 과도하게 단순화했다고 비판하였다. 이러한 제한은 검사점수 자체와 점수가 나타내는 능력 간의 혼란을 나타낸다. 하우저 등은 사회학자들에게 분발을 촉구하였다. 즉, 영은 능력의 단일한 척도를 고안함으로써 풍자적, 극적 논의를 펼칠 수 있었다. 반면, 경험적 사회학자들은 실력주의를 구성하는 모든 요소의 구분을 인식할 필요가 있었다. 우리는 "노력"에 대한 영의 견해(슈만Schuman 외(1985), 델루카DeLuca 와 로젠바움Rosenbaum(2001)을 제외하고는 대체로 무시되어 옴) 뿐 아니라 다른 인지적, 정서적, 행동적 요소들까지 이해할 필요가 있다.

이 분야에는 매우 충실히 수행된 연구들이 많이 있는데, 야망, 포부, 다양한 형태의 자기 지각 등과 같은 요소들이 어떻게 교육과 경제적 성취에 영향을 미치는지에 대하여 잘 알려져 있다(Jencks et al.,1979; Olneck & Bills, 1979). 또한 이러한 요소를 개념화하는 강력한 방법들이 개발되고 있기도 하다. 이를테면, 경제학자 사무엘 보울스Samuel Bowles와 허버트 긴티스Herbert Gintis(2000)는 고용주가 보상하기 원하는 근로자의 소양과 기질을 "인센티브 제고형 기질incentive-enhancing preferences"로 간주하였다. 예를 들어, 보다 앞서 생각할 수 있고 미래의 사고에 대해 계획할 수 있는 노동자는 고용주에게 더 가치가 있겠지만, 이는 IQ 점수를 통해 쉽게 나타나지 않는다. 즉, 정신적 역량이 교육과 일의 관계에 있어서 중요하지 않다는 것이 아니라, 오히려 정신적 역량에 대한 협소한 이해를 가지고 실력주의 사회를 개념화하면 안 된다는 것이다.

그러나 만약 정신적 역량 혹은 IQ가 실력 지표로서 결함이 있다면 교육의 성취는 무엇을 의미하는가? 이것은 성취된 지위가 되어야 할 것이다. 터너Turner(1960)가 사회가 성공과 이동의 규범에 입각하여 조직된다는 것을 주장하였듯이, 학교교육은 부여될 수 없는 지위이며, 그것을 열망하는 사람 스스로의 노력에 의해 획득되어야 하는 것이다. 이것이 실력으로 여겨질 수 있는가?

그러나 해답은 분명하지 않다. 모든 사람들이 동등한 교육 기회를 갖지는 못한다. 구조화된 사회 불평등은 특권을 가지지 못한 사람들이 교육 제도를 통해 자신의 기술과 재능을 입증하고 향상시킬 수 있는 역량을 제한한다. 나아가 부르디외Bourdieu와 같은 이론가(Bourdieu & Passeron, 1974)는 특권층은 자신들의 특권을 자식들에게 직접적으로 양도할 수 있는 능력은 상실하였으나, 자식들에게 학교교육 기회를 보장함으로써 특권을 계승하고 있다고 주장하였다. 따라서 부르디외에게 학교교육은 실력주의의 원칙과 배치되는 "재생산 전략"일 뿐이다. 학교교육은 사회적 재생산 구조를 반영하고 있다는 점에서 진정한 실력주의를 반영하고 있는가?

정신적 역량이 단순히 문화적 발명품이 아닌 것처럼, 교육적 성취가 단순히 재생산 전략만을 의미하지는 않는다. 둘 다 어느 정도는 실력을 보여주는 지표 역할을 한다. 그러나 실력을 나타내는 방식으로는 둘 다 모호하며 문제가 있다.

실력주의와 인적자본이론

실력주의라는 용어를 거의 사용하지 않지만, 많은 경제학자들은 실력주의의 중요한 개념들을 수용하고 있다. 특히 게리 벡커Gary Becker(1964)와 제이콥 민서Jacob Mincer(1958, 1974, 1989)의 선구적인 저작과 노동, 인적자본, 임금에 관심을 갖는 주류 경제학자들과 연관이 되어 있는 인적자본 학파는 학교교육이 고용주들이 중시하는 기술들을 부여한다고 주장해 왔다.

요점을 살펴보면, 사회적 성취(임금)를 위한 교육의 역할에 대한 인적자본이론은 매우 간결하다. 학교교육은 직무수행과 관련된 시장성 있는 기술 및 역량을 제공한다. 따라서 학교교육을 많이 받은 사람은 고용주들에게 보다 유용하며, 결과적으로 더 많은 소득을 얻고 일자리를 공고히 할 수 있는 기회를 가질 수 있다(Becker, 1964; Mincer, 1958, 1989; Schultz, 1962). 학교교육을 통해 얻는 기술은 대체로 "일반적general" 기술로서 일터에서 사용될 수 있는 반면 "구체적specific" 기술은 일터에서 습득된다. 이러한 관점에 의하면, 학교교육을 통해 더 많은 교육을 받은 사람들이 더 훌륭한 노동자가 되도록 준비된 것이기 때문에 고용주들은 학력에 따라 선발하는 합리적 행동을 취하는 것이다. (물론 학력이 유일한 고용 기준은 아니다.) 마찬가지로 (이전에는 학생 신분이었던) 구직자들은 자신의 인적자본에 투자하는 합리적 행동을 취하는 것이다.

"인적자본"이 IQ 혹은 인지적 기술과 능력으로 축소될 필요는 없다. 심지어 해크먼Heckman과 루벤스타인Rubenstein(2001)과 같은 주류의 인적자본 경제학자들조차 비인지적 기술의 중요성을 인정해 왔다. 그럼에도 불구하고, 대부분의 인적자본 연구는 일반적으로 인적자본을 지수화하기 위해 교육의 성취라는 단순한 척도에 의존해 왔다. 인적자본의 관점에 의하면, 업적을 달성한 사람이란 가장 많은 인적자본을 지니고 있는 사람이며 교육기관은 인적자본을 획득할 수 있는 가장 중요한 곳 중 하나이다. 클라우디아 골딘Claudia Goldin(1998b, p.49)은 이러한 입장을 다음과 같이 간결하게 정리하였다.

> 20세기 동안 노동의 진보는 교육의 발전과 밀접하게 연관되어 있었다. 아동 노동의 사실상 철폐, 여성 노동력의 증가, 남성소득 대비 여성소득의 증가, 흑인과 백인의 소득격차 감소, 전체적 임금구조의 간결화compression, 다양한 현대적 교육기관의 진화는 모두 교육의 진보와 관련이 있다.

계층화에 대한 기능주의 이론과 마찬가지로 인적자본도 동어반복의 위험성에 노출되어 있다. 즉, 높은 임금의 획득은 종종 높은 비율의 인적자본의 존재를 표시하는 데 사용된다. 사회학자들(Bills, 2004)과 경제학자들(Blaug, 1976) 모두가 인정하였듯이, 인적자본이론은 입증해야 할 부분을 가정해버리는 경우가 많다. 즉, 학교교육을 통해 노동자들이 보다 생산적이 될 수 있는 역량과 기술을 획득한다는 사실은 입증되지 않았다.

더 전통적인 자본 형태와 유사한 어떤 것으로서의 "인적"자본은 면밀한 검토를 요한다. 다소의 모호성이 있긴 하지만 물리적, 자연적, 경제적 자본 등의 전형적 개념들은 상대적으로 그 의미가 명확하다. 물리적 자본 또는 생산된 자산은 일반적으로 상품과 서비스 그리고 궁극적으로 부의 생산을 가져다주는 기계, 도구, 건물, 기타 자원을 의미한다. 자연적 자본은 경제적 생산에 사용되는 토지, 물, 광물과 같이 재생 가능한, 그리고 재생 불가능한 여러 요소들을 의미한다. 경제적 자본은 금전과 비금전 형태의 투자 및 구매로 구성되며, 궁극적으로 물리적 자본으로 전환된다.

이 예들은 명확해 보이지만 경제이론의 세계에서 벗어나 현실세계로 가면 명확해 보이지 않는다. 사회학자 프레드 블록Fred Block(1990, p.152)은 "자본에 대한 개념화의 문제"라는 논문에서 "달러로 정확히 측정할 수 있는 것만을 자본으로 보는 관점은 문제가 있다"고 결론짓고 있다. 블록의 논거를 분석하는 데에는 시간이 걸리겠지만, 인적자본을 개념화하고 측정하는 문제는 적어도 이러한 기타 자본유형의 경우만큼, 혹은 그 이상으로 중요한 것이다.

개인이 물리적 자본에 투자하는 것과 마찬가지 방법으로 자신에게 투자하고 결과적으로 인적자본의 "축적물"을 가지고 다닌다는 발상은 명확하지 않다. 사실 인적자본이론의 핵심 개념에는 인적자본의 정확한 의미가 무엇인지, 그리고 인적자본을 관찰하고자 할 때 개인이 그것을 어떻게 알 수 있는지 등을 결정하는 기본적 문제가 많다. 인적자본의 실재는 두 가지 방법으로 추론되었다. 첫째, 분석자들은 종종 인적자본을 강화한다고 여겨지는 지표를 통해 인적자본을 추정하였다. 이러한 지표에는 교육, 일 경험, 건강, 영양 또는 훈련 등이 포함된다. 다른 이들은 추정된 산출물(주로 임금)로부터 인적자본의 수준을 추론하였다. 인적자본이 직접적으로 측정되는 경우는 실제로 거의 없다.

인적자본이론가들은 보다 나은 측정방법과 이론의 보다 현실적 측면에 노력을 기울임으로써 이러한 비판에 대응해왔다. 이에는 선발screening, 신호signaling, 여과filtering 이론 등이 있다(Bills, 2004). 지금까지 논의의 핵심은 실력주의 사회가 인적자본이론에서 설명하는 지위획득 및 사회경제적 이동의 과정을 가지고 있다는 것이다.

실력주의는 유토피아인가, 반유토피아인가?

자유주의적 또는 보수적 사회정책 주창자들은 실력주의의 이상에 매력을 느껴왔다(Breen & Goldthorpe, 2001). 정치적 동기와 강령은 다를지 몰라도 사회 비평가 및 사회 공학자들은 일반적으로 실력주의를 바람직하고 합리적이며 진보적인 것으로 묘사한다.

물론, 이상적으로 볼 때 실력주의 사회는 공정하고 효율적이다. 기여도가 가장 큰 사람이 가장 실질적인 보상을 받아야 한다는 논거를 제시하는 것은 어렵지 않다. 역량과 노력, 공정한 경쟁, 그리고 공정한 보상 간의 조화의 규범은 강력하다.

그럼에도 불구하고 마이클 영의 소설과 사회 연구 및 논평이 보여주듯이, 실력주의에 의한 효율성과 합리성은 실력주의의 다른 특성들을 은폐할 수 있다. 통제되지 않은 실력주의 사회에서 한 개인이 상승할 수 있는 여력은 다른 개인의 능력부족에 의해서만 상쇄된다. 실력주의는 훌륭한 보상을 가져오지만, 사회적 가혹함과 경쟁이라는 비용을 지불해야 한다.

실력주의 사회를 평등 사회라고 기대해서는 안 된다.

그렇다고 해서 실력주의가 효용성이 없다는 것은 아니다. 실력주의에서 중요시하는 노력과 경쟁을 받아들일 수 없다면, 다른 대안은 상속된 특권과 기회가 차단된 삶일 수밖에 없다. 게다가 실력경쟁이 증가하게 되면 실력이 아닌 것들에 대한 경쟁은 감소하게 될 것이며, 노골적인 사회 불평등이 완화될 것이다(Lemman, 1997). 의도하지는 않았지만 어떤 의미에서는 영의 반유토피아적 실력주의에 대응하는 이론으로 커트 본네거트Kurt Vonnegut(1961)의 반실력주의anti-meritocracy가 있다. 본네거트는 「헤리슨 버제론Harrison Bergeron」이라는 단편에서 실력(창의성, 노력, 기술)이 폐기되는 사회를 그렸다. 이는 영의 미래사회에서 실력이 적극적 보상을 받았던 것과 대응된다. 반실력주의 사회도 영의 경우와 같이 결국 자멸에 빠지게 된다.

학력주의

"누구나 뇌를 가질 수 있어. 뇌는 상당히 평범한 것이야. 땅에서 기어 다니거나 진흙구덩이 바다를 살금살금 기어 다니는 모든 무기력한 생명체들도 뇌를 가지고 있어. 내 고향에는 대학이란 것이 있는데, 위대한 학습의 장이어서 훌륭한 사상가가 되려고 들어가는 곳이지. 대학을 나오게 되면 사람들은 깊은 생각을 하게 되지. 그래도 너희 뇌와 다를 바가 없어. 그러나 이들은 너희가 가지지 못한 것이 하나 있지. 바로 학위야"(「오즈의 마법사」, 1939)

학력주의는 교육과 일의 관계에 대해 매우 다른 시각을 제공한다. 실력주의에도 많은 변종이 있듯이 학력주의 이론도 하나만 존재하는 것은 아니다. 사실 학력주의라는 용어를 사용하는 사람들은 매우 상반된 특징을 갖는 경우가 많다. 실력주의 모델에서 실력의 명백한 증거가 되는 졸업장은 학력주의에서 사회경제적 우위를 세대 간, 사회경제적 계층 간 지속시키기 위한 임의적, 배타적 수단에 지나지 않는다.

아마도 학력주의와 관련하여 가장 잘 알려진 사회학적 저술은 아이바르 버그Ivar Berg의 「교육과 직업: 훈련 강도Education and Work: the Great Training Robbery」(1971)와 랜달 콜린스Randall Collins의 「학력사회: 교육과 계층화의 역사사회학Credential Society: An Historical Sociology of Education and Stratification」(1979)일 것이다. 두 저술 모두 학력주의에 대한 어떤 결론도 내리지는 않았지만, 이들은 사회학자들이 노동시장에서 학력의 역할을 이해하는데 깊은 영향을 주었다.

버그의 「교육과 직업」이 저술된 시점은 빈곤과 노동시장 소외화의 해결책으로서 교육과 훈련의 정책적 역할에 대해 의심의 여지가 없을 때였다. 존슨 행정부의 "빈곤과의 전쟁"은 아마도 "어떤 사람에게 물고기 한 마리를 주면 하루 식사가 해결되지만, 고기 잡는 법을 가르쳐주면 평생 먹고 살 수 있다"는 속담에 기반을 둔 것으로 보인다. 보다 이론적으로 접근한다면, 버그의 저술은 노동시장에 대한 인적자본이론에 의해 지배되었던 학자와 정책 입안가 집단에게 새로운 시각을 제공하였다.

버그의 비판은 공정하고 학술적이었지만 또한 논쟁적이고 도발적이었다. 그럼에도 불구하고 그는 교육과 훈련 양의 끊임없는 증가가 경제성장과 번영, 다른 한편으로는 "고용될 수 없는" 사람들의 빈곤 퇴치를 위한 강력한 열쇠가 된다는 생각에 대한 강력한 교정을 제시하였다. 버그는 미국의 노동시장에서 학력에 대한 과도하고 비성찰적인 집착이 만연해있다고 주장하였다. 그는 직무성과와 학력의 관계가 좋게 말해서는 의심스럽고, 나쁘게 말해서는 엘리트층이 덜 교육받은 이들에게 저지르는 장난이라고 보았다. 버그는 고용주가 선발의 도구로 활용하는 졸업장이 실제 기술 수요, 근로자 생산성, 이직률 등과 의미 있게 연관되어 있다는 증거가 없다고 주장한다. 경제학자들과 사회학자들 역시 생산성에 대한 학교교육의 기여를 제대로 탐구하지 못했다.

콜린스(1979)는 「학력사회」에서 학력주의의 개념을 사용하여 현대사회의 사회 계층화에서 정규교육이 담당하는 역할을 설명하였다(Collins, 1971, 1974를 더불어 참조할 것). 콜린스는 "교육은 고소득 직업을 독점하기 위한 인위적 장치"라고 주장하였다(1979, p.9). 덧붙여 그는 "어떠한 직업 지위의 수요도 고정된 것은 아니지만, 이 수요는 그 지위를 얻으려는 사람(구직자)과 통제하려는 사람(고용주) 간의 협상에서 결정되는 행위를 나타낸다(p.27)"라고 하였다. 버그의 학력주의는 고용주와 사회의 합리성에 대한 무관심으로부터 나왔던 반면, 콜린스의 학력주의는 권력과 엘리트 지위에 대한 접근이 중시되었다. 이 둘 모두 학교에서 배운 기술이 이후 일터에서 노동자의 숙련도와 관계가 있다는 믿음에 의문을 제기한다.

콜린스의 분석은 20세기 초 이민에 따른 민족적, 문화적 충돌의 역사에 초점을 맞추고 있다. 이러한 측면은 그동안 간과되어 왔으며, 특히 브라운D.K. Brown(1995)은 그의 논거의 경험적 적절성에 대해 이의를 제기하였다. 그럼에도 불구하고 콜린스의 논의는 비기술주의 인과 메커니즘을 제공함으로써, 버그 모델의 기반이 되는 교육적 요구사항을 경험적으로 모호한 "교육적 광기"를 넘어선 설명방식으로 승화시켰다.

콜린스는 소위 "기술지배주의 신화"에 대해 매우 비판적이다. 그는 학교에서 얻어지는 기술의 형태와 내용, 생산성이 일터의 요구와 연계성이 적다고 보았다. 따라서 버그와 마찬가지로 콜린스도 학교교육은 우연히 획득된 지위인 인종, 민족, 사회 계급 그 이상의 의미를 갖지 않는다고 주장하였다.

학력이란 무엇인가?

학력주의 입장을 깊이 평가하기에 앞서, 기술적인 문제들을 살펴보는 것이 좋을 것 같다. 실력이 정확하게 무슨 의미인가 질문할 필요가 있었다면, 학력에 대해서도 같은 질문을 던질 필요가 있다. 이에 대한 대답은 직접적이지는 않을 것이다. 학력에 대해 이야기할 때 우리는 무슨 이야기를 하는가?

적어도 미국에서 학력주의 이론은 중등 이후 교육에 가장 일반적으로 적용된다. 그 이유는 고등학교 졸업이 거의 일반화된 사회에서 중등 이후 수준에서의 교육적 차이는 개인의 생산성 차이에 거의 영향을 미치지 않기 때문이다. 그러나 미국의 중등 이후의 학력 시스템은 복잡하고 정교하다. 다른 나라들과는 다르게 미국은 중등 이후의 교육을 관장하는 중앙정부기관이 없다. 따라서 미국에서 중등 이후의 학위는 모호한 의미를 갖기도 한다.

이것이 의미하는 것은 중등 이후의 교육기관이 수여하는 학위가 놀랄 만큼 다양한 형태를 가지고 있다는 점이다. 이는 준학사, 학사, 석사에서 박사, 교수에 이르기는 위계로 나뉘기도 하고, 학문적 또는 직업적 학위로 구별되기도 한다. 이러한 구분은 종종 중첩되기도 한다. 예를 들어, 75%의 준학사 학위는 직업과 관련된 학위이다(Leigh & Gill, 1997). 중앙당국 또는 통일된 인증 시스템의 부재로 인해 학위의 내용도 매우 다양하다(Kerckhoff & Bell, 1998; Carnevale & Desrochers, 2001).

같은 학위라 할지라도 다른 것을 의미할 수도 있다는 데 대한 대응으로서 미국의 중등 이후 교육기관은 정교하지만, 느슨한 인증Accreditation 체제를 가지고 있다. 이러한 체제 하에서 지역적, 국가적 차원의 전문적 교육협회들은 질적수준을 보장하기 위한 기준을 활용하여 교육기관과 프로그램을 평가하고 있다. 평가 지지자들에 의하면, 이러한 인증의 목적은 비정부적 동료 간 평가를 제공하는 것이다. 1974년부터 1993년까지 「중등 이후 교육 인증 협의회The Council on Postsecondary Accreditation, COPA」는 비정부기구로서 존속되었는데, 이 기구는 다양한 인증기관의 업무를 조정하는 기능을 수행하였다. 1993년부터 1997년까지는 「중등 이후 교육 인증 승인 위원회The Commission on Recognition of Postsecondary Accreditation, CORPA」에 의해 이

기능이 수행되었다. 현재는 「고등교육 인증 협회The Council on Higher Education Accreditation, CHEA」가 인증기능을 수행하는 민간, 비정부 기구로서의 역할을 담당하고 있다.

인증과는 반대로 자격certification은 직업적 의미를 담고 있다. 자격은 정부 혹은 비정부 조직이 한 개인이 특정 직업에서 요구되는 기술이나 지식의 보유여부를 확인할 수 있는 수단이다. 이후 다루게 될 면허와는 달리 자격은 특정 직무를 수행하기 위해 항상 요구되는 것은 아니다. 실제 현장에서 이러한 구분은 불분명하기도 하다. 직업적 자격증에는 두 가지 종류가 있는데, 하나는 조직 혹은 전문협회에 의해 수여되는 자격증이고, 다른 하나는 산업 또는 제품관련 자격증이다.

마지막으로 면허licensing는 직업 혹은 전문적 규범의 가장 제한적인 형태이다. 면허증 비보유자는 국가가 "실행권right-to-practice" 규정으로 지정하는 직업에서 업무수행이 금지된다(Bradley, 1995). 「면허교부, 시행과 규제 협회The Council on Licensure, Enforcement and Regulation, CLEAR」는 직업 또는 전문직 면허교부를 담당하는 조직이다. 방대한 「전문직과 직업 면허 목록 Professional and Occupational Licensing Directory」(Bianco et al., 1996)에는 면허, 증명, 등록과 관련된 문제를 설명하는 자세한 정보가 실려 있다.

이러한 모든 것들은 복잡하지만 명료하다. 그러나 중등 이후 교육의 학력시스템은 상당히 유동적이다. 미국 교육부의 정책 분석가 클리포드 아델만Clifford Adelman(2000)은 1990년대에 걸쳐 기술 및 이동통신 산업에서 새롭게 등장한 방대한 학력 관련 시스템에 대해 기술하였다. 이는 기관이라기보다는 학생중심의 국제시스템이라고 할 수 있다. 이 체제 내에서는 기업과 산업 혹은 전문가 협회에서 자격증을 제공하게 된다. 아델만은 2000년 현재 160만 명 이상이 300개가 넘는 자격증을 받았다고 주장하였다. 그는 이 체제가 현재의 질서를 직접적으로 위협하지는 않더라도 적어도 이를 대체할 수 있는 잠재적 대안이라고 보았다.

로우Lowe(2000)는 아델만이 이야기한 제도적 조정에 대해 잠정적이지만 흥미로운 예를 제공하였다. 로우는 학교 수준의 국제시험 및 학력에 대한 요구가 증가하고 있다는 것에 관심을 가졌다. 그는 이러한 현상이 단순한 학력 인플레이션의 증가인지, 교육과 경제의 관계의 질적 변화인지는 아직 불확실하다고 기술했다.

로우는 국제시험을 "시험이 실시되는 국가 이외의 국가에 있는 대학 또는 노동시장에 접근하기 위한 것"으로 정의하였다(p.363). 그의 분석은 추론적이기는 하지만, 서로 다른 국가의 엘리트 간에 문화적 정체성이 점점 융합되고 있다는 가설을 수립하였다. 그 부분적 이유로는 이러한 국제시험과 관련된 공통의 교육적 경험이 있기 때문이라고 지적하였다.

학력과 노동시장의 구조: 학력 인플레이션과 졸업장 효과로서의 학력주의

학력주의 이론을 이해하는 데 있어 한 가지 어려움은, 그것이 직접적으로 연관되어 있거나 그렇지 않을 수 있는 매우 상이한 두 개의 과정을 의미할 수 있다는 점이다. 어떤 사람들은 학력주의를 학력 인플레이션 credential inflation으로 묘사한다. 버그에 의해 지지되는 이러한 입장은 고용주들이 동일한 직무에 대해 점차 더 많은 교육량을 요구하는 직업 체제를 의미한다. 그 예로 분석가들은 학교 진학률 증가 속도가 기술발전에 의해 기술에 대한 요구가 증가하는 속도보다 훨씬 더 빠르게 증가하고 있다고 주장한다. 「이상한 나라의 엘리스」에서 붉은 여왕이 엘리스에게 말했듯이 "현재 위치를 유지하기 위해 너는 젖 먹던 힘을 다해 뛰어야 한다. 가고 싶은 목적지가 있다면 너는 적어도 두 배 이상 빠르게 뛰어야 한다."

바텐버그Batenberg와 위트Witte(2001)는 학력주의를 학력 인플레이션으로 볼 수 있는 예를 제시하였다. 그들은 노동시장에서 일반적 기술이 부족하다는 발상은 잘못된 것이며, 사실 많은 노동자들이 불완전 고용상태에 있다는 점을 지적하였다. 즉, 노동자들은 효과적으로 자신의 일을 수행하기 위해 요구되는 수준 이상의 학교교육을 받고 있다(Livingstone, 1998 참조). 바텐버그와 위트는 미국과 캐나다 노동시장에서 부족한 것은 노동자의 기술이 아니고 좋은 일자리의 부족이라고 주장하였다. 이들은 네덜란드의 데이터를 인용하여 1977년에서 1995년의 기간 동안 "교육수준의 급격한 상승이 평균 기술 증가보다 빠르게 진행되었던 것으로 보인다"고 결론을 맺고 있다.

바텐버그와 위트의 분석은 잠정적이며 종단연구를 수반하는 측정 관련 문제들이 있다.• 그럼에도 불구하고 그들은 네덜란드 노동시장에서 상당한 학력 인플레이션이 있다고 주장하였다. 반면, 상당한 과잉고용, 즉 직업에 비해 교육수준이 부족한 경우도 많음을 발견하였다. 그들은 이 점에 대해 깊이 있게 연구를 진척시키지는 않았지만, 한 사회에 기술부족과 기술과잉이 동시에 존재할 수 있다는 점을 알 수 있었다. 학력 인플레이션이 잘 작동되는 분야도 있고 그렇지 않은 분야도 있다.

학력주의에 대한 또 다른 접근방식은 "양피효과sheepskin effect"••이다. 박Park(1999, p.238)은 이 입장에 대해 다음과 같이 언급하였다. "일반적으로 양피효과란 보통학위를 수반하는 특정 기간의 학교교육 수료 이후 학

• 예를 들어, 바벤버그와 위트는 취업 상태에 대한 주관적(예: 자기 평가), 혹은 객관적(예: 어떤 사람의 학교교육과 일에 대한 요구와의 비율) 기준을 선정하는 것에 어려움이 있다는 것을 인정했다.

•• "양피(sheepskin)"라는 용어는 졸업장이 예전에는 진짜 양피로 만들어진 양피지 (羊皮紙)에 인쇄되었다는 사실과 관련되어 있다. 온라인 어원 사전(http://www. etymonline.com)에서 이 용어가 이러한 맥락에서 첫 번째로 사용된 것은 불과 1804년이었다는 것을 찾아냈지만, 슬로안은 이러한 관습이 2세기의 아시아에까지 이른다고 측정하였다(Sloane, 2002). 양피를 고집하는 것은 근래에 이르러 동물의 행복에 관심을 가지고 있는 학생과 교수들의 항의를 받아왔다. 이러한 항의는 조지아 주립대학교의 학생들이 양피에서 레이져 프린터로 출력한 졸업장으로의 전환에 대한 대학의 결정에 대해 항의하였을 때 암허스트 대학에서 거의 동시에 일어났다.

교교육에 대한 보상이 비정상적으로 증대되는 것을 의미한다." 다시 말해서 사람들은 단지 학위를 가지고 있는 것만으로도 경제적인 보상을 받는다. 학위를 보유하지 못한 것에 대해 경제적으로 불이익을 받는다고 주장하는 이도 있다. 예를 들어, 4년간 중등 이후의 교육을 받았지만, 학위("양피")가 있는 사람과 없는 사람 간의 소득의 차이는 사실상 학력 소지로 창출되는 "사용료"인 것이다.

아주 최근까지도 양피효과를 경험적으로 검증하는 작업은 어려웠다. 학교교육 연수와 학위에 관한 정보가 거의 없었기 때문이다. 최근 들어 이와 관련한 데이터가 사용 가능해졌고 몇몇 분석가들은 양피효과를 실증적으로 지지하는 보고서를 발표하기도 하였다(예, Belman & Heywood, 1991; Hungerford & Solon, 1987; Park, 1999; Ferrer & Riddell, 2000). 학교교육의 경제적 효과는 비선형적 패턴을 보이며 이는 학력주의로 해석될 수 있다.

그러나 여전히 문제에 대한 해결책은 간단치 않다. 학력 인플레이션과 양피효과라는 학력주의에 대한 이해는 인적자본이론에 대해 강력한 도전을 제기하고 있다. 그렇다고 이들이 인적자본이론을 비판한다는 것은 아니다. 대학 "졸업자"들은 대학 "수료자"들보다 실제로 차이가 날 수도 있다. 예를 들어, "졸업자"들은 더 끈기가 있거나 보다 목표지향적일 수 있으며 야심찰 수 있다. 만약 그렇다면 고용주들은 학위를 중시하고 이에 대해 보상함으로써 지혜롭게 행동하는 셈이 된다. 페러러Ferrer와 리델Riddell(2000)이 기술한 바와 같이, 이러한 판단을 하기 위해서는 보다 세밀한 자료가 요구된다.

과잉교육

학력 인플레이션 이론과 양피효과 이론은 "과잉교육overeducation"이라는 아이디어를 도출시켰다. 그리고 이 용어는 곧바로 학교교육과 일의 관계를 연구하는 학자들에게 가장 흥미진진하고 영속적인 개념 중의 하나가 되었다. 과잉교육을 나타내는 다른 용어들이 있는데, 일반인들에게는 대체로 유사한 의미로 여겨진다. 한편에서는 과잉자격overqualification, 잉여교육surplus education, 또는 교육 불합치educational mismatch라는 용어들이 있고 (이상하게도 과잉숙련overskilled이라는 말은 거의 사용하지 않는다), 다른 한편에서는 교육의 과소 활용underutilization이 종종 이야기된다. 이를 보면 과잉교육은 매우 확장적 개념인 듯하다.

과잉교육이라는 용어가 의미하는 것은 일부 노동자들이 자신의 직무에서 "요구되는" 기술보다 더 높은 수준의 교육을 받는다는 것이다. 이러한 과잉교육은 증가하고 있는 것으로 여겨진다(Duncan & Hoffman, 1981; Rumberger, 1981, 1987; Halaby, 1994). 얼마만큼의 교육이 "요구되는"지에 대한 기준을 정하는 것은 분명하지 않으며, 과잉교육의 정의도 각양각색이다. 몇몇 사람들은 과잉교육을 주관적으로 인식하여 노동자가 자신의 직무에서 요구되는 것과 자신의 교육적 수준의 적합성을 스스로 평가하는 것으로 본다. 자신의 교육수준이 직무유지 혹은 수행에 요구되는 수준보다 현저하게 높다면 과잉교육된 상태라고 할 수 있다. 반면 직무의 객관적 특성을 통해 과잉교육 여부를 판단하는 사람들도 있다. 예를 들어, 어떤 노동자의 교육수준을 해당 직업의 전형적인 노동자의 교육수준, 또는 해당 직업의 "직무요건"과 비교하는 것이다. 이에 의하면 같은 직업군 내에서 다른 노동자들보다 현저하게 교육수준이 높은 경우를 과잉교육이라고 한다(Groot and van den Brink 2000; Hartog, 2000; Green et al., 1999).

노동자가 과잉교육될 수 있다는 것은 이들이 과소교육될 수도 있다는 것을 의미한다. 실제로 과소교육에 대한 논의도 상당한 주목을 받아왔지만, 덜 연구되었다. 부적절한 기술수준과 기술 부족이 낳게 되는 문제를 "학습해결책"으로 찾으려는 상황에 비추어 보았을 때, 이러한 연구의 불균형은 그 자체로 흥미로운 현상이다.

과잉교육에 대한 어떠한 개념 정의도 완벽하지는 않다(Groot & ven

den Brink, 2000). 예를 들어, 노동자들이 자신의 기술수준을 평가할 때, 광범위한 직업에 "적합하게 해당"되는지 정확하게 평가하지 못할 수도 있다. 또한 특정 노동자가 일반적인 다른 노동자들과 비교하여 교육수준의 정도를 평가하는 기준도 임의적일 수밖에 없다. 또한 모든 직업군에서 직무와 책임은 다른 개념이다. 예를 들어, 회사 A에서 엔지니어로 일하기 위해서는 회사 B의 엔지니어보다 더 많은 교육적 준비가 필요할 수 있다.

과잉교육을 판단하는 한 가지 방법은 노동시장에서 기술의 수요보다 기술의 공급이 더 빠르게 증가한 결과라고 보는 것이다. 즉, 교육의 확대 속도가 일터에서의 변화의 속도를 초과할 때, 많은 사람들이 직업에서 "필요로 하는" 것보다 더 많은 학교교육을 받았음을 알게 된다. 이 점은 콜린스 주장의 핵심이었다. 이러한 시각을 비판하는 사람들도 있을 수 있다. 물론 그럴 수 있는 가능성은 거의 고려되지 않지만, 학교교육의 팽창 이전에 노동자의 기술과 직업의 필요 간의 수요공급 관계가 적절히 균형을 이루고 있었는가에 대한 문제제기가 있을 수 있다. 즉, 사회가 교육적 성취의 증가에 따라 과소교육에서 적절한 교육으로 전환될 수 있는가에 대한 비판이 상존한다.

바로 이러한 가설, 즉 교육의 팽창 속도가 기술의 요구 증가 속도를 능가한다는 가설로 인해 미국에서 과잉교육에 대한 첫 번째 처방이 나오게 되었다. 경제학자 리차드 프리먼Richard Freeman의 「과잉 교육화된 미국 The Overeducated America(1976)」이 그것이다. 프리먼은 제2차 세계대전 이후 미국 고등교육의 엄청난 팽창이 1970년대 대학 학위의 경제적 수익을 떨어뜨려 왔다는데 관심을 가졌다. 프리먼은 미국 사회가 고등교육에 지나치게 많은 투자를 하고 있다고 주장하였다. 그의 논리에 의하면, 많은 고급인력이 적은 고급직업을 찾고 있다.

물론 이러한 주장은 잠재적 대학 진학자들이 신속하게 기회를 포착하여 다른 교육계획을 세울 것이라는 것을 시사한다. 바꿔 말하면, 젊은이들이 대학을 포기하게 되면서 결국 공급은 수요와 균형을 이루게 될 것이라는 것이다. 물론 이러한 일은 일어나지 않았다. 프리만의 분석에서는 1980년대에 대학교육을 받은 노동자의 공급이 줄어들 것으로 예측되었지만, 실제로는 계속해서 증가하였다. 이렇듯 보상이 감소하는데도 불구하고 지속적으로 교육이 팽창한 데에는 두 가지 이유가 있다. 첫째, 대학교육 이수 노동자에 대한 고용주들의 요구가 확고하다는 점이다. 둘째, 장밋빛 경제전망이 흐려지는 것에 대해 잠재적 대학생들은 대학을 중퇴하기보다는 오히려 대학교육을 받지 않는 것이 더 많은 반대급부를 가져올 것이라는 점을 인식하였다. 개인들은 구직 행렬에서 자신의 위치를 지키기 위해 학교교육에 투자하기로 선택했던 것이다(Thurow, 1975).

과잉교육의 개념이 학교교육의 목적을 매우 협소하게 가정하는 것처럼 보이지만 반드시 그런 것만은 아니다. 그린Green 등(1999)은 이 용어가 교육의 인적자본 요소에 적용하기 위한 것일 뿐이며, 여전히 학교교육의 비금전적 이득에 대한 여지는 남아 있다고 언급하였다(Vignoles et al., 2002; Brynin, 2002). 그럼에도 불구하고, "과잉교육"이라는 용어는 상당한 정서적 비용을 수반하며, 사람들이 기대하는 보상을 만족시킬 수 없음에도 많은 시간을 교실에서 보낸다는 것을 의미한다. 즉, 과잉교육을 받은 사람들은 일자리를 찾을 수 있다면, 해당 직업에서 요구한 바 없는 기술을 가지고 출근할 것이며, 만약 기회가 주어진다면 발휘할 수 있는 실력보다 더 낮은 수준의 직무를 이행할 것이다. 포크 싱어 스티브 굿맨Steve Goodman은 이에 대해 프리드먼의 책이 발간된 것과 거의 같은 시기에 다음과 같이 노래했다.

"이것은 피할 수 없는 슬픈 현실이야 / 이렇게 많은 교육을 받고도 실업자가 되는 현실"

과잉교육의 결과에 대한 증거는 명확하게 드러나지 않는다. 경험적인 연구 결과는 각 사회마다 다르게 나타나며 과잉교육에 대한 개념에 따라 결과도 달라진다. 대부분의 분석가들은 과잉교육이 일반적이며 증가하고 있다고 믿는다(Green et al., 1999). 다른 분석가들은 과잉교육 현상이 어느 정도 감소했을 것이라고 생각한다(Groot & van den Brink, 2000). 어떤 자료에 따르면 여성은 과잉교육을 받을 가능성이 더 높으며, 남성은 과소교육을 받을 가능성이 있다고 한다.

일반적으로 "부가적 학교교육 기간"으로 여겨지는 과잉교육에 대한 경제적 효과는 "적절한 수준matched"의 학교교육의 경제적 효과보다는 낮으나, 긍정적인 효과를 갖는다. 미국과 영국의 자료에 따르면 과잉교육을 받은 노동자는 "적절히" 교육받은 노동자에 비해 직무 수행력이 떨어진다고 한다. 그러나 독일의 경우는 과잉교육 노동자가 상대적으로 경제적 이득을 얻고 있다. 이는 고용주들이 합리적인 채용 결정을 내리고 있음을 보여준다(Buchel, 2002). "경력이동" 이론에 따르면, 공식적으로 과잉교육을 받은 노동자들이 일반적으로 자신의 모든 기술을 발휘할 수 있는 지위에 있지 않다고 할지라도, 궁극적으로 자신의 기술을 드러내고 보상을 받는 궤도에 오르게 될 것이다(Rosenbaum & Binder 1997; Buhlman & Krakel, 2000). 그러나 다른 이들은 과잉교육이 이들에게 단기적 "시기"에 지나지 않는다는 증거가 없다고 주장한다(Brynin, 2002). 그러나 적어도 영국에서는 과잉교육을 받은 노동자들은 적당한 수준의 교육을 받은 노동자에 비해 능력이 떨어진다는 이유로 직업 시장에서 불이익을 받는다. 즉, "잉여 학교교육surplus schooling"을 받은 이들은 훈련, 임기, 일의 경험 등과 같은 인적자본의 기초를 갖추지 못한 경향이 있다(Green et al., 1999).

무엇이 학력주의적인 행위를 부추기는가?

인적자본 혹은 실력주의 체제 내에서 사람들이 어떻게 행동하는지는 상당히 명확하다. 구직자들은 자신의 기술을 높이기 위해 모든 노력을 다 할 것이고, 고용주들은 이러한 기술을 알아내고 보상하기 위해 행동할 것이다. 학력주의 이론은 보다 복잡한 사회적 행위자social actor를 상정한다. 만약 학력주의 이론이 맞다면 노동시장 참여자들은 좋은 직업과 높은 소득에의 접근을 위해 (학위, 면허 등) 교육적 자원을 "활용"할 것이다. 이에 관한 한, 학력주의 이론은 실력주의 모델과 크게 다르지 않다. 두 모델 간 차이는 다음과 같은 학력주의 이론에서 비롯된다. 높은 교육수준의 사람들이 최고의 지위를 독점하는 것은 이들의 실력이 더 높다는 것을 의미하지는 않으며, 오히려 사회적 배제 과정, 즉 학교교육을 적게 받은 사람들이 엘리트들에 의해 체계적으로 사회적 상승의 기회가 차단되는 것을 의미한다.

이러한 배제 과정은 교육 엘리트들에 의해 사용되는 사회 재생산 전략으로 특징지을 수 있다(Bourdieu & Passeron, 1974). 이제 특권층이 자식들에게 특권을 직접 양도하기는 어려워졌다. 그 결과 그들은 자신의 특권을 물려주기 위해 교육 시스템을 고려하게 된 것이다. 이는 재산의 직접적 상속과는 달리 사회적으로 합법적인 것으로, 심지어 실력주의적인 것으로 여겨져 왔다. 따라서 엄격한 학력주의의 입장에서 본다면, 교육과 사회경제적 성공의 관계는 영Young이 이야기했던 지능과 노력의 합인 실력에 있는 것이 아니라, 학력을 실력으로 "오인"하는 "사회적 폐쇄" 과정에 있는 것이다(Parkin, 1971; Murphy, 1988; Weeden).

학력주의의 시스템은 어떻게 발전하는가?

이제 학력주의에 대한 논의로 되돌아 와보자. 앞서 언급했던 버그와 콜린스의 논의를 다시 살펴볼 필요가 있다. 콜린스는 미국에서의 학력주의를 100년 전 발생했던 문화적, 민족적 충돌에서 비롯되었다고 이해하였다. 이와 반대로 버그는 학력주의가 합리성에 대한 경영적 무관심에서 비롯되었다고 보았다. 이들은 학력주의 시스템이 어떻게 탄생되었는지에 대한 대비되는 관점을 보여주지만, 다른 가능성들도 역시 남아있다. 학력주의 시스템이 오랜 시간에 걸쳐 어떻게 발전해왔는지에 대해 다르게 이해할 수 있는 방법은 없는가?

이는 실력주의 시스템이 어떻게 발전하는가라는 질문보다 어려운 질문이다. 사실 사회가 실력주의를 향해 진화하고 있다는 발상은 사회변화에 관한 고전적 사회학 이론들에서 나온다(예: 베버주의적 합리화 및 관료화, 뒤르케임주의적 분업의 변화, 수렴convergence 또는 산업주의에 대한 기능주의 이론, 그리고 다음 장에서 살펴보게 될 후기산업주의 등). 인적자본 이론가들은 "실력주의의 기원"에 대한 질문을 진지하게 고려하지 않을 것 같다. 그들은 고용주와 노동자의 합리성과 실용주의적인 의사결정을 통해 적합한 사람을 적절한 직업에 연결하게 된다고 단순하게 가정할 것이다.

이러한 표준적인 사회학 이론을 적절하게 따르지 않기 때문에 (물론 콜린스는 베버의 이론에 따라 학력주의 이론을 전개하였지만) 학력주의의 사회적 기원은 설명하기에 어려움이 있다. 학자들이 학력주의에 대해 어떻게 생각했는지 보여주기 위해서 통찰력 있는 몇몇 연구들에 대해 기술하고자 한다. 이들 중 그 어떤 것도 학력주의에 대해 결론을 내리고 있지는 않다. 단지 각각 우리의 이해를 발전시키기 위해 상이한 관점을 제공하고 있다.

사실 로날드 도어Ronald Dore의 영향력 있는 저서인 「졸업장 병The Diploma Disease(1976a)」은 콜린스의 「학력주의 사회The Credential Society」보다 앞서 출판되었다. 이 책은 콜린스 또는 버그에게 자극을 주었던 것과는 다른 관심사에서 비롯되었다. 도어는 경쟁이 심화되는 세계 경제에서 개발도상국들이 번영에 도달할 수 있는 가능성에 관심을 가졌다. 그는 주로 영국, 일본, 스리랑카, 케냐에 대한 분석에 기초하여 학교교육이 학습보다는 직업에 필요한 졸업장이나 교육자격증을 취득하는 역할을 더 한다는 것을 발견하였다. 그의 분석은 "학력 인플레이션주의"와 맥을 같이하며, "자격증대qualification escalation"가 사회적으로 파괴력을 갖는다고 보았다. 특히 빠르게 팽창하는 입학률과 높은 교육수준의 중산층, 전문직 부족이 결합되어 사회적 불안이 초래될 수 있는 개발도상국에서는 더욱더 그러하다고 지적했다. 도어(1997)는 20년이 지난 후 이 책을 돌아보면서 학력주의가 더욱 만연하고 있다고 결론지었다(Little, 1997 참조).

프랑스 사회학자 베테랑 라인Bertrand L'ain(1981)의 논문은 왜 특정 학력이 "인증효과certifying effect"를 가지며 다른 것들은 그렇지 못한가를 탐구하였다. 라인은 프랑스의 경영대학을 예로 들면서 졸업장의 "인증효과"의 크기를 결정하는 것은 다음 세 주체 간의 상호작용 관계라고 주장하였다. 즉, 학위를 발행하는 기관, 비용을 지불하는 고용주, 그리고 졸업장이 접근할 수 있는 지위의 한계를 규제하는 전문가 협회가 상호작용하여 그 크기를 결정한다는 것이다. 예를 들어, 교육 프로그램에 입학하는 것을 제한함으로써, 교육기관들은 입학생들이 졸업장과 연계된 지위를 궁극적으로 확보할 수 있도록 하는 것이다. 이로써 운 좋게 입학한 이들에게 졸업장의 경제적 가치는 커지게 된다.

미국의 경우 1988년 데이비드 라바리David Labaree가 「한 미국 고등학교의 마케팅: 학력시장과 필라델피아의 센트럴 고등학교, 1838~1939The Marketing of an American High School: The Credentials Market and the Central High School of Philadelphia, 1838~1939」를 출판하였다. 라바리는 한 기관에서 학력주의가 어떻게 발전되었는지를 보여주고자 했는데, 그 기관은 필라델피아 최초의 고등학교인 센트럴 고등학교Central High School였다. 그는 미국 학교교육의 근본적인 목표가 얼마만큼 위협받고 있는지를 센트럴 고등학교의 예를 통해 살펴보고자 했다. 즉, 시민을 양성하는 수단으로서의 학교교육과 졸업생에게 지위와 사회이동을 위한 수단을 제공하는 학교교육의 비전이 충돌하는 경우였다. 요약하자면 학력주의가 승리하고 정치적 평등은 패배한다는 것이다.

데이비드 브라운David Brown의 「통제로서의 학위: 교육 팽창과 직업에서의 학력주의의 사회학Degrees of Control: A Sociology of Educational Expansion and Occupational Credentialism」(1995)은 학력주의를 사회이동과 지위획득이 아닌,

집단적 이동collective mobility과 관련된 것으로 파악한 점에서 주목할 만하다. 브라운은 미국의 고등교육 참여율이 왜 역사적으로 다른 나라들에 비해 더 높은가를 설명하고자 하였다. 그는 고등교육의 팽창이 제대군인원호법GI Bill 또는 지역사회대학의 성장보다 먼저 일어났다고 기술하였다. 중등 이후 교육의 대중화는 이미 백 년 전에 확실하게 나타났다.

브라운은 이러한 교육팽창이 점차 복잡해지는 경제가 요구하는 인적자본 구축을 위한 수단이었다는 사회학자(Trow, 1961)와 경제학자(Goldin, 1988b)들의 견해에 동의하지 않는다. 또한 그는 엘리트층이 자신과 자식들의 기회를 독점하기 위해 학교교육을 이용한다는 학력주의 이론에도 동의하지 않는다. 광범위한 사회·역사적 분석을 통해서 브라운은 기타 요소들(예: 지역사회의 경제적 발전을 증진하기 위한 지역대학 건립 노력, 땅 투기, 지역적 부)이 학력과 일의 연계를 강화하는데 어떤 영향을 미쳤는지를 보여주었다. 브라운은 다른 학력주의 이론가들과 마찬가지로 학교교육의 내용과 일터에서 요구하는 능력 사이에 필연적인 연계성이 없다고 보았지만, 학력주의를 단순히 고용주와 구직자의 행위보다는 광범위한 정치·문화·경제적 과정으로부터 발전된 것으로 개념화하였다(Dougherty, 1994; Brown, 2001 참조).

리Li와 왈더Walder(2001)는 학력주의에 대한 연구를 더욱 확대시켰다. 그들은 중국에서 정당 가입이 어떻게 사회적 신용장으로 작동하는 지에 관심을 가졌다. 그들은 연구자들이 정당 회원자격이 직업적 이동에서 갖는 역할에 대해 개념화하지 못했기 때문에 이에 대한 문헌이 불확실하며 일관성이 없었다고 지적했다. 그들은 다음과 같은 주요 질문에 초점을 두었다(pp.1373-4).

[정당 가입과 회원자격이 개인 직업에서 담당하는 역할에 대한 주요 질문]
- 정당 회원자격은 정확히 어떻게 신용장으로서 작동되는가?
- 정당 가입권은 열린 경쟁에 기반하여 각 개인이 획득하는 것인가?

아니면 가족 배경 또는 기타 정치적 고려에 기반하여 정당이나 정당 관료들이 체계적으로 부여하는 것인가?

- 이는 교육수준이나 자격요건이 낮은 사람들을 위한 대안적 직업 전략으로 동기부여가 높은 사람들의 직업적 전망을 개선하는가?

이 질문에 대한 리와 왈더의 접근은 경험적으로 설득력이 있다. 그들은 개인의 일생에서 정당 가입의 시기를 살펴보았다. 결론은 "정당의 회원자격은 사회적 신용장이 아닌 평생 특권을 제공하는 클럽 회원권과 유사한 어떤 것으로 인식되어야 한다"는 것이다(p.1376).

마지막 사례는 남북전쟁 이전 시기의 뉴욕 주 평의원들이 "실제적 실력에 대한 증거를 제공하기 위해" 고안된 표준화 시험제도를 어떻게 발전시켰는지에 대한 역사학자 낸시 비디Nancy Beadie(1999)의 분석이다. 비디는 평의원들이 (오늘날 지역대학들이 학점인정을 통해 관계를 합리화하고자 하듯이) 중등교육과 중등 이후 교육기관 간의 관계를 합리화하고자 한다는 것을 발견하였다. 그는 고등교육, 공교육, 그리고 기타 사회적 행위자들의 광범위한 "분야"에서 학력이 어떻게 통화로서의 가치를 획득하게 되었는지를 보여주고 있다.

학력주의에 대한 재고찰

이러한 모든 논의는 결국 어떻게 귀결되는가? 분명한 것은 학력주의에 대해 다양한 접근이 존재한다는 것이다. 모든 논의에 질서를 부여하는 방법 중 하나는 구체적인 것에서부터 일반적인 것으로 접근하는 것이다. 앞서 학력이 무엇으로 구성되는지 매우 구체적인 방식으로 논의한 바 있다. 그러나 보다 일반적인 의미에서 학력은 광범위한 사회적 관행과 제도를 나타낸다. 특히, 교육적이든 그렇지 않은 간에 학력은 사회적 행위자들이 사회적 불확실성과 익명성 조건 하에서 정보를 주고받을 수 있는 방법을 제공한다.

학력의 역할에 대해 개념적 질서를 구축하기 위한 중요한 노력 중 하나는 사회학자 스티븐 녹크Steven Nock의 1993년 판 「프라이버시의 댓가: 미국에서의 감시와 평판The Cost of Privacy: Surveillance and Reputation in America」이다. 녹크는 거대하고, 복잡하며, 익명적인 사회에서 사람들이 어떻게 낯선 상대방을 신뢰하게 되는가에 대한 흥미로운 질문을 제기하였다. 예를 들어, 어떤 사람이 특정 직업에 전문성을 가지고 있다고 주장할 때 고용주는 그의 직무 수행을 실제로 보기 전에 어떻게 그를 믿을 수 있는가? 시간이 지나면 이미 상당한 피해가 발생했을 수도 있다.

녹크는 사회가 감시surveillance를 통해서 낯선 사람을 신뢰하는 문제를 해결한다고 주장하였다. 녹크는 "감시"라는 개념에 종종 포함되는 악의적 의미를 피하기 위하여 이를 "명확한 형태의 자격(신용카드, 학위, 운전면허 등) 또는 검사(거짓말 탐지검사, 마약검사, 청렴성 검사 등)"라고 정의하였다(p. viii). 이러한 자격과 검사가 광범위한 사회적 적법성을 인정받지 못한다면, 사람들은 낯선 사람과의 교류에 선뜻 임하지 못할 것이다. 그리고 녹크의 주장대로 현대사회는 기본적으로 낯선 사람들로 구성된 사회이다. 학력을 활용하여 자격증 소지자에게 직업을 할당하는 것은 객관적이며, 지역에 따라 이동이 가능한 평판을 생성하는 자격증의 힘에서 비롯된 것이다 (p.1). 요약하자면, 학력은 낯선 사람의 능력에 대해 믿을 수 있는 근거를 제공한다.

녹크는 복잡성과 불확실성에 관한 문제를 사회가 해결하기 위해 학력을 사용하는 것이 유용하다고 보았다(Brown, 2001 참조). 신용카드, 운전면허와 마찬가지로 학력은 낯선 사람에게 자신이 주장하는 기술과 역량에 대한 신뢰를 제공한다. 실력주의자들의 주장과 같이 학력이 실제로 신뢰를 제공하는지, 또는 학력주의자들의 주장처럼 그것이 기만과 배제를 광범위하게 조장하고 있는지는 여전히 해결되지 않은 채 남아있다. 이러한 논의들이 교육과 일의 관계에 대한 경험적인 증거를 통해 잠정적으로나

마 해결될 수 있기를 바란다. 이러한 증거에 대해서는 다음 장에서 다루고자 한다.

실력주의 사회인가.

학력주의 사회인가?

CHAPTER 04

실력주의 사회인가,
학력주의 사회인가?

앞 장에서 제기하였던 문제는 미국 사회를 실력주의 사회라고 해야 할 것인가 혹은 학력주의 사회라고 해야 할 것인가에 관련된 것이었다. 이러한 질문에 정확한 답을 내기는 어렵다. 사실 한 사회가 명확히 "이것" 아니면 "저것"으로 규정지어질 수 있는 경우는 거의 없다. 오히려 경쟁적, 상호 모순적인 논리들이 혼합되어 적용되는 경우가 많다. 예를 들어, 가장 실력주의적 제도에도 귀속적 요소가 스며들며, 가장 경직된 계급조직에서도 재능이 보상받는 경우가 종종 생긴다. 그렇다면 문제는 "귀속적 요인들이 얼마만큼 존재해야 실력주의가 상쇄되는가?" 또는 "학력주의를 부인하기 위해서는 학교에서 어느 정도까지 교육을 해야 하는가?"이다. 이러한 문제들에 대해 간단하게 답을 하기는 어렵다.

이 질문들에 대해 명확한 답이 있다 하더라도, 이론에 대한 적절한 통계적 분석을 도출하기는 어렵다. 앞서 언급했듯이 귀속과 성취에 대한 직접적인 측정마저도 모호한 경우가 많기 때문이다. 브린Breen과 골드서프Goldthorpe(2001)가 관찰한 바에 의하면, 실력주의에 대한 일반적인 "측정단위metric"는 없다. 즉, 업적의 X단위를 비업적의 Y단위와 비교할 수 있는 방법은 없다는 것이다. 마찬가지로 일터에서 요구되는 기술과 학력의 정도를 곧바로 결정할 수 있는 측정단위는 존재하지 않는다.

브린과 골드서프(2001)는 시간의 흐름에 따른 계층화 과정을 탐구함으로써 실력주의를 평가할 수 있다고 한다. 이는 학력주의에도 적용된다. 다시 말해, 사회가 실력주의적인지를 적용하기 위한 명확한 기준은 없겠지만, 사회가 이전에 비해 어느 정도 실력주의적이 되었는지에 대해서는 명확한 기준이 있을 수 있다는 것이다. 따라서 시간에 따라 귀속적인 요인의 중요성이 감소한다면 그렇지 않았을 경우와는 다른 의미를 갖는다는 것이다.

그러나 실력주의와 학력주의 모델을 구분하는 데 있어서 문제는 현실 세계에서 두 가지 요소가 불가피하게 혼합되어 있다는 사실이다. 보다 근본적인 문제는 동일한 경험적 근거가 두 이론과 거의 항상 일치한다는 점이다. 다시 말해 학력주의 입장을 지지하는데 사용된 데이터가 실력주의 이론을 뒷받침하는 데에도 사용될 수 있다는 것이며 그 반대의 경우도 마찬가지이다. 주된 이유는, 이론의 기초적이고 진술되지 않은 전제를 검증 또는 비교할 수 있는 충분한 연구가 아직 없기 때문이다. 졸업장, 직업, 소득 등이 어떻게 각각 연관되어 있으며, 시간이 흐름에 따라 이들의 관계가 어떻게 변하는지에 대한 포괄적인 데이터는 많다. 그러나 이러한 관계를 낳는 메커니즘에 대해서는 이해가 부족한 실정이다.

골드서프(1996)는 이 문제에 대해 명확하게 기술하였다. 그는 사회학자들이 "행위에 대한 근본적인 이론적 진술"을 발전시키지 못했기 때문에 관찰되어진 경험적 관계를 기반으로 실력주의와 학력주의 중 하나를 선택할 수 없다고 하였다. 그는 이렇게 기술하고 있다.

따라서 단순히 시간의 흐름에 따른 교육과 직업적 지위 간의 관계 강화를 보여주는 것 자체는 사회적 선별에 있어서 실력주의의 중요성이 증가한다는 이론을 평가하는 데 도움이 되지 않는다 … 이러한 연구 결과는 경쟁이론, 즉 실력주의 보다 "학력주의"적 경향(즉 관련 직업협회 및 교육기관의 유도대로 선별 과정에서 공식 졸업장 활용이 증가하는 것, 그리고 경영진이 증명된 효율성보다 편의성을 더 중시하여 이를 묵인하는 것)이 나타난다는 이론과 일치되는 것이다(Goldthorpe 1996, p.111).

골드서프의 논리는 설득력이 있지만, "실력주의인가, 학력주의인가?"에 대한 결론을 얻고자 하는 독자들에게는 실망스러울 것이다. 그러나 교육과 일의 관계에 대한 모든 평가작업은 이 문제를 짚고 넘어가야 한다. 명확한 답이 없다면, 적어도 경험적 증거들이 어떤 방향으로 기울고 있는지, 어떤 가설이 지지받는지, 또는 어떤 문제들이 남아있는지를 검토해야 할 것이다.

관련 문헌은 사회 계층화, 지위성취, 그리고 사회 이동을 포함하고 있으며, 광범위하다고 말할 수 있다. 1장에서 설명했듯이, 나는 주로 미국에 초점을 맞추기 때문에, 상당한 한계가 있다. 따라서 이후에는 체계적이지는 않지만 타국 연구물도 최대한 많이 언급하고자 한다.

또한 이 책은 기술적 복잡성을 띠며 일반인들의 접근이 어려운 문헌일 수 있다. 그럼에도 불구하고 이를 해결하기 위해 노력하는 것은 순수한 학문적 과정은 아니다. 중요한 정책적 함의는 실력주의와 학력주의 모델의 경험적 적절성을 보다 깊이 이해하는 데서 비롯된다. 우리 사회가 어떤 유형인가를 아는 것은 사회학 이론의 범주를 뛰어 넘는 것이다. 스테판 헤젠베르그Stephen Herzenberg(1998, p.80) 등은 다음과 같이 기술하였다([ ]는 필자가 기술한 것임).

노동시장의 불평등에 대한 전통적인 해석은 교육과 훈련을 강조하는 정책적 처방[인적자본 또는 실력주의 이론]을 낳았다. 기술이 부족한 사람들에게 학교교육이나 훈련을 더 많이 제공함으로써 불평등을 감소시키는 것이다. 그러나 더욱 많은 사람들이 학력을 취득하게 되면서 좋은 직업의 진입 조건이 치솟아버린다면 [학력주의] 경제 전반의 임금 격차는 크게 변하지 않을 것이다.

구조적 틀로서 지위획득 모델

이 장에서는 교육과 일의 관계에 대한 실력주의와 학력주의의 상대적 가치를 조망하고 있는 주요 연구물을 다룰 것이다. 이들 각각은 광범위하지만 여기에서는 간략하게 검토하기로 한다.

광범위한 분량의 이론과 연구를 이해하는 데에는 어느 정도의 구조 또는 틀이 필요하다. 나는 지위획득 과정status attainment lifecourse의 관점을 채택하였다. 이 모델은 교육을 사회경제적 불평등의 중심축으로 설정한다. 또한 학교교육에 대한 불평등한 접근과 관련된 요인 및 불평등한 학교교육에서 비롯되는 산출물에 주목한다. 많은 양의 정보를 조직화하는 방법으로서의 그 가치를 보기 위해 이 모델을 완전히 수용할 필요도 없으며, 또한 잘못된 많은 비판을 기능주의 또는 구조주의로 배제할 필요도 없다.

1967년 피터 블라우Peter Blau와 오티스 더들리 던컨Otis Dudley Duncan은 기념비적인 저작 「미국의 직업구조American Occupational Structure」를 출판하였다. 이 책의 표제는 다소 오해의 여지가 있다. 이 책은 미국의 직업구조를 이론화하고 경험적으로 탐구하기 보다는 사람들이, 더 정확하게 말하자면 백인들이 직업구조에서 어떻게 성공 또는 실패하는지 검토하고 있기 때문이다. 같은 시기에 윌리엄 세웰William Sewell 등이 개발한 "위스콘신 모델"과 함께 블라우와 던컨의 지위획득 모델은 수세대에 걸친 연구의 틀을 제공하였다.

지위획득 모델 자체는 매우 간단하다. 〈그림 4.1〉은 이 모델의 기본적인 형태를 나타내고 있는 도식이다. 이 모델은 사회경제적 배경, 교육적 성취, 사회경제적 성취라는 세 가지 변수를 포함하고 있다. 여기서 이들 각각은 보다 많은 변수 집단을 간단하게 표시한 것이라고 이해할 수 있다. 이 도식은 세 가지 관계를 포함하고 있는 것처럼 보이지만 사실은 네 가지 관계를 포함하고 있다. 첫 세 가지 관계는 (A) 사회경제적 배경이 교육적 성취에 미치는 영향 (B) 교육적 성취가 사회경제적 성취에 미치는 영향 (C) 사회경제적 배경이 사회경제적 성취에 미치는 영향이다. 학자들은 종종 (A×B) 관계인 교육적 성취에 의해 매개되어 사회경제적 배경이 사회경제적 성취에 미치는 영향을 간과한다. 이 세 가지 변수와 네 가지 관계들에 대해서는 약간의 논의가 필요하다.

그림 4.1 사회경제적 생애 사이클 모델

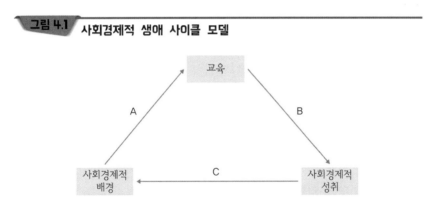

🔖 출처: 블라우와 던컨(1967)의 모델을 수정.

"사회경제적 배경"이란 인생의 기회에 영향을 미치는 귀속 혹은 성취된 특성을 의미한다. 이는 교육 혹은 사회경제적 성취보다 먼저 이루어지거나 발생하는 모든 것을 포함한다. 지위획득 모델에서는 이를 교육적, 사회경제적 성취의 "외생적"인 것이라고 한다. 앞서 설명했듯이, 귀속된 지위란 부모의 교육수준, 직업, 부, 인종, 민족, 성, 거주지 등이다. 성취된 지위에는 평량평균, 능력, 열망, 혹은 비인지적 행위 등이 포함된다. 기타 요소들은 귀속과 성취 중간에 위치하는데 부모, 선생님, 동료들의 격려와 기대 등이 있다. 이 요소들은 교육과 교육 이후의 성취에 많은 영향을 준다.

모든 자원들이 개인 차원에서 적용되지는 않는다. 많은 요소들이 사회적 관계망, 사회적 자본, 사회적 접촉, 지역사회 구조 등과 같은 사회적 과정 및 구조에 기초하고 있다(Granovetter, 1992; Lin, 1999; Rosenbaum et al., 1999). 즉, 한 사람의 개인적 자원은 그 사람의 삶의 기회를 개선할 수 있는 방식으로 여러 관계 및 관계망 내에 내재되어 있다.

"교육적 성취" 역시 복잡하게 구성되어 있다. 요약하면, 교육적 성취는 한 사람이 이수한 학교교육의 연한을 의미한다. 보다 구체적으로는 프로그램 유형, 학위 유형, 학교교육의 질, 기관 명성 등의 다른 특성들로 확장될 수 있다. 또한 교육적 성취는 평량평균, 이수학점, 수여된 학위 또는 자격, 경로 배치와 같은 학교교육에서의 경험을 포함한다.

"사회경제적 성취"란 일반적으로 직업과 소득을 의미한다. 또한 일터에서의 권위, 일터에서 부여되는 자율성의 정도, 직업만족도, 직장혜택 등과 같은 사회경제적 결과물을 포함한다. 본 논의와는 거리가 있지만 건강, 행복 혹은 시민적 참여 등도 포함시킬 수 있다.

그렇다면 이들 변수 간의 관계는 어떠한가? "사회경제적 배경이 교육적 성취에 미치는 영향"(관계 A)은 학교교육이 불평등하게 배분되는 모든 과정을 의미한다. 이 중 일부는 물질적인 것이다. 즉, 어떤 부모들은 다른 부모들보다 자식을 학교에 보낼 수 있는 돈이 더 많다. 한편 아동의 사회화 과정에서 계급적 차이와 같은 장기적 과정도 있을 수 있다. 사회학자들과 평등사회를 원하는 이들에게는 이 관계가 중요하겠지만, 여기서는 교육과 일의 관계에 관련된 부분만을 지적하고자 한다.

"교육적 성취가 사회경제적 성취에 미치는 영향"(관계 B)에서는 학교교육이 사회경제적 성공을 가져다주는 메커니즘에 대해 묻게 된다. 뮬러

Muller와 샤빗Shavit(1988)은 "블라우-던컨"의 모든 관계들 중 교육과 직업 성향 간의 관계가 가장 다양하게 나타난다고 기술하였다. 이는 아마도 복잡하고 설명하기 어려운 문제일 것이다. 물론 이는 이 책에서 다루고 있는 가장 핵심적인 문제이기도 하며, 동시에 실력주의와 학력주의에 대한 중요한 질문들을 제기하기도 한다.

"사회경제적 배경이 사회경제적 성취에 미치는 영향"(관계 C)은 세대 간 이동 문제를 다룬다. 이 관계에서 중요한 질문은 직업이 어떻게 할당되는가 하는 질문과 성격이 다르다. 학자들은 사회의 전반적 "개방성", 즉 평범한 출신의 사람이 높은 사회적 지위를 획득할 가능성에 더욱 많은 관심을 갖는다(소로킨Sorokin(1927)은 방대한 연구의 시작에 불과하다). 다시 말하지만, 나는 교육과 일의 연계에 대한 범위에 한정해서 이 논의를 전개할 것이다.

마지막으로 관계 A×B, 즉 "교육적 성취에 의해 매개되어 사회경제적 배경이 사회경제적 성취에 미치는 영향"은 교육기관이 관련되어 있는 사회적 재생산 과정을 의미한다. 여기서 학자들이 던지는 질문은 "학교교육이 사회적 불평등을 심화시키는가 또는 완화시키는가? 교육체제는 직업 세계에서 상승용 사다리인가 아니면 세대 간 특권 상속용 수단인가?"와 관련이 있다.

지위획득에 대한 몇 가지 연구 결과: 전반적인 동향과 유형

구체적으로 설명하자면, 지위획득 모델은 학교교육과 노동시장 과정 모두를 조망한다(Kerckhoff, 1996). 사실 블라우-던컨 모델의 논리는 상당히 견고하다. 즉, 미국에서 사회적 배경은 교육기회를 결정하는 데 있어서 큰 역할을 한다. 특권층의 사람들은 사회적 배경이 낮은 이들보다 더 많은 학교교육을 받는다. 이 영향관계는 중요하지만 결정적인 것은 아니며, 대부분의 교육적 성취의 변화가 부모의 배경이라는 전통적 척도에 의해서만 설명될 수 없다. 한 사람이 수료한 학교교육은 이후의 직업적 성취 및 소득과 많은 관련이 있다. 이 영향관계도 완벽하지는 않지만 사회경제적 배경이 학교교육에 미치는 영향보다는 크다. 마지막으로 사회적 배경은 직업적 성취에 대해 "최소" 효과만을 갖는다. 즉, 같은 교육수준을 가진 성인들 중 부유한 부모를 가짐으로써 나타나는 혜택은 제한적이라는 것이다.

세웰Sewell과 하우저Hauser(1975) 등의 학자들은 이 논의를 보다 정교하게 다듬었다. 잘 알려진 위스콘신 모델은 열망, 부모의 격려, 인지 능력 등과 같은 사회적, 심리적 요인들이 사회배경 및 학교교육이 직업적 성취에 미치는 영향에 대해 매개변수로 작용하는 방식을 명확하게 설명하고 있다. 또한 이 모델은 직업지위획득 과정이 남성과 여성, 그리고 인종·민족적 그룹별로 어떻게 다른지를 보여 준다. 아주 단순화해보면, 일반적으로 백인과 남자가 소수인종과 여성보다 성취의 혜택을 더 많이 받고 있다는 것이다.

이를 기준으로 삼는다면, 시간이 흐름에 따라 지위획득 과정에서 어떤 변화가 나타나는가? 경험적 수준에서 보면 실력주의로의 이행에 관한 상당한 증거들이 있다. 피더만Featherman과 하우저Hauser(1978)의 연구는 블라우와 던컨의 기준점에 대해 귀속과 성취의 역할 변화를 평가하기 위해 설계하였다. 1973년의 세대 내 직업 변화Occupational Change in a Generation, OCG데이터를 블라우와 던컨의 1962년 데이터와 비교하여 피더만과 하우저가 내린 결론은 사회적 출발점의 영향은 감소한 반면 학교교육의 보상 또는 효과는 증가하고 있다는 것이다. 이는 실력주의 사회로의 이행을 의미한다.

피더만과 하우저는 1962년과 1973년 데이터만을 사용하여 동향을 분석하였다. 반면 그루스키Grusky와 디프레Diprete(1990)는 일반 사회조사General Social Survey, GSS로부터 14개의 연간 횡단면을 검토하였다. 그들은 피더만과 하우저의 분석(1978)을 확장하고자 하였으며, 1973년 OCG 데이터 이후의 다양한 인구통계학적 동향을 볼 때 귀속적 요인의 감소와 성취적 요인의 증가라는 결론은 시기상조라고 지적하였다. 특히 그루스키와 디프레는 미국의 대규모 이민인구 유입과 여성의 지속적 노동시장 투입을 지적하였다. 그들은 두 가지 흐름이 보편주의로의 이행을 완화시켰다고 주장하였다. 또한 (특히 보수적인 행정부의 정권확보와 같은) 미국의 정치환경 변화, 관료적인 인사체계의 복잡성 증가, 후기 산업사회에서의 광범위한 경제적 전환 등을 가리키며, 이러한 것들이 계층화 과정에 영향을 미칠 수 있다고 보았다.

일반적으로, 그루스키와 디프레는 중요한 탈 귀속주의 동향을 발견하였다. 그들은 사회적 성과에 대한 인종과 계급의 영향이 명백하게 감소하고 있다고 기술하였다. 그러나 성별의 영향은 여전히 모호하였다. 즉, 더욱 많은 수의 여성이 노동시장에 진입하고 있지만, 교육과 일의 경험이 가져다주는 보상은 고정되었거나, 혹은 정체되었다. 반대로 남성의 경우, 교육과 일에 대한 보상은 증가하였다. 그루스키와 디프레는 그 이유가 대학교육을 받은 여성들이 "너무 많아서" 시장을 악화시켰다고 지적한다.

아마도 그루스키와 디프레 연구의 가장 중요한 결과는 백인 남성의 지위가 하락하고 있다는 것이다. 그러나 백인 남성과 여성 및 소수자들 간의 격차가 좁혀지고 있는 것이 여성과 소수자들의 전망이 크게 개선되었다는 것을 의미하지는 않는다. 오히려 1973년 이후 백인 남성의 성과가 악화되고 있다는 뜻이다. 물론 이를 실력주의로의 이행이라고 볼 수도 있겠지만 바람직한 방식의 이행은 아닐 것이다.

많은 분석가들은 이러한 해석에 동의한다. 경제학자 로버트 레먼Robert Lerman(1997)은 인종과 성별 간 임금 격차의 감소가 미국에서의 실력주의 동향을 나타내고 있다고 믿었다. 그는 점차 교육과 기술에 기반하여 보상이 제공되며, 인종과 성별적 요소는 감소하고 있다고 결론 내렸다. 그러나 교육적 기회에 있어서는 인종과 성별 간 격차가 여전히 존재하여 이를 통해 사회경제적 기회의 불균형이 나타난다. 이는 미국이 완전한 실력주의 사회에 도달하지 못했다는 점을 보여준다. 사회계급의 효과는 피더만과 하우저가 연구를 수행했을 당시보다 더 불투명해진 것으로 보인다. 교육기회에 있어서의 계급장벽은 1920년대부터 1970년대까지 지속적으로 감소하여 왔다. 그러나 1960년대 이후 출생자들에게는 오히려 그 감소속도가 늦춰지더니 결국 역전되기에 이르렀다. 요컨대 이들에게는 형/누나 세대에 비해 돈이 더욱 중요해졌다는 것이다(Hout, 2001).

더구나 여성 및 소수자들의 노동시장 지위는 향상되었다고는 하지만 매우 미미했다. 1940년부터 1990년까지 아프리카계 미국인들의 경제적 조건이 지속적으로 향상되었지만, 그 이후로는 "인종 간의 임금격차 정체" 현상이 목격되었다(Smith, 2001; Blank, 2001). 스미스Smith는 "히스패닉의 평균적 경제 지위는 흑인들의 지위에 비해 놀라운 속도로 악화되고 있는 듯하다"라고 보고하였다(p.52). 나아가 히스패닉의 상대적인 경제적 위치는 1970년에서 1990년까지 계속 하락하였고, 멕시코계가 가장 열악한 기록을 보였다.

"일하는 여성의 임금 지위의 지속적인 개선"(Smith, 2001, p.61) 동향은 이보다 더 명확하게 나타났다. 흑인 여성들이 가장 큰 개선효과를 보인 반면, 히스패닉 여성들에게 개선효과가 가장 적었다. 이보다 더 중요한 것은 임금 동향의 다양성일 것이다. 즉, 임금은 인종, 민족, 성별, 교육수준, 연령 등 여러 가지 조합에 따라 매우 다양하게 나타났다. 따라서 일부 집단은 상대적인 사회경제적 지위가 개선되었고 다른 집단은 오히려 악화되었지만 이에 대한 명확한 패턴은 발견되지 않는다. 20세기의 광범위한 변화를 볼 때, 이 모든 것들이 의미하는 바는 귀속적 요인의 역할이 줄어들었다는 것, 그러나 진보는 일관성 없이 나타나며, 때때로 역행하는 모습을 보이기도 한다는 것이다.

이러한 경제적 보상의 동향은 많은 인구통계학적, 노동시장, 또는 정치적 요소들에 기인할 수 있다. 여기서 특별히 관심을 갖는 것은 인종적, 성별 보상 수준의 격차를 완화하거나 심화시키는 데 교육이 어떤 역할을

교육과 일

담당하는가이다. 그 밖의 모든 조건이 동일하다면, 궁극적으로 교육격차를 줄힘으로써 소득격차를 줄힐 수 있을 것으로 기대할 수 있다. 스미스(2001, pp.71, 73)는 교육의 역할이 매우 모호하다고 결론 내리고 있다.

1960년대 이래로 … 소득격차 변화의 원인을 설명하는 데 있어서 교육 불평등 변화가 어떤 역할을 할 수 있는가? 1970년대 중반까지 학교는 전통적인 역할, 즉 남성의 인종별 임금격차를 결정하는 주요 역할을 담당해왔다. 그러나 인종에 따른 남성의 교육격차로는 1970년대 중반 이후 나타난 인종적 정체성의 시점과 규모를 설명할 수 없다. 또한 학교교육으로는 1960년대 이후 크게 좁혀지고 있는 성별 임금격차를 설명할 수도 없다. 그러나 미국태생 백인 대비 히스패닉계 임금의 정체 및 감소는 평균적 히스패닉 노동자의 교육개선이 "명백히" 부족했다는 점과 일치한다. "명백히"라는 형용사가 필요한 이유는 개선의 부재는 대부분 교육수준이 낮은 히스패닉계 이민자들이 새롭게 유입된 복합적 효과의 결과이기 때문이다.

모든 것을 고려할 때, 이를 컵이 반이나 찼다(많은 것을 성취했다)고 말하는 사람들도 있을 것이고 반면 반이나 비었다(가야할 길이 멀다)고 하는 이들도 있을 것이다. 실력주의 동향은 확실히 존재하지만, 노동시장의 인종, 민족, 성별 불균형도 매우 완고하다.

사회 계급은 어떠한가? 지위획득 모델의 중요한 특징은 사회경제적 성취에 대한 사회적 배경 영향의 지속성이다. 워렌Warren(2001)이 말했듯이 "직업에 대한 가족 배경의 효과는 간접적이며, 교육과 인지적 능력에 영향을 미침으로써 작동한다"는 증거는 명확하다(p.268). 이는 블라우와 던컨과는 매우 상이한 결론이다. 이는 "보편주의 확대" 또는 "실력주의" 해석과 일치할 뿐 아니라 "재생산 전략" 해석과도 일치된다. 즉, 숫자를 가지고서는 사람들이 태생적 계급에서 자유로워지는지 혹은 태생적 계급에 의한 혜택이 증가하는지 여부를 결정할 수 없다.

직업에 대한 학교교육의 효과는 나이가 들어감에 따라 감소한다(Warren, 2001). 나이가 들면서 사람들은 졸업장, 특히 중등 이후 교육자격증을 "현금화"할 수 있는 능력이 떨어지게 된다. 이러한 연구 결과는 실력주의 방향으로 기울어져 있다. 아마도 사람들이 나이가 들어감에 따라 교육기관에서의 성과보다는 직무 수행력에 의해 평가와 보상을 받을 것이다. 노동자가 나이가 들어감에 따라 교육효과가 감소된다는 것은 업적 기반의 효과로의 이행을 시사한다.

하우저(2000, p.193) 등은 미국에서의 지위획득 과정의 변화를 이해하기 위해 지속적이고 예리한 노력을 기울여 왔다. 그들은 "가족 배경이 학교교육을 통해 직업적 성공에 영향을 주는 데 있어서 어떤 변화가 있는지, 학교교육의 효과가 시간에 따라 어떻게 변화하였는지의 질문이 가장 중요하다고 생각한다"고 기술하였다. 그들의 결론(p.201)은 중요하다.

여기서의 핵심적인 이야기는 직업적 지위에 대한 학교교육의 효과가 비교적 변화하지 않았다는 점이다. … 사회적, 경제적 성공에 있어서 학교교육의 중요성이 증가한다는 일반 대중의 인식은 "실력주의" 논의의 중요한 부분을 차지한다. 직업적 지위에 대한 학교교육의 효과가 크게 변화하지 않았다면, 이러한 인식은 어떻게 설명할 수 있는가? … 첫째, 1970년대 이후로 학교교육이 소득에 미치는 영향에는 중요한 변화가 있었으며, 이에 따라 고등학교 졸업과 대학진학의 상대적 가치가 증가하였다. … 둘째, … 학교교육이 더 중요해진 이유는 교육적 성취 수준이 높아졌기 때문이다. 더 많은 사람들이 기대되는 보상이 높은 수준의 학교교육을 이수하였다.

전체적인 내용은 이보다 훨씬 복잡하다. 예를 들어, 학교교육이 직업적 지위에 미치는 효과는 증가하지는 않지만 여전히 중요한 부분을 차지

교육과 일

하고 있다. 더구나 중등 이후 교육이 직업적 지위에 미치는 효과는 초등학교의 효과에 비해 매우 크다. 미국의 고등학교 졸업률 증가에 따라 초등학교 교육의 효과는 중요성이 감소되었다(Lucas, 2001). 고등학교 졸업의 효과는 일반적 지위의 학생들보다 상대적으로 높은 지위에 있는 학생들에게서 더 크게 나타난다. 반면 고등학교 졸업 이후의 학교교육은 보다 더 많은 사회적 중요성을 갖는다. 그러나 이러한 이분법적 해석은 많은 것들을 설명하지 못한다. 고등학교 수준에서 다양한 경험이 있듯이 중등 이후 교육은 다양한 종류와 수준이 존재한다. 따라서 모든 중등 이후 교육학력이 같은 방식으로 직업의 배분을 가져올 것이라고 생각할 수는 없다(Kerkhoff & Bell, 1998).

고교학력검정

그러나 비록 중등 이후 교육 미만에서도 고등학교 수준의 중요한 비교 준거가 존재한다. 바로 정규 고등학교 졸업장과 고교학력검정시험the test of General Educational Development, GED 간의 차이이다. GED는 경제적 성취와 특수한 관계를 가지고 있으며, 보다 면밀한 검토를 요한다.

고등학교 졸업장이 없는 사람은 7.5시간의 종합시험을 통과함으로써 GED를 얻을 수 있다. 이 시험은 쓰기, 사회, 과학, 읽기, 수학 영역으로 되어 있다. 보통 한 해에 약 3분의 2의 응시자들이 합격한다. GED 합격자는 고등학교 졸업자의 약 6분의 1에 이르고 있다(Bosel et al., 1998).

미국에서의 많은 표준화 검사의 역사와 마찬가지로 GED도 미국의 참전으로부터 시작되었다. 제2차 세계대전이 진행되는 동안 루즈벨트 행정부는 퇴역 군인들에게 대학 입학의 기회를 주고자 하였으나, 이들이 고등학교를 졸업하지 못했기 때문에 제한이 있음을 알게 되었다. 이 문제를 해결하기 위해 미국 교육 협의회American Council for Education, ACE와 미군의 시험전문가들은 GED를 개발하였다. 이는 아이오와 교육검사Iowa Tests of

Educational Development를 기반으로 하였다. GED 개발자들은 추상적 지식보다는 일상생활과 관련된 내용을 반영하는 데에 초점을 맞추었다(Bosel et al., 1998).

몇 년간 대부분의 GED 응시자들은 퇴역군인과 군복무자들이었다. 그러나 1959년부터는 민간인들이 응시자의 다수를 차지하게 되었다. 어떤 이유에서였든 시험 응시 인구가 변화함에 따라 합격률도 변화하게 되었고, 전쟁 직후의 매우 높았던 합격률이 낮은 수준으로 안정되었다. 이에 따라 많은 경우에 GED는 일반적으로 낮은 평판을 받게 되었다(Bosel et al., 1998).

그럼에도 불구하고 여전히 많은 사람들이 GED에 응시하였다. 2000년에는 86만 명이 넘는 사람들이 다섯 개 중 한 개 영역에 응시하였으며, 이는 GED 역사상 두 번째로 높은 응시율이었다. 이 중 약 60%가 시험에 합격하였다.

일의 세계로 진입하는 데 있어서 GED와 고등학교 졸업장을 비교하는 것은 대단히 흥미로운 연구 주제이다. 그러나 어려운 주제임에는 틀림이 없다. 그 이유 중 하나는 GED의 자기 선택적 특성이다. GED 응시 자격이 있는 사람들 중 소수만이 실제 GED 시험을 치른다. 미국에서 고등학교 졸업장이 없는 44만 명의 성인 중 약 1.5%만이 시험에 응시하였다(Bosel et al., 1998). 이 1.5%는 압도적인 다수에 비해 훌륭한 자원(인지 능력, 동기, 경제적 수단 등)을 가지고 있는 사람들이다. 그러나 이들도 정규 고등학교 졸업자들에 비해서는 수준이 낮은 편이다.

GED 소지는 노동시장에 어떤 영향을 미치는가? 이에 대한 일반적인 답은 "고등학교 중퇴자보다는 낫지만 졸업자보다는 못하다"인 듯하다(Cameron & Heckman, 1993). GED는 "이중적 신호"로서의 경향을 보인다. 즉, 고용주들에게는 상당히 복잡한 시험에 합격할 수 있는 능력과 해당 일터와 관련된 역량을 보여주는 최소한의 증거가 된다. 반면, 일반적인 방법으로 고등학교 졸업장을 획득하지 못했다는 것을 의미하기도 한다(Heckman

& Rubenstein, 2001). 노동경제학자들에 따르면 고용주들은 GED 소지자들을 "영리하지만 믿을 수 없는" 사람들로 본다(Heckman & Rubenstein, 2001).

일부 연구자들은 GED 소지자의 전망에 대해 다소 낙관적이다. 예를 들어, 남성 고등학교 중퇴자 중 기술수준이 낮은 이들은 GED를 획득함으로써 혜택을 얻는 경향이 있다. 그러나 불행하게도 숙련된 고등학교 중퇴자들은 그렇지 못하다(Murnane et al., 1999; 2000; Tyler et al., 2000). 더구나 GED의 효과는 남성과 여성에게 다르게 나타난다. 보데Boudett 등(2000)은 고등학교 학위가 없는 여성들에게 GED 효과가 상반되게 나타나는 점을 보고하였다. 이들 여성은 GED를 획득함으로써 이득을 얻으며, 소득에 대한 효과가 처음에는 작게 나타나지만 시간이 지남에 따라 커진다. 그러나 이러한 소득 상승은 이들을 빈곤층 직업에서 벗어나게 할 만큼 충분하지는 않다. 즉, GED가 여성에 미치는 효과는 있지만 경제적 독립을 가져올 정도는 아니다.

준학사학위 노동시장

중요하기는 하지만 간과되고 있는 교육시스템의 한 부분은 고등학교 졸업과 4년제 학위의 중간 지점이다. 그럽Grubb(1996)은 이를 "준학사학위 Sub-baccalaureate 노동시장"이라고 하면서, 일터에서의 광범위한 경제적, 기술적 전환이 가장 큰 영향력을 미치는 곳이라고 하였다. 후기 산업사회는 고등학교를 졸업했지만 4년제 학위는 취득하지 못한 노동자들의 각축장이 될 것이다.

대부분의 준학사학위 노동시장은 보통 직업적 학위라고 여겨지는 것들로 구성되어 있다. 그러나 사실 직업과 학문적 학위 간의 이분법적 경계는 희미해지고 있다. 그럽은 "중간계층에서 일하고 있는" 사람들은 전통적인 직업교육이 강조하는 협소한 "방법 및 테크닉"을 넘어서는 기술들을 배워야 할 필요가 있다고 믿었다.

노동시장 분석자들이 직업적 준학사학위를 소홀히 했음에도 불구하고, 이러한 학력은 소지자에게 중요한 경제적 가치를 가진다(Kerckhoff & Bell, 1998). 유럽과는 달리 미국의 고등학교 학위는 고용주들이 구직자들을 구분하기 위한 차별화된 정보를 제공하지 못하고 있다(Bishop, 1990). 반면 중등 이후 교육에서의 준학사학위는 보다 풍부한 정보를 담고 있으며, 고용주들이 종업원을 선택하기 위한 적합한 방법을 제공해 준다(Kane & Rouse, 1995; Grubb, 1993; Lewis et al., 1993; Dougherty, 1994). 준학사학위의 효과는 복잡하게 나타난다. 경제적 보상이 큰 것도 있고, 그렇지 않은 것도 있다. 또한 그 혜택도 여성과 남성에 있어서 다르게 나타나는 것으로 보인다.

4년제 및 대학원 학위 노동시장

마지막으로, 모든 중등 이후 교육의 학위가 사회경제적 성취에 대해 동일한 관계를 가지고 있는 것은 아니다. 「무엇이 가치가 있는가What's It Worth?」라는 포괄적 보고서에서 브루노Bruno(1995)는 훈련에 대한 중등 이후 교육과 경제적 지위 간의 관계에 대해 살펴보았다. 크게 놀라운 사실은 아니지만, 그는 법, 의학, 치의학 학위 소지자들의 소득이 가장 높다는 것을 발견하였다. 반면 가정학 학위 소지자의 소득이 가장 낮았다. 학사학위 소지자들의 소득에는 많은 편차가 존재하였다. 공학 전공자들은 교육학 전공자들보다 소득이 약 두 배 높으며, 경영학 전공자들도 크게 뒤쳐지지 않았다.

보상이 높지 않은 전공 학위 소지자들에게는 상황이 이보다 더 나빴다. 낮은 소득에서 시작한 사람은 이후의 임금 상승률도 낮았다(Horn & Zahn, 2001). 따라서 가진 사람과 가지지 못한 사람 간의 격차는 시간이 흐름에 따라 더욱 벌어진다. 이러한 차이는 결코 적지 않으며, 의학, 치의학 전공자들은 인문학 전공자들보다 거의 세 배에 가까운 소득을 얻는다.

학위가 대학을 차별화하는 유일한 방법은 아니다. 대학의 수준과 평판의 차이가 졸업생들의 삶의 기회에 영향을 미친다고 생각할 수 있는 이유는 많다. 그렇지 않다면 왜 많은 사람들이 "좋은" 학교에 입학하고 비용을 지불하려고 하겠는가? 대학들이 홍보하고 자랑하는 것들(선별성, 학생-교수 비율, 또는 교육에 대한 투자)은 무엇이겠는가?

피츠제럴드Fitzgerald(2000)는 보고서 「대학의 질과 최근 대학 졸업생의 수입College Quality and Earnings of Resent College Graduate」에서 졸업 5년 후에 대학의 질이 소득에 어떤 영향을 미치는지를 탐구하였다. 대학의 질은 전공만큼 중요한 결정요소는 아니지만 소득과 연관성이 높았다. 피츠제럴드는 수입에 대한 교육의 질의 순수효과가 약 2~3%이며, 여성에게는 4~6%로 더 높게 나타나고 있다는 것을 발견하였다.

파스카렐라Pascarella와 테렌지니Terenzini(근간)는 25개의 경험적 연구들을 검토한 결과, 소득에 대한 대학 선택의 효과는 약 2~4% 정도로 유의미하지만, 이 효과가 선형적이지는 않다고 결론 내렸다. 특히 선별적인 소수의 명문 대학들만이 졸업생들에게 소득 혜택을 준다는 것이다. 이는 브라운Brown(1995)이 명명한 명문 대학의 "명성자본reputational capital"과 일맥상통한다. 파스카렐라와 테렌지니는 연구에서 학생들의 포부가 통제되지 않았기 때문에 2~4%도 과도하다고 덧붙이고 있다. 즉, 명문 학교에 진학함으로써 얻어지는 것처럼 보이는 이득은 실제로 해당 명문 학교 진학생들의 높은 포부와 측정되지 않는 다른 요소에 기인한 것이라는 점이다.

결국 기관의 질이라는 애매하고 불명확한 개념은 중요하다. 물론 이는 전공 선택만큼 중요하지는 않으며, (공부를 열심히 하는 것, 올바른 과정을 선택하는 것과 같은) 학생들의 행위만큼 중요하지도 않을 것이다. 이전에 논의하였던 광범위한 동향보다 실력주의 또는 학력주의의 찬반 증거는 더욱 양면적이다. 실력은 중요하며, 과거보다 더욱 중요해질 수 있다. 동시에 실력이 중요해지는 이유 중 하나는 귀속적 요인이 이를 허용하기 때문이다.

인지적 능력과 인성

마이클 영이 제시한 가상의 실력주의는 학교교육보다 능력과 노력의 결합을 더 강조하였다. 이것은 어떤가? 학교교육의 역할과는 별개로 능력과 노력이 사회경제적 산출물에 어떻게 기여하는지 아는 것이 학교교육과 일에 대한 우리의 이해를 돕는가?

연구문헌은 잠정적 결론만을 내리고 있지만, 그 중 일부는 신뢰할 만하다. 첫째, 성공적인 사회경제적 성취를 위해서는 기술과 학력이 함께 작동해야 한다. 즉, 개인이 실질적으로 학습하지 않는다면 학교교육의 효과는 거의 없다. 프라이어Pryor와 샤퍼Schaffer(1999)는 이러한 입장을 지지한다. 그들은 노동자들이 일의 세계로 가져오는 학력은 실제로 가진 지식보다 덜 중요해지고 있다고 주장하였다. 높은 수준의 학교교육을 받았지만, 낮은 기술력을 가진 사람들은 노동 시장에서 낮은 성과를 보인다.

둘째, 다양한 비인지적 요소들이 일터에서의 성공과 연계되어 있다. 우리는 이들 요소를 영이 말한 "노력" 혹은 젠크스Jencks 등(1979)이 명명한 "인성personality"으로 총칭할 수 있을 것이다. 이들은 사회경제적 성취에 영향을 미친다. 그러나 비인지적 요소들은 일의 유형, 직업, 노동환경 등에 따라 너무나 다양하게 나타나기 때문에 일반화를 하기는 어렵다. 학교는 고용주가 원하는 방식으로 사람들을 똑똑하게 만들지만 학교의 역할은 이것만이 아니다. 사실 보울스와 긴티스(2000)는 인지적 기술을 가르치는 학교의 역량은 성취에 비교적 적은 영향만을 미친다고 하였다. 또한 학교교육은 일터에서 보상을 받게 되는 비인지적 특성들을 증진하고 있다고 주장하였다. 그들은 고용주들이 원하는 것은 단순한 "인지적 기술" 이외의 포괄적 역량을 갖춘 노동자들이기 때문에 "기술 부족skill shortage"이라는 개념은 노동시장의 현상을 설명하기에 지나치게 협소하다고 하였다.

아마 학교교육과 능력/기술의 역할에 대한 가장 유용한 분석은 커크호프Kerckhoff 등(2001)의 연구일 것이다. 그들은 이전의 연구에서 인지적 능력이 노동 산출물에 미치는 영향이 매우 적다고 인정했지만, 이는 인지적 능력을 지나치게 협소하게 측정했기 때문이라고 믿었다. 그들은 포괄적으로 인지적 기술을 측정하는 국가성인문해조사National Adult Literacy Survey, NALS 데이터를 분석하여 교육과 기술이 중복된 측정 기준이 아니며, 노동 시장 참여자들이 상이한 특성을 나타낸다고 하였다. 학교교육과 기술은 사회적 배경, 민족, 모국어에 의해 서로 다른 방식으로 영향을 받으며, 직업적 성취와 소득에 서로 다른 영향을 미친다(비록 소득보다는 직업에 더 큰 영향을 미치기는 하지만). 일반적으로 교육의 효과는 인지적 기술의 효과보다 더 크다. 이러한 경향은 인종 또는 민족, 성별 집단마다 다르게 나타난다.

능력과 노력에 대해 우리가 내릴 수 있는 결론은 무엇인가? 확실한 것은 두 가지가 교육과 일의 관계에 대한 이해를 증진시킨다는 것이다. 단일한 IQ측정은 설명력이 제한적이지만, 능력에 대한 보다 구체화된 측정은 유용하다. 인성과 노력은 유사한 교육수준을 가진 사람들의 삶의 기회를 차별화하는 데 도움이 되지만 직업과 환경에 따라 다르게 작동한다. 마지막으로 이러한 모든 것들은 인구의 사회통계학적 요소에 따라 다르며, 이제야 그 차이가 파악되기 시작하였다.

세대에 걸친 학교와 일

마지막으로 블라우-던컨 모델의 관계 C를 다시 살펴보자(그림 4.1 참조). 이 관계는 사회경제적 성취가 사회적 배경에 의해 어느 정도 영향을 받고 있는지를 보여주고 있다. 하우저 등(2000, p.183)은 "제2차 세계대전 종전 이후 태어난 집단의 세대 간 지위 이동이 지속적으로 감소하고 있다. 1950년 이후 출생한 백인 남성 중 적어도 어린 나이에는 순수한 상승 이동이 없는 것으로 보여진다"고 보고하였다. 반면 흑인들의 세대 간 이동은 불규칙하게 증가하였다. 하우저 등은 젊은 백인 남성에 대한 조사결과가 실력주의 원칙을 훼손하는 것은 아니라고 지적하였다. 그는 이러한 "순 정체가 미국 젊은 남성의 일생 전체에 걸쳐 지속될 것이라고 속단해서는 안 된다. 왜냐하면 일반적으로 남성의 직업적 지위는 직업 초기부터 중간 지점까지 성장하기 때문"이라고 했다. 요약하자면, 장기적 추세가 세대 간 이동이 늘어나는지, 감소하는지에 대해서는 아직 확실한 결론이 없다.

문헌을 통해 내릴 수 있는 결론은 무엇인가? 미국에서의 사회경제적 성공은 과거에 비해 실력에 기초하여 성취되고 있다. 불규칙하기는 하지만, 사회경제적 성공의 기초로서 성취의 중요성은 증가하고 있다. 인종과 민족 같은 귀속적 요인은 느슨해 졌다가 다시 강화되고 있는 반면, 성별의 귀속적 요인은 약해지고 있다. 이러한 요인들이 삶의 기회에 영향을 미치는 시점은 역사적으로 변화해왔지만, 계급의 효과는 지속되어 왔다. 지위 배분에 있어서 학교교육, 기술, 능력의 중심적인 역할은 증가하고 있는 것으로 보인다. 높은 교육수준의 노동자들이 증가하고 있지만 더 많은 비용을 들여 이들을 고용하고자 한다.

이러한 결론은 미국에만 국한된다. 세계 다른 국가에서의 귀속 혹은 성취 관련 동향에 대한 평가는 보다 광범위한 검토를 필요로 하며, 완전한 평가는 오랜 시간이 지난 후에야 가능할 것 같다. 지위획득 과정의 동향에 대해 우리가 알고 있는 대부분은 산업화된 사회의 경우이다. 산업화가 진전되지 않은 국가나 개발도상국에 대해서는 알려진 바가 적다. 버크만Buchmann과 하넘Hannum(2001)은 그 한 가지 이유로, 산업화가 덜 이루어진 국가의 경우, 대규모의 표본 데이터와 이를 수집, 분석할 수 있는 틀이 부족하다는 점을 지적하였다. 또 다른 이유로 사회학자들이 선진국들 간의 비교 분석을 위한 국제협력체제를 개발도상국들에 대해서는 구축하지 못했기 때문이라고 지적하였다(예, Shavit & Blossfeld, 1993). 그러나 그들은 가용한 증거를 토대로 볼 때 후진국들의 계층화 과정이 수렴되고 있다는 증거는 상대적으로 약하다고 기술하였다. 교육과 일의 관계에 대해 관심을 가지고 있는 학자들은 이러한 주제들에 관심을 기울일 필요가 있다.

고용주들은 교육과 학력에 대해 어떻게 생각하고 행동하는가?

이 책의 논의에서 빠진 부분은 개인이 더 좋은 직업과 높은 소득을 위해 졸업장을 "현금화"하는 메커니즘에 관한 것이다. 이러한 과정은 저절로 작동하지 않는다. 학위와 일을 교환해주는 중앙환전소 같은 것은 없다. 학교교육을 더 많이 받은 사람이 더 좋은 직업을 갖게 되고, 상대적으로 적은 학교교육을 적게 받은 사람이 덜 좋은 직업을 갖게 되는 주요한 이유는, 고용주들의 채용 행위에 따른 것이다. "행위의 서술narrative of action"(Goldthorpe, 1996)을 가장 잘 이해해야 할 필요가 있는 사회적 행위자는 고용주이다.

여기서 핵심은 고용주들의 정보활용 방법이다. 고용주들이 직면한 문제는 노동자들의 직무수행을 직접 관찰할 기회가 없기 때문에 그들의 생산성을 확신할 수 없다는 것이다(Rosenbaum & Jones, 2000). 따라서 고용주들은 잠재적 생산성에 대한 신호를 찾고자 한다. 졸업장은 고용주들이 다른 정보가 없을 때 값싸고 쉽게 확인할 수 있고, 사회적으로 인정되는 신호인 것이다(Bills, 1992b).

이러한 과정에 대해 많은 사회과학자들은 고용주들이 채용, 승진과 같은 인사결정을 할 때 가용정보를 어떻게 활용하고 이에 따라 어떻게 행동하는지 살펴본다(Braddock et al., 1986; Ussem, 1989; Neckerman & Kirschenman, 1991; Miller & Rosenbaum, 1997; Rosenbaum & Binder, 1997; Miller, 1998; Coverdill, 1998; Moss & Tilly, 2001; Peterson et al., 2001; 이러한 많은 연구물을 살펴보기 위해서는 빌스Bills, 1992b를 참조할 것). 이와 관련하여 몇몇의 논지

가 두드러진다.

첫째, 고용주들은 학교교육과 일의 배분 간의 결정론적인 관계를 거의 고려하지 않는다. 앞서 언급했듯이, 저명한 학력주의자 버그Berg는 고용주들이 졸업장을 무분별하고 임의적으로 활용하고 있다는 점을 발견하였다. 실제로 고용주들은 자신들의 기대가 무엇인지 모호하고 불확실해하며 자신들의 표준관행이 효율적, 효과적인지를 확인하지 않는다. 블록(1999, p.88)이 살펴본 바에 따르면, 모든 고용주들이 종업원 이직에 관한 판단에 있어서 합리적이라는 사실을 뒷받침하는 경험적인 증거는 거의 없다.

둘째, 학교교육 수준과 특정한 직무를 연결시키는 작업은 인사담당자의 재량에 의해 결정되는 것이 아니라 회사나 기관의 공식적인 정책에 의해 결정되는 것이다. 예를 들어, 공공서비스 분야에서는 직업을 얻기 위해 요구되는 학교교육의 수준에 대해 명시되어 있다. 앞서 다양한 유형의 국가 승인 증명서의 역할에 대해서도 언급한 바 있다. 마찬가지로 중요한 것은 시간이 지남에 따라 학교교육 수준과 직업의 유형이 문화적으로 연계된다는 점이다. 이것은 상당히 큰 관련성을 가지고 있는 것으로 보인다.

그러나 이러한 제한 속에서 관리자들은 자신이 원하는 대로 졸업장을 활용할 수 있는 재량권을 갖는 경우도 많다. 나는 시카고 지역의 몇몇 조직의 고용 행위에 대한 분석을 통해(Bills, 1988a) "가장 중요한 조사결과는 고용 기준의 유연성, 기준을 조정할 수 있는 관리자들의 재량, 특정한 경험이 교육을 대체할 수 있는 가능성, 직업경력 자료job history data●의 역할, 고용 기준으로서의 인성 평가, 그리고 이것이 남성과 여성에게 있어서 어떤 차이를 갖는지 등"이라고 결론을 내렸다. 따라서 관리자들은 분명히 교육과 직업을 연계시키지만, 졸업장이 필요를 충족시켰을 때 이를 "처분

● "직업경력 자료"는 빈번한 직업이동, 너저분한 출근 기록부, 혹은 이전 고용주와의 불협화음에 대한 평판 등을 기록한 자료를 의미한다.

하는"데도 주저함이 없다. 마찬가지로, 관리자들은 특정 직무의 기술요구에 부합하지 않는다는 이유로 지나치게 높은 수준의 교육을 받은 지원자를 회피하기도 한다(Bills, 1992). 지원자들은 과소교육 될 수 있는 만큼 과잉교육 될 수도 있다.

고용주들에 대한 조사는 또한 노동시장에서의 인종적, 성별 불균형의 문제를 조망하고 있다. 예를 들어, 홀저Holzer(2001, p.106)는 "고용주들은 특정한 경험 혹은 전 단계 훈련 등이 요구되는 중요한 인지적 기술과 학력을 필요로 하는 직업에 흑인들을 고용하기를 아직도 꺼려한다. 심지어 정규교육 수준이 높을 필요가 없는 직업에 대해서도 여전히 흑인들을 꺼리고 있다"고 보고하였다(Moss & Tilly, 2001도 참조할 것). 따라서 인종별로 교육과 일의 관계가 다르게 나타나는 것 중 일부는 고용주들이 흑인과 백인 구직자들에 부여하는 교육의 의미가 다르기 때문일 수 있다. 마찬가지로 고용주들은 남성과 여성 지원자들을 평가함에 있어서 유사해 보이는 비인지적 요소에 대해 다른 의미를 부여하기도 한다(Bills, 1988). 남성에게는 야심차다고 여겨지는 행동이 여성에게는 나서기 좋아하는 것으로 해석되기도 한다.

잭슨Jackson(2001)은 영국 신문의 3,533개의 직업 광고의 내용을 분석한 혁신적인 연구를 수행하였다. 그는 분석을 통해 다음과 같은 결론을 내렸다.

공식적 학력증명은 고용주에게 중요하지만, 다른 "비업적적" 기준 또한 중요한 역할을 한다. 이러한 비업적적인 특성의 일부는 성취된 특성보다는 귀속적인 특성과 더 관련이 있을 수 있으며, 많은 경우 특정 사람들 혹은 사회집단에게 더 접근 가능할 수 있다. 종합적으로, 이 연구는 일부의 경우에서 학력만큼이나 다른 특성들도 중요할 수 있다는 점을 제시하고 있다.

빌스Bills(1990)도 유사한 결과를 보고하였다. 즉, 고용주들이 "직업경력 자료(불규칙한 경력 또는 장기간 실직 등)"에 대해 보상하거나 벌칙을 부여한 다고 지적하였다. 이런 행위는 특정 노동시장 참여자들에게 있어서 더욱 더 그렇게 나타날 수 있다.

아담스Adams와 맥퀼란McQuillan(2000)은 온타리오 회사의 인력개발 관리 자들과의 인터뷰를 통해 지난 몇 년간 일어난 직장 구조조정에 대응하기 위해 고용기준을 바꾸었는지 물었다. 결론은 고용기준이 변하지 않았다는 것이었다. 많은 관리자들이 여전히 높은 교육수준과 훈련과 경험을 고집 하고 있었다. 아담스와 맥퀼란은 그 이유가 부분적으로 학력인플레이션에 있다고 보았다. 이는 "보다 많이 교육받고 많은 지식을 가진 노동자가 요 구된다. … 특히 교육은 개인의 학습력과 적응력의 지표"라고 믿는 관리 자들의 신념 때문이기도 하다(2000, pp.400-402).

고용주들의 특별한 의사결정 사례로서 내부노동시장과 자영업

고용주들이 졸업장에 의지하는 큰 이유 중 하나는 구직자에 대한 직접 적 정보가 부족하기 때문이다. 졸업장은 정보를 획득할 수 있는 손쉬운 방법이 된다. 이러한 논리는 조직 외부에서 사람을 채용할 때는 적용되지 만 고용주가 실제로 현장에서 개인을 관찰할 수 있는 경우는 어떠한가? 만약 고용주들이 불완전하고 불확실한 정보를 가지고 있는 상황에서 학 력을 하나의 신호로 활용한다면, 교육과 승진의 관계가 어떻게 될 것이라 고 기대해야 하는가?

사회학자들과 경제학자들은 조직 내에서의 업무 배분방식이 신입사원 의 채용방식과 다르다는 점에 대해 논의를 진행해왔다. 이와 관련된 많은 연구들은 내부노동시장internal labor market, "ILM"에 관한 것이다(Doeringer & Piore, 1971; Althauser, 1989). 내부노동시장은 직접적인 시장의 힘을 피 하는 방법이라는 점에서 시장의 특성을 덜 나타난다. 내부노동시장 하에서 인력채용, 훈련, 업무배정 등은 내부적으로 처리된다. 개인은 각각의 진입 창구를 통해 입사하며, 기술을 습득하고, 내부적으로 설계되고 인가된 규칙에 의해 승진한다.

내부노동시장에는 여러 가지 형태가 포함될 수 있다. 조직에 기반을 둔 것도 있고 직업에 기반을 둔 것도 있다. 기술이 발전하고 일터가 구조 조정됨에 따라 내부노동시장도 지속적으로 변화한다(Grimshaw et al., 2001). 본 논의와 관련해서, 내부노동시장을 통한 상이한 업무거래에 따라 학력의 역할은 다르게 나타날 수 있다. 이는 고용주들이 승진 결정을 할 때와 채용결정을 할 때 상이한 지식을 사용하는가 라는 질문을 이끌어낸다.

연구 결과에 따르면 고용주들은 위와 같이 행동한다. 일반적으로 학교교육은 승진보다는 채용에 더 큰 영향을 미친다. 졸업장은 조직의 승진 사다리를 통해 졸업생들을 승진시키는 것보다 조직의 진입 통로를 통해 졸업생들을 입사시키는 데 훨씬 더 효과적이다(Bills, 1988b). 일단 고용이 이루어지면 관리자들은 잠재적 역량보다는 직접 관찰할 수 있는 직무 수행에 근거하여 보상을 지급한다. 그렇다고 학교교육이 승진과 무관하다는 것은 아니다. 스필러만Spilerman 등은 이에 관한 일련의 중요한 연구를 수행하였다(Spilerman & Lunde, 1991; Ishida et. al., 1997; Spilerman & Pettersen, 1999). 그들은 "고용주들은 학교교육이 업무성과와 관련이 있는 정도만큼만 학교교육에 대해 보상한다. 따라서 승진이 기대되는 특정한 교육적 특징은 임금수준 및 기타 직무특성에 따라 다를 것"이라고 기술하였다(Spilerman & Lunde, 1991, p.715).

내부노동시장은 고용주들이 졸업장을 어떻게 평가하는 지에 대해 사회학적으로 흥미로운 변화를 묘사하고 있다. 또 다른 요소는 자영업self-employment이다. 고용주가 구직자의 학교교육 수준에 근거하여 미래가치를 추정하는 경우와는 달리, 자영업자는 자신의 기술에 관한 신호를 고용주에게 보낼 필요가 없다(Wolpin, 1977; Riley 1979). 그러나 자영업자가 노동시장에서와 마찬가지 방식으로 자신의 학교교육을 스스로 "평가"한다는 생각은 지나치게 순진한 발상이다. 레이지어Lazear(1977)은 자영업자가 고용주가 아닌 고객에게 자신의 능력을 알리기 위해 졸업장을 활용한다고 주장했다. 그러나 졸업장이 어떻게 사람들을 자영업에 배치하는지는 명확히 밝혀지지 못했다.

월터 뮬러Walter Mueller 등의 대규모 프로젝트를 통해 교육과 자영업의 관계가 명확해지기 시작했다. 애럼Arum과 뮬러(2001)는 직업 유형별, 경제 부문별로 자영업의 이질성이 증가하고 있음을 관찰하였다. 전통적인 숙련 직종의 자영업은 감소하고 있는 반면, 전문-관리 및 비숙련 직종의 자영업은 증가하고 있다. 또한 사람들이 자영업에 진입하고 빠져나가기 때문에 불안정한 상태에 있다.

사람들은 두 가지 경로를 통해 자영업에 진입한다(Arum & Mueller, 2001). 첫 번째 경로는 보편주의적 모델이다. 이 모델에 의하면 사람들은 높은 수익을 갖는 자영업자가 되기 위해 전문화된 교육과 훈련을 받는다. 이 경우 작동되는 원리는 시장경제 전반에 적용되는 논리와 동일하다. 반면, 상속이라는 보다 전통적인 과정을 통해 자영업에 진입하는 사람들도 있다. 애럼과 뮬러는 각 사회 영역에 걸쳐 이러한 "쁘띠 부르주아" 지위의 탄력성에 대해 논증하였다.

샤빗과 유츠먼-야르Yuchtman-Yaar(2001)는 27~34세의 이스라엘 출신 남성을 대상으로 자영업의 결정요소에 대해 조사하였다. 그들은 자영업을 3가지 범주, 즉 전문-관리직, 자격증 직업, 비자격증 직업으로 구분하였다. 흥미롭게도, 이러한 유형의 자영업에 진입하는 확률에 있어 민족 간 차이는 발견되지 않았다. 민족적 요인은 자영업 진출에 거의 영향을 미치지 못한다. 그러나 교육의 효과에 있어서는 흥미로운 패턴이 존재한다. 이 패턴은 자격증 직업과 비자격증 직업에서 곡선형으로 나타난다. 즉, 교육수준이 낮은 이들과 교육수준이 높은 이들은 이러한 형태의 자영업에 종사할 확률이 낮다. 반대로 전문-관리직에 있어서 교육의 효과는 부적인 형태로 나타났다. 이러한 조사결과는 미국 사회의 특성이며, 모든 사회에 통용될 수 있는 것은 아니다(Arum et al., 2001). 사실 자영업에 대한 교육의 효과는 국가별로 매우 다르게 나타난다.

미국에서 자영업 진입경로는 남성과 여성의 경우가 다르다(Carr, 1996). 카Carr는 교육, 연령, 과거 일 경험과 같은 표준적인 인적자본 변수들이 남성과 여성 모두의 자영업 진입을 예측한다는 것을 발견하였다. 그러나 여성의 자영업 진입 경로는 가정의 상황에 의존하는 경향이 있었다. 예를 들어, 어린 자녀가 있는 경우 여성은 자영업에 진입할 수 있는 능력에 제한을 받는다. 반면 결혼은 이러한 기회를 확장시킨다. 남성보다는 여성에게 있어서 자영업은 노동시간의 유연성이 허락되는 일종의 부수적인 일로 여겨진다.

이러한 모든 논의 결과, 이 책의 출발점이 되었던 몇몇 관찰 결과로 돌아오게 된다. 우리는 학교교육이 성공적인 자영업을 위한 기술을 제공하는지 혹은 제공하지 않는지에 대해서는 잘 알지 못한다. 그러나 학교교육이 경제적 보상을 이끌어 낸다는 미국인들의 신념은 흔들리지 않는다. 교육과 자영업에 관한 연구 결과와는 상관없이 미국의 고등교육은 분명한 역할을 담당하고 있다. "기업가 교육entrepreneurial education"은 대단한 인기를 얻고 있다. 기업가 교육에 대한 리더십 정보센터Entrepreneurial Leadership Clearinghouse on Entrepreneurship Education, CELCEE는 이에 대해 이렇게 개념화하였다.

기업가 교육은 다른 사람들이 그냥 지나쳐온 기회를 인식하고, 다른 사람들이 주저해온 곳에서 행동하기 위한 통찰력, 자존감, 지식을 보유하기 위해 개념과 기술을 제공하는 과정이다. 이 과정에는 기회인식, 위기상황에서의 자원정리, 모험적 사업의 착수 등과 같은 내용의 교육이 포함되어 있다. 또한 경영계획, 자본개발, 마케팅, 현금흐름 분석 등과 같은 경영관리 과정도 포함된다(http://www.celcee.edu/general.html#EntEd).

기업가 교육이 이를 성취할 수도, 그렇지 못할 수도 있다. 중요한 것은 미국 사회가 이것을 가능하다고 생각하고 행동한다는 것이다.

요 약

이 장에서는 매우 광범위한 영역을 다루었다. 사회학계는 지난 몇 년 동안 사회 계층화 과정에 대해 많은 것을 알게 되었다. 과학적 질문들은 개방형임에도 불구하고, 이 문제의 경험적 관련성에 대한 이해는 매우 견고하다.

오랜 경험을 가진 사회학자 밀러S.M. Miller(2001)는 최근 "나의 실력주의적 상승My Meritocratic Rise"이라는 에세이를 통해 자신의 경력을 성찰하였다. 소수인 우대조치Affirmative action가 "특혜 고용"을 용인함으로써 진정한 실력주의 정신을 파괴한다는 최근의 논쟁에 대해, 밀러는 그의 경력을 돌아보면서 어떻게 지위가 행운과 인맥에 다소간 의존하고 있는지를 기술하였다. 확실히 밀러는 이러한 요소들에 의해 어떤 지위에 오르게 되었을 때 적절한 직무수행을 해야 한다고 요청했지만, 그의 논지는 그가 비실력주의적인 구조가 작동하는 상황에서 실력주의로부터 혜택을 받았다는 것이다.

밀러의 관찰은 미국의 사회 계층화의 본질을 말해 준다. 많은 미국인들에게 사회경제적 기회는 제한되어 있다. 귀속적 요인에 의해 삶의 기회를 완전하게 실현하지 못하는 사람들도 있다. 그럼에도 불구하고 실력주의로의 이행은 명백하다. 동시에 정규교육이 사람들의 사회경제적 삶에서 점점 중심적 역할을 차지하고 있으며, 교육받은 사람들이 많아지고 있음에도 불구하고 학교교육에 대한 보상이 지속적으로 이루어지는 것을 보았을 때, 이를 단순히 학력주의라고 할 수 없다.

미국 사회가 점차 학력주의적 관행에서 벗어나 실력주의 사회로 이행하고 있다고 결론내리는 것은 축하할 만한 이유가 되지 않는다. 왜냐하면 여전히 귀속적 요인이 많이 남아있고, 많은 고용주들이 학력주의의 원리에 의해 움직이고 있으며, 실력주의 사회는 많은 노력을 필요로 하는 사회이기 때문이다. 또한 교육이 일터에 완전히 종속될 수 있는 위협은 여전히 존재한다. 실력주의의 공정성과 학력주의를 신봉하는 고용주의 변덕스러운 행위는 양쪽에 모두 해당된다. 공정성은 더 큰 불균형을 낳고, 학력주의적 선별의 감소는 귀속주의로의 복귀를 의미할 수도 있기 때문이다.

궁극적으로 이 모든 논의는 실력주의 또는 학력주의가 어떤 사회에서 배태되고 있는가 하는 질문으로 이어진다. 이 문제에 대해서는 다음 장에서 살펴보기로 하자.

후기 산업사회의

교육과 일

후기 산업사회의
교육과 일

현대사회의 구조

앞의 3장과 4장에서 교육과 일의 관계에 대한 실력주의 모델과 학력주의 모델을 설명했다. 그리고 미국 사회에서 보상이 어떻게 분배되는지를 설명함으로써 두 모델에 대한 찬반 논거를 제시하였다. 앞장에서 두 모델이 교육과 일의 상관관계를 살펴보는데 중요한 시사점을 갖고 있음을 역설했다.

이번 장에서는 관점을 달리하여 실력주의와 학력주의가 내재되어 있는 사회, 즉 후기 산업사회Post-industrial Society의 속성을 이해하기 위한 모델을 제시하도록 하겠다. 후기 산업 사회 모델은 미국이나 다른 국가들에서 있었던 많은 사회 변동 사례를 강조하고 있다. 예를 들어, 정보기술, 소형전자, 노동 집약적 생산에서 지식 집약적 서비스 산업으로의 전환, 그리고 이러한 전환이 가져온 사회적 관계의 변화 등을 들 수 있다. 이러한 모든 변동에는 사회변화의 기반으로서 이론적 지식의 등장이 그 바탕이 되었다.

다니엘 벨의 저서 「후기 산업사회의 도래: 사회적 예견에 대한 모험 (1973, 1999)」이 여전히 후기 산업주의를 이해하기 위한 참고서가 되고 있다. 벨은 후기 산업주의가 실력주의적 논리를 내포하고 있다고 주장했다. 즉, 사회가 보다 이성적 방법의 업무 조직, 수행 방향으로 움직임에 따라 과거의 귀속주의, 연고주의가 사라질 것으로 보았다. 이러한 논리는 탄탄한 듯 보이지만 비현실적일 수도 있다. 실력주의와 학력주의는 후기 산업주의보다 앞서 존재하였다. 여기서는 일단 후기 산업주의와 실력주의/학력주의의 양립 가능성 문제는 보류해두고, 관점을 바꾸어 후기 산업주의 모델을 통해 어떻게 교육과 일의 관계에 대한 이해를 높일 수 있을지 알아보자.

이를 위해 여기서는 후기 산업주의 이론을 강조하기보다는 후기 산업사회에서의 교육과 일의 관계를 이해하고자 한다. 다른 학자들에 의해 후기 산업주의 이론에 대한 비평이 제시되었는데, 우호적인 견해도 있었고 (Block, 1990) 비판적인 시각도 있었다(Webster, 1994). 종종 우회적인 방법을 사용하겠지만 일관된 논점은 후기 산업사회에서 교육과 일의 관계가 될 것이다. 앞 장에서와 마찬가지로 주장의 근거가 되는 연구 기반은 탄탄할 때도 있고 그렇지 않을 때도 있다. 따라서 여기서는 기본 개념들의 제시 및 비평, 관련 문헌조사, 그리고 미해결 주제들을 제시하도록 하겠다.

후기 산업사회에 대한 다니엘 벨의 공표

'후기 산업사회'라는 말은 다양한 사회·경제적 동향을 일컫는 용어로 미국 사회에서 어휘목록에 삽입되었다. 그러나 일상적, 기술적 의미를 동시에 가지는 여타 용어들과 마찬가지로 유입과정에서 많은 의미가 상실

된다. 여기서는 후기 산업주의 모델을 가장 체계적으로 설명하는 사회학자 다니엘 벨의 이론을 사용하고자 한다. 이제는 고전이 된 벨의 모델이 처음 제시된 것은 1973년이었다. 이 책은 초판 이후 미국 사회의 동향을 반영하는 새로운 내용을 담아 1999년에 재출판 되었다.

벨은 후기 산업사회를 산업화 이전사회, 산업사회와 구별하고 있다. 산업화 이전사회는 채취extracting사회라고 할 수 있다. 생계를 위해 농업, 광업, 어업, 목재, 천연가스, 석유의 자원을 사용하는 사회이다. 반대로 산업사회는 생산fabricating사회이다. 노동력, 에너지, 기계기술 등을 활용, 조정하여 재화를 생산하기 때문이다. 마지막으로 후기 산업사회는 정보processing사회이다. 정보통신과 컴퓨터는 정보와 지식을 교환하기 위한 전략적 방법이 된다. 즉, 산업주의로부터 후기 산업주의로의 변환에는 기계기술, 자본, 노동력을 지양하고, 지적기술, 정보, 지식을 지향하는 방향 전환이 내포되어 있다.

후기 산업사회의 개요: 산업과 직업의 변화

후기 산업주의의 가장 두드러진 특징은 산업과 직업 부문에서의 일련의 변화이다. 재화에서 서비스로, 블루칼라 직종에서 화이트칼라 직종으로의 전환은 익숙한 사회학적 현상이다. 그러나 이러한 현상은 몇 가지 개념에 기반하고 있으며, 동향 및 근거사례를 더 명확히 이해하기 위해서는 먼저 개념이 설명되어야 한다. 이 개념은 오랜 역사를 지니고 있으며 다수는 현재 학자들에 의해 도전을 받고 있다(Abbott, 1989; Barley, 1996; Zuboff, 1996; National Research Council, 1999). 학자들이 이러한 개념들을 재해석하는데 문제가 되는 것은 정확성, 타당성, 현실성이라는 개념과 시간에 따른 비교 가능성이라는 개념 간의 관계이다. 다시 말해서, 구시대적 개념을 계속 사용하면서 현재의 동향을 파악하기는 어렵다.

직업, 직무, 그리고 그 밖의 개념들

1장에서 일은 사람들이 경제적 보상을 위해 자발적으로 행하는 것이라고 설명하였다. 사람들은 다양한 환경에서 일을 한다. '조직organization'은 상품과 용역의 생산, 분배, 소비를 위한 일의 체계라고 할 수 있다(Kalleberg & Berg, 1987, p.32). 조직의 두 가지 기본형태는 회사firm(기본적 기업 집단)와 사업장establishment(특정 경제활동이 이루어지는 물리적 장소)이다(BLS, http://www.bls.gov/bls/glossary.htm). 맥도날드 주식회사와 맥도날드 매장은 모두 조직이다. 그러나 전자는 회사이고 후자는 사업장에 속한다. 마찬가지로 '산업'이란 유사한 제품을 생산하거나 유사한 용역을 제공하는 사업장들의 집합이라고 할 수 있다(BLS, http://www.bls.gov/bls/glossary.htm). 맥도날드는 외식산업에 속하는 것이다.

또 하나의 중요한 차이점은 직무job와 직업occupation의 차이이다. "직무를 갖는다"는 개념이 익숙하게 느껴진 것은 오래된 일이 아니다. 삶의 중요한 부분으로서의 직무는 최근의 개념으로 산업화 이전사회에서 산업사회로 이행하는 과정에서 등장한 것이다(Barley & Kunda, 2001). 그러나 후기 산업시대에 살고 있는 대부분의 근로자들에게 직무는 자신의 경력에 있어서 중요한 조직적 원칙이다. 분석가들은 보통 직업occupation의 보편성과 추상성이 클수록 직무의 구체성이 커진다고 강조한다. 하우저Hauser와 워렌Warren(2001, p.282)에 따르면, "직무란 경제적 보상을 기대하여 수행된 구체적이고 독특한 일련의 활동이며, 직업이란 유사한 직무들을 한 데 묶고 분류하는데 사용되는 추상적인 범주"이다. 직무는 직업과 조직의 교차점 또는 특정 직책과 관련된 구체적 과제라고 볼 수 있다(Kaufman & Spilerman, 1982). 직무는 직업보다 구체적이기 때문에 대표성을 띠는 방식으로 "직무구조"의 동향을 분석하거나 직무분배를 검토할 수 없다. 반면 "직업구조occupation structure"를 분석하는 작업은 사회과학자들의 중요한 일 중 하나이다.

"직업"은 이질적일 수 있다. 직업이란 분명하다고 생각할 수도 있지만 매우 모호한 것일 수 있다. 〈상자 5.1〉은 Harper's Magazine 2000년 8월 판에서 발췌한 것으로 "이색적 직무들Odd Jobs"이라는 적절한 제목을 가지고 있다(사실 이는 "직무"가 아닌 "직업"을 일컫고 있다). 기사는 오락적 가치를 제공함과 동시에, 사람들이 생계를 위해 행하는 활동의 범위를 보여준다. 실제로 이런 직종과 폴 드 필리포Paul De Fillippo의 미래 단편소설집 「낯선 직업들Strange Trades(2001)」에 등장하는 직업들은 실제 직업들과 비교했을 때 크게 다르지 않다.

미국 노동부의 고용훈련국에서 출판된 「직업 목록 사전」의 이색 직무

Barrel Scraper	Mother Tester
Bed Rubber	Pantyhose-Crotch-Closing
Belly Roller	Machine Operater
Bind Hooker	Parlor Chaperone
Blow-off Worker	Pickle Pumper
Bologna Lacer	Powder Nipper
Bone Picker	Prize Jacket
Bosom Pressor	Puddler
Butt Maker	Puffer
Cereal Popper	Pusher
Chicken Fancier	Radioactive-waste Sampler
Comedy Diver	Religious-ritual Slaughterer
Cookie Breaker	Retort Forker
Cracker	Santa's Helper
Crown Pouncer	Sea-foam-kiss Maker
Devil Tender	Seal Killer
Dice Spotter	Searcher
Dope-House Operator	Seed-potato Arranger
Dukey Rider	Side Splitter

Dust Sampler	Slimer
Egg Smeller	Smearer
Finger Waver	Smeller
Frickertron Checker	Smoke Eater
Hand Shaker	Stereotyper
Head Beater	Streaker
King Maker	Sulky Driver
Knocker-off	Upsetter
Marshmallow Runner	Wad Impregnator

🔖 출처: Harper's Magazine, August 2000.

프로젝트의 종결, 사업 실패, 사람들의 퇴직 등에 따라 직무는 생기기도 하고 없어지기도 한다. 직업은 직무에 비해 장기적이지만 영구적이지는 않다. 시간이 지남에 따라 직업이 사라지기도 하고 생겨나기도 한다. 몇 십 년 전만 해도 웹마스터, 환경공학자, 국제회의 전문가라는 직업은 존재하지 않았다(BLS, 1998).

마지막으로, 서비스 부문에 대해 언급할 필요가 있다. 서비스 부문은 묘사되는 것보다 더 복잡하다. "서비스"란 패스트푸드점 종업원과 가정주부를 연상시키는 진부한 이미지에도 불구하고 매우 다양하고 광범위한 활동들을 포함하고 있다. 톰 크루즈와 버거킹 주인, 또는 소프트웨어 프로그래머와 소프트웨어 회사의 빌딩 청소부가 모두 서비스 부문에 속한다. 따라서 이에 대한 개념적 정의가 요구되는 것이다.

서비스 부문을 구성하는 산업을 분류하는 방법은 수없이 많다. 우선 건강, 교육 등의 대인 서비스 및 사회 서비스와 연구, 컴퓨터, 시스템 분석 등의 전문 서비스를 구분할 수 있다. 세분화된 분류로는 교통·공익설비, 도소매, 금융·보험·부동산, 개인·전문·비즈니스 서비스, 정부(연방, 주, 지방) 등이 가능하다. 그 밖에도 개념적 접근의 분류방법도 제시되었지만, 여기서 논의할 수 있는 범위를 벗어난다(Herzenberg et al., 1998; Sayer & Walker, 1992).

교육과 일

최선의 분류도 정확할 수는 없다. 서비스 영역 내에서 이렇게 분류하더라도 재화와 서비스 간의 근본적인 차이에 대해 의문을 가질 수도 있다. 차제스키Chajewski와 뉴먼Newman(1998)에 따르면 "서비스 생산과 물품 제조의 구분은 더 이상 유용하지 않다(Reich, 1991). 단 한 번도 유용했던 적이 없었을 수도 있다." 예를 들어, 패스트푸드 햄버거를 구매하는 것이 물품이 아닌 서비스를 구매하는 것인지, 또는 소프트웨어 관련 산업이 제조업이 아닌 서비스업에 속하는지는 구분하기 어렵다(서비스 부문의 다양한 측정 문제는 에스핑−엔더슨Esping-Andersen(1999, p.140)을 참조).

재화에서 서비스로의 전환을 논의할 때 본질은 제조업 종사자의 수가 과거만큼 많지 않다는 데에 있다. 정보화 생산과 스마트 기계의 현실에서 재화와 서비스를 구분하는 것은 어렵지만, 후기 산업사회의 일반적인 추세를 나타내는 유용한 방법이 될 수도 있을 것이다.

본론으로 돌아가기: 미국의 산업별, 직업별 분포의 변화

이러한 다양한 정의를 바탕으로 미국 사회의 산업별, 직업별 구조 변화를 논의할 수 있다. 〈표 5.1〉과 〈표 5.2〉(Goldin, 1998b에서 발췌)는 관련 데이터를 제시하고 있다. 여기서는 그 비교 결과를 제시하지는 않았지만 여타 후기 산업사회에서도 유사한 추세가 나타난다고 할 수 있다(Esping-Andersen, 1999).

표 5.1 노동인구의 직업분포, 1900~1990 (단위: %)										
구분	1990	1980	1970	1960	1950	1940	1930	1920	1910	1900
화이트칼라 노동자	57.1	53.9	47.9	42.3	36.7	31.1	29.4	24.9	21.4	17.6
전문직, 기술직	16.7	16.5	14.7	11.4	8.6	7.5	6.8	5.4	4.7	4.3
관리직, 관료, 사업주	12.6	12.0	8.2	8.5	8.8	7.3	7.4	6.6	6.6	5.8

사무직	15.8	18.6	17.9	14.9	12.3	9.6	8.9	8.0	5.3	3.0
판매직	12.0	6.8	7.2	7.5	7.0	6.7	6.3	4.9	4.7	4.5
육체·서비스 노동자	40.3	43.2	49.0	51.4	51.4	51.5	49.4	48.1	47.7	44.9
<u>육체노동</u>	26.6	31.1	36.3	39.7	41.0	39.8	39.6	40.2	38.2	35.8
숙련직, 감독직	11.6	13.3	13.8	14.3	14.1	12.0	12.8	13.0	11.6	10.5
직공	10.9	13.5	17.8	19.9	20.3	18.4	15.8	15.6	14.6	12.8
노무직 (농업, 광업 제외)	4.1	4.3	4.7	5.5	6.6	9.4	11.0	11.6	12.0	12.5
<u>서비스</u>	13.4	12.1	12.7	11.8	10.4	11.7	9.8	7.8	9.6	9.0
개인 가정	0.7	0.8	1.3	2.8	2.6	4.7	4.1	3.3	5.0	5.4
기타 서비스	12.7	11.3	11.2	9.0	7.8	7.1	5.7	4.5	4.6	3.6
농업 노동자	2.9	2.9	3.1	6.3	11.9	17.4	21.2	27.0	30.9	37.5
농부, 농장관리자	N/A	1.7	1.8	3.9	7.5	10.4	12.4	15.3	16.5	19.9
소작농, 감독인	N/A	1.2	1.3	2.4	4.4	7.0	9.8	11.7	14.4	17.7

출처: Goldin(1998a).

제조에서 서비스로의 변화

후기 산업주의의 특징 중 가장 널리 알려진 점은 물품 생산 사회에서 서비스 제공 사회로의 전환이다. 산업분류의 모호성에도 불구하고 제조에서 서비스로의 전환은 분명하게 나타난다. 이는 앞서 농업에서 제조업으로의 전환에 뒤이어 나타난 것이다. 서비스 제공 산업으로의 이행은 제2차 세계대전 직후 가속화되었지만 사실 오래전부터 시작된 흐름이다.

쥬보프Zuboff(1999, pp.1106-7)는 서비스 분야가 가장 이질적이지만, 재화에서 서비스로의 전환을 과장하거나 잘못 해석해서는 안 된다고 지적했다. 그는 1970년 전후까지 서비스 산업의 성장 중 큰 부분은 K-12와 고등교육 및 교육 관련 서비스이며, 이는 정부, 특히 주 정부와 지방 정부 차원에서 기인했음을 지적했다. 게다가 후기 산업주의의 근간으로 묘사되는 민간경제는 큰 성장을 하지 못한 반면 보건, 사법, 국방 관련 정부기관의 성장은 두드러졌다. 쥬보프Zuboff는 블루칼라 직업에서 화이트칼라 직업으로의 전환과 대규모 이농현상에서 보다 많은 것을 알 수 있다고 주장한다.

그러나 서비스 산업으로의 전환은 분명하다. 이는 친숙한 사회학적 현상이지만 몇 가지 복잡한 요소가 있다. 먼저 〈표 5.2〉의 데이터는 각 산업 부문에 속한 근로자 수의 지분, 즉 각 산업 부문별 고용 비율을 의미한다. 이는 특정 산업의 경제적 중요도와는 별개의 분석이다. 제조업과 훨씬 더 많은 농업의 고용이 감소한 것은 사실이지만 이들 부문의 생산성, 즉 투입량 대비 산출량은 증가하였다. 다시 말해서, 우리는 과거보다 더 적은 인력으로 더 많은 제품과 식량을 생산하고 있다. 이에 따라 제조업 종사자는 분명히 줄어들고 있다.

표 5.2 미국 산업의 고용변화, 1890~2002

(단위: %)

	1890	1950	1970	1982	2002
서비스 생산 산업	26	51	65	71	78
금융, 보험, 부동산	1	4	5	6	7
비즈니스, 개인, 전문 서비스	8	10	19	20	38
무역: 도매, 소매	9	18	20	22	21
운송업, 공공사업, 통신사업	6	8	6	6	7
정부: 연방, 주, 지역	2	11	15	17	5
물품 생산 산업	74	49	35	29	23
제조업	20	29	25	21	13
건설업	6	4	5	4	7
농업, 임업, 광업, 어업	48	16	5	4	3
고용된 총 노동력(백만명)	23.3	58.9	78.6	98.9	136.5

* 광범위한 추이는 안정적이나 구체적인 데이터 중 다수는 기간대별 비교에 적합하지 않음.
📖 출처: Tausky(1984)와 미국 노동통계청.

생산성 추이를 이해하는 것은 수십 년간 사회과학자, 특히 경제학자의 주요 연구 과제였다. 이는 복잡한 문제이며 본 주제와 관련해서도 몇 가지 의문을 제기한다. 즉, 중등교육과 고등교육 팽창, 경제적 생산성 증대, 후기 산업주의 확장이 수십 년간 연계되어 진행되었다는 점을 어떻게 이해할 것인가? 이러한 추이 간에 인과관계가 성립되는가? 교육발전이 생산성 증대에 어떤 영향을 미쳤으며, 이는 어떻게 후기 산업주의적 전환을 야기하였는가?

학자들은 이러한 문제를 깊이 연구하였고, 여기서는 이에 대해 간략하게 언급하도록 하겠다. 이와 관련한 선구적 분석은 경제학자 에드워드 데니슨Edward Denison(1962)의 연구이다. 그는 1929년부터 1962년까지의 시기를 살펴보면서 경제성장에 있어서 교육발전의 역할에 주목하였다. 데니슨은 교육발전의 두 가지 측면, 즉 학교교육 수료 연한 증가와 미국 근로자 1인당 해당 교육의 질을 구분하였다. 데니슨에 따르면 이 기간 동안 총 경제성장의 5%만이 근로시간, 근로자 1인당 물적자본 등과 같은 전통적 성장의 측정요소로 설명될 수 있다. 데니슨은 나머지 95% 중 28%는 미국 근로자 1인당 교육의 질과 연한 증가의 결과로 설명될 수 있다고 결론지었다. 다시 말해 미국의 경제성장은 학교교육의 발전에 상당히 의존했다는 것이다.

경제학자 클라우디아 골딘Claudia Goldin(1998a)은 데니슨이 제시한 28% 수치가 너무 낮다고 지적하였다. 골딘은 그의 저술(Goldin, 1998a, 2001; Goldin & Katz, 2001)을 통해 데니슨의 연구를 최신화 하여(1998a, p.346) "19세기 성장동력이 물적자본의 축적이었다면 인적자본 축적과 기술변화는 21세기의 성장동력"이라고 주장하였다. 즉, 교육산업에서 세계적 선도자가 됨으로써 미국인은 경제성장의 토대로 필요했던 문해력, 수리력, 그리고 일반적이고 이전 가능한 기술기반을 확립하였다. 골딘은 이를 미국의 제도와 전통의 독특한 조합에 기반을 둔 '인적자본의 세기Human Capital Century'라고 지칭하였다.

골딘의 주장은 설득력이 있다. 교육받은 노동력이 고속 경제성장의 전제가 된다는 것은 충분히 합리적인 듯하다. 그러나 앞장에서 언급하였듯이 이 견해에 반대하는 이들도 있다. 콜린스Collins, 버그Berg와 같은 학력주의자들은 학교에서 배우는 것과 직업에서 필요한 것은 연관성이 거의 없다고 주장한다. 다른 이들도 초등교육수준 이상의 정규교육이 경제성장과 밀접한 관련이 있다는 주장에는 크게 동의하지 않는다.

사회학자 샤봇Chabbott과 라미레즈Ramirez는 "교육과 경제발전의 상호효과(2000)" 검토를 통해 두 가지 입장 간의 모순을 해결하는 데 도움을 주었다. 그들은 학력주의와 실력주의 간의 인과관계 메커니즘이 아직 정리되지는 않았지만, 개인 차원에서 교육과 경제적 성공은 상관관계가 있음을 인정하였다. 이들은 사회적 차원에서의 교육과 일의 상관관계에 대해 더 많은 관심을 가졌으며, "총체적인 차원에서 교육이 경제발전에 미치는 효과는 모호하다"고 결론지으면서(p.163) 그 모호성을 파악하는데 노력하고 있다.

연구 결과, 교육과 일은 사회적 차원에서 수많은 방식으로 연관성이 있다. 이를테면, 초등학교 입학률 향상이 경제발전에 미치는 영향은 중등교육 확대의 영향과는 다른 방식으로 이루어진다. 마찬가지로 고등교육 팽창의 영향도 다르게 이루어진다. 특히 샤봇과 라미레즈(p.166)는 "초등 및 중등교육이 고등교육보다 경제발전에 더 강력한 영향을 미친다"고 결론지었다. 또한 "학교교육 확대의 경제적 효과는 가난한 나라에서 더 강력하게 나타나는 듯하다"고 덧붙였다(월터스Walters와 루빈슨Rubinson(1983)도 미국의 각 주별 차이를 검토한 결과 비슷한 결론을 내렸다). 나아가 특정 교육방식은 다른 교육방식보다 경제발전에 대한 기여도가 더 크다. 직업교육은 인문교육보다 훨씬 "보상이 크다." 마찬가지로 "과학, 공학 학생 수 증가는 경제발전에 긍정적 영향을 미친다"(Chabbott & Ramirez 2000, p.167).

바로Barro(1991)는 학교교육과 경제성장의 관계를 좀 더 구체적으로 연구하였다. 그는 1960년부터 1985년까지 98개국 표본을 조사한 결과, 경제성장은 교육 확대의 결과라기보다는 사회 내 인적자본의 초기 수준 (1960년 취학률 측정)에서 비롯된 결과물이라고 하였다. 간단히 말하자면, 교육받은 사람이 많을수록 경제성장이 촉진된다는 것이다. 바로는 빈국이 부국을 따라잡는 유일한 방법은 GDP 대비 인적자본을 풍부하게 하는 것 이라고 제안하였다(Romer, 1990; Block, 1990, pp.176ff 참조).

이러한 주장에서 어떤 결론을 도출할 수 있는가? 분명한 것은 교육받은 노동력을 가진 사회가 경제성장의 토대가 되는 인적자본을 많이 가지게 되며, 교육받은 사람이 적은 사회는 그렇지 못하다는 것이다. 어떠한 수준과 유형의 교육이 가장 효과적인가의 문제는 시대와 사회별로 다르다. 예를 들어, 골딘(1998a)이 주장한 것과 같이 문해율과 수리력이 높아지면서 산업시대가 도래하였다. 그러나 후기 산업시대는 중등 이후 교육 과정에서 제공되는 대인관계 및 소형전자 관련 기술의 확산에 의해 움직일 것이라는 주장도 가능하다. 어떻든 경제성장이 교육받은 노동력에 의존한다는 사실에는 의심의 여지가 없는 듯하다.

직업 간 이동

산업 간 폭넓은 직업이동은 후기 산업사회의 기본적인 특징이다. 산업 내의 동향도 주목할 필요가 있다. 예를 들어, 제조산업 내에서도 많은 사람들이 제조직 이외의 일을 하고 있다. 다시 말해, 이제 사무직은 서비스 산업만큼이나 물품제조 산업의 특징이 된 것이다. 이해를 돕기 위해 직업 간 이동을 살펴보도록 하자.

주요 동향은 명확하다. 첫째로 〈표 5.1〉에서 보듯이 미국 근로자들은 이미 오래전 농업을 떠났다. 1900년에는 노동력의 1/3 이상이 농부, 농장주, 혹은 농노와 감독관이었다. 1970년에 이르러서 이는 약 3%로 감소하였고, 여전히 이 수준에서 머물고 있다.

미국 근로자들은 단순 노무직에서도 이탈하고 있다. 비숙련공의 비중은 점차 줄어들어 1900년 급속한 산업화 당시 약 1/8 수준에서 1990년 후기 산업사회에서는 약 1/25로 감소하였다. 1900년 단순노무직으로 분류되던 이들은 전체 노동력 중 비숙련공만을 의미하는 것은 아니었다 (Goldin, 1998a). 특히 제조업, 수송업 부문에서 요구되는 기술수준은 직업과 상관없이 일반적으로 낮았다.

　　"수공업 및 서비스 근로자" 범주로부터의 전반적인 이동 현상보다는 해당 범주 내에서의 이동이 보다 급격했다. 수공업 근로자 비율의 본격적인 감소는 제2차 세계대전 이후에 시작되었고, 특히 1980년대 급격히 감소가 되었다. 이는 "화이트칼라" 직업군으로의 이동과 맞물려 발생하였다. 혹자는 이를 "사무실 경제"로의 이행 또는 지식산업으로의 이행이라고 명명할 수도 있을 것이다. 그러나 이러한 변화의 정도는 매우 두드러졌다. 1900년 미국 근로자 중 약 1/6이 화이트칼라 직업에 속했던 반면 (〈표 5.1〉 참조), 1980년에는 그 수치가 절반 이상으로 늘어났다. 물론 화이트칼라의 범주가 동질적이지는 않다. 화이트칼라 노동자들도 블루칼라 노동자들만큼이나 손을 사용하여 일하고, 도구나 기계를 만지며 일하는 과정에서 지저분해지기도 한다(Barley, 1992). 더욱더 폭넓은 주제는 계속해서 증가하고 있는 노동력의 "기술화technization"가 될 것이다.

　　위에서 언급한 더 폭넓은 이동에 있어서 가장 놀라운 점은 "전문, 기술, 관리직PTM"으로의 이행이다. 이 직업들은 다양한 범주를 포괄하며 여러 측면에서 후기 산업주의를 상징한다. PTM 직업으로의 이동 속도는 시간에 따라 다르게 나타나지만 전반적인 변화 추세는 분명하다. 예를 들어, 1900년부터 1970년까지는 관리직 인력 증가율이 상대적으로 높지 않았다.

　　최근의 하락추세에도 불구하고 상대적으로 가장 큰 증가를 보인 분야는 사무직이었으며, 여기서 가장 큰 효용은 여성에게 돌아갔다. 서비스 직업군 내에서 개인 가사 관련 서비스가 "기타 서비스"로 이동되었다는 것이다.

여성의 특정 유형의 직업 이동은 보다 면밀한 관찰을 요한다. 벨(1999)은 후기 산업사회에서 여성에게 주어지는 경제적 기회가 증가할 것이라고 지적했다. 산업노동과는 달리 "지식노동"은 특정 성별을 선호하는 물리적 장벽이 낮기 때문이다. 따라서 다른 모든 조건들이 동일하다고 할 때 후기 산업사회에서 여성의 고용은 증가하게 된다.

앞 장에서 미국 노동시장에서 여성의 지위향상에 대한 근거를 제시한바 있다. 이는 여성 노동참여율 증가에서 알 수 있다. 극적인 변화 중 하나는 여성 노동력의 경제참여율이 1968년 41.6%에서 1998년 59.8%로 가파르게 상승했다는 점이다. 또한 여성이 참여하는 직업의 비율도 37.1%에서 46.4%로 높아졌다(U.S. Department of Labor. 1999, p.46, 주석). 관련된 상세자료는 여기서 제시하지 않겠지만 여성은 직업적 지위 및 수입 측면에서도 상당한 효용을 얻었다(Fullerton, 1999; Bowler, 1999; US Department of Labor, 2001).

이러한 일반적 동향을 통해 우리는 '교육과 일'에 관한 중요한 시각을 발견하게 된다. 먼저 지난 몇 년간 여성 근로자의 급여 증가율은 모든 교육수준에서 남성 근로자의 급여 증가율을 압도하였다. 교육수준이 낮은 여성과 높은 여성 모두 교육받은 남성에 비해 지위가 향상되었다. 여성이 객관적으로 남성보다 업무를 "잘" 수행했기 때문이라는 것은 부분적인 이유에 지나지 않는다. 남성의 소득은 지난 30년간 비교적 정체되어 있었다. 따라서 여성의 두드러진 성장의 대부분은 거의 모든 교육수준의 남성 근로자에서 나타나는 지위하락과 연관되어 있는 것이다.

후기 산업사회에서 여성인력이 큰 성장을 했지만, 후기 산업사회의 변화를 통해 남성과 여성이 동등한 혜택을 받았는가에 대해서는 의심의 여지가 있다. 에스핑-엔더슨Esping-Anderson(1999)에 따르면, 많은 유럽 국가에서 후기 산업화는 여성의 직업과 가사 간의 어려운 타협을 강요받았다. 또한 그는 경쟁이 증가하는 상황에서 여성이 위험을 더 많이 부담하는 방식으로 이러한 타협이 이루어졌다고 덧붙인다.

파우튼Fountain(2000) 역시 후기 산업주의가 여성에게 제공하는 경제기회 향상에 대해 의문을 제기한다. 그는 가장 본질적으로 후기 산업사회의 성격을 띠는 지위, 즉 "정보기술 설계역할"이라고 특징지을 수 있는 업무에서 여성의 부재에 주목한다. 1995년 미국 컴퓨터 과학자, 컴퓨터 시스템 분석가 또는 컴퓨터 프로그래머 중 여성의 비율은 30% 미만이었다(이들 직업은 1980년대 들어서 성별 불균형이 보다 완화되었다. Wright & Jacobs, 1994 참조). 여성이 영향력 있는 직종에 진출하지 않는 한 이들의 후기 산업사회 참여는 제한적이라고 밖에 할 수 없다.

노동력 전망

이제까지 제시된 산업별, 직업별 추이는 서비스 지향적인 지식기반 미국 사회를 나타내고 있다. 이러한 추세가 지속될 것인가? 이에 답하기 위해서는 전망을 살펴보아야 한다. 이를 위해 미국 노동통계청BLS 자료를 검토하도록 하자.

미 노동부 산하기관인 BLS는 2년마다 노동력 전망자료를 발표하는데, 이는 향후 10년을 내다보는 전망치이다. 이러한 전망의 방법론에 대한 구체적인 논의는 생략하기로 한다. BLS는 인구조사통계국Bureau of Census이 제공하는 인구전망과 자체적으로 산출한 노동 참여율을 조합한다. 이러한 노동력 전망은 정기적으로 실제 수치와 비교하여 평가된다. BLS의 가장 최근 전망자료(2010년 전망)는 노동월보Monthly Labor Review 2001년 11월호에 게재되었다. 초기 노동력 전망 보고서 형식과 마찬가지로 2010년 전망자료도 경제, 노동력, 산업별 고용률, 직업별 고용률 등의 장으로 이루어져 있으며, 136개의 연령별, 성별, 인종별, 또는 히스패닉계 그룹별로 각각의 장이 구성된다.

이 모든 자료에 근거할 때, 후기 산업주의로의 이행 흐름은 계속될 것이다. 버만Berman(2001, p.40)의 지적대로 "1990~2000년 흐름이 지속되면서 거의 모든 비농업 급여노동의 성장은 서비스 부문에 의해 발생될 것이다." 향후 몇 십년간 물품제조 부문의 일자리가 증가할 것으로 예상되지만, 증가율은 낮을 것이다. 앞서 제시했던 연구내용과 일관되게 물품제조 부문은 서비스 대비 산출물 비율을 유지할 것이다. 서비스 생산 부문 내에서는 서비스 산업 분야, 특히 사업 서비스 및 보건/건강 분야가 가장 빠르게 성장할 것이며, 2위는 소매 분야가 차지할 것이다. 서비스 산업 분야는 비율과 절대 규모 모두에서 빠르게 성장할 것이다. 비율과 절대 규모의 구분은 매우 중요하다. 비율면에서 급성장하는 소규모 산업에서는 새롭게 생겨나는 일자리 수가 상대적으로 적을 것이다. 반대로, 대규모 산업은 성장 속도는 느리지만 더 많은 일자리를 창출할 수 있다.

BLS의 직업 전망을 다시 살펴보면, 두 개의 직업군에서 가장 빠른 성장이 기대되는데(Hecker, 2001), 이는 전문직 및 관련 직종과 서비스직이다. 이 전망치는 비율 변화와 신규직업의 수를 반영하고 있다. 여기서 중요한 것은 두 직업이 교육과 수입분포의 양극단에 위치하고 있다는 것이다. 즉, 전문직은 폭넓은 교육 준비과정을 요구하고 보상도 큰 반면, 서비스직은 요구되는 학력도 낮고 상응되는 보상도 낮은 편이다.

가장 느린 성장이 예상되는 직업군도 있는데, 사무직 및 행정지원직, 생산직, 농업, 어업, 임업이 이에 해당된다. 종합하면 2010년까지 변화는 완만하게 이루어질 것이다. 이러한 변화에 따라 직업군의 상대적 규모는 소폭 변화하겠지만 고용비율 순위는 변화하지 않을 것이다.

이러한 노동력 전망이 교육과 일의 관계에 있어서는 어떤 의미를 지니는가? 해커Hecker의 논문 제목과 같이 "중등 이후 직업교육 또는 학위를 요구하는 직종의 비율은 2000년 29%에서 2010년 42%로 증가할 것이다"(p.57). 이는 정확한 예측이지만 신중한 해석이 필요하다. 해커Hecker(p.57)는 다음과 같이 기술하고 있다.

평균적으로 중등 이후 교육(직업자격증, 고등교육 학위 등)을 요구하는 직업이 그렇지 않은 직업보다 빠른 성장률을 보일 것으로 예상되지만, 경제는 교육 및 훈련 수준에 상관없이 모든 근로자들에게 일자리를 제공할 것이다. 그러나 새로운 일자리는 비록 성장 속도는 느리지만 일과 관련된 훈련(현장훈련 또는 관련 직종 경력)만을 요구하는 직업에서 생겨나게 될 것이다. 이는 이들 직업의 비율이 2000년 70%를 차지했다는 사실에서 잘 알 수 있다.

위의 내용이 의미하는 바는 노동시장 참가자들이 계속해서 고등기술(또는 정규 고등교육 학력/학위)의 습득에 대한 압력을 받을 것이라는 것이다. 다시 말해 시장성 있는 기술을 제공하지 못하는 대가는 더욱 커질 것이라는 것이다.

직업전망은 유용한 자료이다. 이를 통해 분석가 및 기획가들은 부문별 수급상황을 예측할 수 있고, 프로그램을 설계하며 산업 간, 직업 간 이동에 따른 충격을 완화할 수 있는 정보 및 인센티브를 제공할 수 있기 때문이다. 이는 사회과학자들의 이론적, 경험적 추론의 근거가 될 수 있다. 그럼에도 불구하고 모든 전망은 한계를 가질 수밖에 없다. 베일리Bailey(1991)는 직업전망 자료의 두 가지 중요한 특징을 지적하면서, 이로 인해 상이한 교육수준의 근로자들에 대한 수요변화를 이해하는 데 한계가 있음을 주장한다. 첫째, 전망자료는 특정 산업 내에서 발생하는 직업이동에 대해 충분히 주목하지 않고 있다. 즉, 어떤 사람들이 종사하며 어떤 일을 하는지 등은 시간이 지남에 따라 변화할 수 있다. 둘째, 특정 직업 내에서 일의 내용은 시간이 지남에 따라 변화할 수 있다(1991, p.13). 한 산업의 직업적 구성이 바뀌지 않더라도 특정 직업 종사자들에 의해 수행되는 일의 종류가 바뀔 수 있다. 대부분의 전망자료는 이러한 변화 또는 변화 가능성을 충분히 포착하지 못하고 있다.

위와 같은 비판에도 불구하고 베일리는 BLS 전망자료에서 약간 과소평가된 듯하지만 기술수준의 점진적 개선이 나타나고 있다고 언급하고 있다. 그는 전망자료를 해석하는 데 유의할 점이 있다고 지적하면서 영향력 있는 보고서(Workforce, 2000)를 통해 기술수준 개선 정도를 지나치게 과장했다고 지적했다. 베일리는 일터에서 예상되는 변화에 맞추어 교육이 어떻게 개혁될 것인가에 대해서는 전망자료가 상대적으로 알려주는 것이 없다고 지적한다. 따라서 미래 근로자들이 학교에서 보내야 하는 시간에 대해서만 주목하지 말고, 교육의 내용에 대해서 더 많은 관심을 가져야 할 것이다.

후기 산업주의의 구체적 특징과 교육과 일의 관계

1976년 「후기 산업사회의 도래The Coming of Post-Industrial Society」의 서문에서 벨은 후기 산업사회의 11가지 기본적 특징을 열거하였다. 그의 최신 저서에 근거하여 몇 가지를 더 추가할 수도 있을 것이다. 이 장의 나머지 부분에서는 벨이 언급한 특징을 출발점으로 사용하여 일과 교육의 관계를 심도 있게 살펴보고자 한다. 논의가 후기 산업주의 본질과는 상관없이 확장될 수도 있겠지만, 주로 학교와 일터에 초점이 맞추어 질 것이다.

이론적 지식의 중요성

후기 산업사회는 지식기반사회, 즉 "사실 또는 생각의 조직화된 명제로부터 합리적인 판단 또는 실험적 결과가 제시되며, 이것이 어떠한 체계적 형태의 의사소통 매체를 통하여 타인에게 전달되는" 사회이다(Bell, 1999, p.175). 물론 모든 사회가 지식의 접근과 관리에 의존하지만, 후기 산업사회는 이론적 지식을 중심으로 사회가 조직되는 점에 있어 차별성이 있다. 전례 없이 후기 산업사회는 "사회적 통제와 혁신과 변화의 지시"를 위해 지식을 사용한다(1999, p.20). 따라서 지식을 중심으로 한 후기 산업사회의 조직은 "정치적으로 관리되어야 하는 새로운 사회적 관계와 새로운 구조를 탄생시킨다"(1999, p.20).

후기 산업주의에서 이론적 지식의 지배는 산업사회를 정의했던 지식의 유형이 달라진다는 것을 의미한다. 이론적 지식이란 과연 무엇인가? 벨에 따르면 이론적 지식은 "경험 대비 이론의 우위, 그리고 상이하고 다양한 경험을 설명하는 데 사용될 수 있는 추상적인 상징체계로서의 지식의 암호화"라고 할 수 있다(1998, p.20). 예를 들면, 우리는 교각의 강도를 알기 위해 어떤 교각이 무너지고 어떤 교각이 무너지지 않는가를 관찰하지 않는다. 오히려 모든 기상, 중량, 스트레스 상황 하에서 가상의 교각에 대해 정교한 컴퓨터 시뮬레이션을 시행한다. 간단히 말해서, 사회가 미래에 대해 기대하고 계획하는 근본적인 방법으로서 추상적이고, 일반화 가능한 지식이 실용적이고 맥락적인 지식을 대체하게 된 것이다(Frenkel et al., 1999). 후기 산업사회에서 가장 중요한 지식유형의 특성이 변화한다는 증거로서 벨은 "과학의 급격한 성장 및 확장, 새로운 지적 기술의 등장, R&D 예산을 통한 체계적 연구조사, 그리고 이 모든 것의 기본이 되는 이론적 지식의 체계화"를 들고 있다(p.44). 컴퓨터, 마이크로 전자학, 광학섬유 등 과학의 성장이 그 예가 될 수 있다.

후기 산업사회를 규정하는 데 있어서 이론적 지식의 우월성은 재화에서 서비스로의 전환, 일터의 컴퓨터화, 또는 실력주의 선택 경향 등보다 더 비중이 크다. 후기 산업사회에서는 더욱더 많은 근로자들이 복잡한 기술을 습득하여야 성공할 수 있게 된다. 그러나 미래 근로자가 이론적 지식을 갖춤으로써 후기 산업사회 일터를 준비할 수 있다는 데는 의심의 여지가 많다. 사회학자들은 일터에서 상이한 유형의 지식이 상황별로 어떻게 활용되는지 알게 되었다. 즉, 실제 작업환경에서는 이론적 지식과 맥락적 지식 간의 차이가 없어지는 경우가 많다. 미래 근로자들에게 이론적 지식만을 제공하는 것은 오히려 비생산적일 수 있다. 몇 가지 예를 통해 설명하도록 하겠다.

「전문직의 체계: 전문가 노동분업에 관한 에세이The System of Profession: An Essay on the Division of Expert Labor」(1988, pp.52-7)에서 앤드류 애보트Andrew Abbott는 전문적 또는 직업적 지식이 아무리 추상적이고 정교해도 그 지식의 활용과 별개로 존재할 수는 없다고 주장한다. 다시 말해 애보트는 전문적 지식을 "활용되는 지식"으로 보기를 원했던 것이다. 이 관점에서 보았을 때 모든 지식은 불가피하게 응용되는 지식이며 추상적인 "이론적 지식"은 상상하기 어렵다. 그는 각 직업이 추상적인 지식 체계를 가지고 있고 이를 통해 구체적인 문제에 대해 해결책을 도출하지만 "이러한 완성된 추상적 지식 체계는 교과서 세계에만 존재할 뿐"이라고 지적한다(p.56).

애보트의 주장이 옳다면, 사회가 가장 의존하는 지식의 종류에 있어서의 균열은 후기 산업주의 이론이 제시하는 것보다 덜 결정적일 수 있다. 애보트에게 있어서 산업주의와 후기 산업주의는 모두 근로자들이 실제 직업환경에서 추상적 또는 구체적 지식을 적용하는 방법에 기초하고 있기 때문이다. 활용되지 않는 지식은 가치가 없다는 사실을 인정하지 않는 후기 산업사회의 교육제도는 이론적 지식이 제공할 수 있는 효용을 잃을 수 있다.

발리Barley(1996) 또한 후기 산업사회에서 지식의 역할에 대한 유용한 고찰을 제공하였다. 그는 후기 산업사회에서 실제 "일work"(산업사회와 후기 산업사회를 차별화하는 활동)은 다양하고 방대한 범주의 "기술자technician"에 의해 대부분 수행된다고 보았다(Orr, 1996). 그는 여러 측면에서 기술자들이 후기 산업사회에서의 일의 표본이라고 주장하였다. 여기에서 "기술자들은 무슨 일을 하고 무엇을 아는가?"라는 질문이 이어진다.

실제로 기술자들은 상당히 많은 일을 수행한다. 미 통계국은 "회계"와 "우주항공" 직업에서부터 "정신건강"과 "마이크로 필름", 그리고 "호흡치료", "모래", "X-레이"에 이르는 기술자들을 분류하고 있다. 직업의 범주가 크지는 않지만, 기술자들은 급속한 속도로 성장하고 있다. 숫자보다 더 중요한 것은 후기 산업사회 일의 조직에 있어서 기술자들의 전략적 중요성이다.

또한 기술자들은 많은 지식을 가지고 있다. 이 지식은 벨이 언급했던 이론적 지식을 넘어선다. 발리는 기술자들이 학교에서 학습하는 내용(흥미롭게도 이는 보통 "교육"이 아니라 "훈련"이라고 불린다)과 현재 일터에서 요구되는 내용 간의 연계에 대해 기술하고 있다. 졸업장이 요구되는 경우도 많지만 놀라울 정도로 많은 기술자들이 정규교육을 받지 못하였다. 많은 기술자들이 훈련받지 못했을 뿐 아니라 "우리가 만난 기술자들의 거의 모두가 학력을 중요하게 생각하지 않았다"(p.424).

후기 산업사회 일의 표본이라고 할 수 있는 기술자들이 교육과 일의 연계 필요성을 별로 인식하지 않는다면, 복잡하고 어려운 자신들의 직무를 수행할 수 있는 능력은 어디에서 온다고 설명할 것인가? 발리는 "기술자들은 경험이 정규교육보다 중요하다고 인식한다. 그 이유 중 하나는 기술과 기법이 매우 빠른 속도로 변하기 때문에 이러한 내용이 학교교실에까지 전달되었을 때쯤에는 이미 구식이 되어 있기 때문이다. 더구나 지식은 어떤 실제적인 문제의 맥락에서야 비로소 실천성을 띠기 때문이다"(p.425)라고 말한다. 다시 말해 기술자들은 문제를 해결해야 하고, 비정상적인 상황에 부딪히고, 어렵게 얻은 교훈을 새로운 상황에 적용해야 하는 구체적인 상황들을 통해 더 많은 것을 배운다고 생각한다. 벨과 같이 발리는 형식적 지식과 맥락적 지식을 구별하였지만, 벨과는 달리 후기 산업사회에서 맥락적 지식의 영속성을 주장하였다.

여기서 애보트와 발리의 이론에 대해 길게 설명한 이유는 후기 산업사회에서 교육과 일의 관계에 대해 깊이 있는 통찰을 제공하기 때문이다. 이들은 이론적 지식이 후기 산업사회에서 중추적 역할을 담당한다는 것을 부인하지 않는다. 세계를 이해하기 위한 신뢰할 수 있고 포괄적인 방법은 분명히 위대하기 때문이다. 그러나 이들은 학교교육과 이론적 지식, 그리고 새롭게 등장하는 일터 사이의 관계를 지나치게 확대하는 것을 경계한다. 후기 산업사회의 일터는 다양한 기술, 역량, 성향 등을 요구한다.

따라서 이들 요소와 교육 체계와의 관계는 후기 산업사회의 핵심 문제로 대두된다.

새로운 지적공학의 창조

애보트와 발리의 우려에도 불구하고 후기 산업주의에서 이론적 지식의 중요성은 더욱 커지고 있다. 여기에서 후기 산업사회가 이론적 지식을 운영, 관리하기 위해 어떤 종류의 "도구"를 사용해야 하는가의 문제가 대두된다. 산업사회에서 선반, 프레스, 굴착기 등의 기계기술이 요구되었던 것처럼 후기 산업사회에서는 특정 유형의 기술이 요구되는데, 벨은 이를 지적공학Intellectual Technology이라고 정의하였다.

"공학" 또한 사회학에서 논쟁의 대상이 되는 개념 중 하나이다(Liker et al., 1999). 오리코프스키Orlikowski(1992, p.398)에 따르면 "공학의 정의와 측정에 대해서는 도출된 합의가 거의 없다. 조직 업무에 있어서 공학의 구체적인 역할에 대한 설득력 있는 근거도 존재하지 않는다". "공학"이라는 용어는 종종 "정보공학" 또는 "마이크로 전자공학"과 대체될 수 있는 것으로 인식된다. 그러나 엔지니어 헨리 페트로스키Henry Petroski(1992)가 주장했듯이 공학은 그보다 폭넓은 것이다. 하나의 연필은 컴퓨터만큼이나 상당히 정교한 공학을 필요로 한다. 인지과학자 도널드 노먼Donald Norman의 이론을 조금 고쳐 말하자면, 공학은 "우리를 영리하게 만드는 것"이라고 할 수 있다(Norman, 1993).

공학은 기계, 도구 등의 하드웨어 뿐 아니라 사회공학도 포함한다 (Orlikowski 1992). 즉, "사물"과 사람이 "사회공학적 시스템"으로 조직되는 방식도 사물 자체만큼이나 중요하다는 것이다. 이러한 사회공학에는 조직 관행, 관리기법, 작업 조직화 방식 등이 포함된다. 경직되고 격식화된 테일러주의 및 포드주의적 일터로부터 "후기" 양식으로의 전환은 증기에서 원자력으로의 전환만큼이나 중요하다.

그러나 후기 산업주의에 있어서 가장 핵심적인 공학유형은 일반적으로 컴퓨터와 마이크로 전자공학에 기반하고 있다고 여겨지는 공학이다. 지적공학의 한 예로 경제측정학econometrics이 있다. 경제측정학에는 광범위한 지적활동이 포함되지만 폴 사뮤엘슨Paul Samuelson과 그의 동료들(1954)은 이를 "적절한 추론에 의한 이론과 관찰을 동시에 기반으로 하여 실제 경제현상을 정량적으로 분석"하는 것이라고 간결하게 표현하였다. 고성능 컴퓨터의 발전에 따라 경제측정학은 현대 경제 운용에서 중요성을 갖는 경제 전망과 시뮬레이션 개발을 촉진한다.

교육과 일의 관계에 관련된 또 다른 예는 심리측정학psychometrics이다. 심리측정학은 인지적, 비인지적 능력 및 성과를 측정하는 것이다. 미국 교육제도에서 표준화된 검사는 오랜 역사와 고유영역을 확보하고 있다. K-12학년에 걸쳐 학생들은 다양한 평가를 정기적으로 받는다(예, Iowa Test of Basic Skills, Iowa Test of Educational Development 등). ETS가 제공하는 표준화성취도 검사Standardized Achievement Test, SAT와 ACT구 American College Testing Program의 미국대학시험American College Test은 미국 전역에 걸쳐 대학입학 시험으로 제도화되었다. 표준화된 시험은 교육 시스템 내에서 학생들의 진로와 관련이 있으며, 직접적이지는 않아도, 직업적 위계와 관련이 된다.

후기 산업주의를 지지하는 지적공학의 한 예로서 표준화된 시험이 교육과 일의 관계에 직접적으로 연관되는 정도가 점차 증가하고 있다. ACT에서 개발한 핵심직무능력Work Keys 평가가 그 예가 될 수 있는데, ACT는 이를 취업가능성을 평가하기 위한 수단을 제공함으로써 "인력개발"을 지원하는 프로그램이라고 설명한다. 핵심직무능력 평가도구의 개발은 ACT에 의해 인증된 프로파일러 또는 훈련된 직원들에 의해 수행되는 직무분류에서 시작되는 복잡한 과정을 거치게 된다. ACT는 5,500개 이상의 고유직무를 분류하였다. 이러한 상세한 분류 작업 후 몇 가지 직무 기술 유형에 대한 평가가 이루어진다. 여기에는 응용수학, 응용기술, 듣기, 정보찾기, 관찰, 정보검색을 위한 읽기, 팀워크, 글쓰기 등이 포함된다. ACT

는 기본 컴퓨터 기술, 이해를 위한 듣기, 직무습관 등 고용주가 중요시한 다고 판단되는 기타 직무 기술의 평가를 개발하고 있다.

다수의 고용주는 고용 결정 시 사용하는 여러 가지 기준의 하나로 기 술평가를 활용하는 데 상당히 수용적이다(Holland, 2001). 홀란드의 연구 에서 일부 고용주들은 핵심직무능력 평가를 사용하여 훈련기회를 분배하 였으며, 심지어 승진 결정에도 활용하는 방안을 고려하기도 하였다. 일부 고용주들은 표준화된 평가를 외부기관(특히 EEOC 고용평등기회위원회)에게 자신의 고용관행이 공정하고 중립적이라는 점을 설득시키기 위한 방편으 로 보았다.

앞 장에서 고용주가 학력에 기반하여 취업 지원자를 선별하는 것에 대 해 언급한 바 있다. 다시 강조하지만 이는 고용주들이 지원자들의 직무수 행을 관찰할 수 있는 기회가 없기 때문이며, 졸업장을 통해 고용주들은 이들의 직무수행력에 대해 일종의 예측을 할 수 있기 때문이다. 즉, 고용 주에게 있어서 학력은 불완전한 노동시장 정보의 문제를 해결하는 방법 이 되는 것이다.

졸업장은 고용주에게 있어서 값싼 신호인데 반해 구직자에게 있어서 는 값비싼 것이 된다. 사회적 차원에서 교육 인프라와 제도를 구축하고 유지하여 매년 수백만 명에게 졸업장을 제공하는 것은 많은 비용을 필요 로 한다. 효율성을 중시하는 많은 학자들은 더 나은 방법을 고민하였다. 일부 학자들은 왜 고용주들이 졸업장보다 효율적인 평가방법을 마련하며 정보비용을 최소화하지 않는지에 대한 질문을 던졌다. 특히 왜 미국 고용 주들은 다른 나라 고용주들과 달리 표준화된 시험을 채택하지 않는가 하 는 질문을 던졌다. 대부분의 경우 검사는 하나의 장식으로서 제공된다. 사실 가장 합리적인 노동경제학자들도 ETS에 대응되는 수준의 대안적 검 사가 나올 수 있다고 기대하지 않는 듯하다(Altonji & Pierret, 1997, p.26).

그러나 여전히 후기 산업사회의 지적공학이 계속해서 진화함에 따라 효율성 및 측정 가능성에 대한 요구에 의해 졸업장보다 직접적인 선발장치가 나올 수도 있다. 학교교육 및 인증의 고비용에 대한 답으로써 핵심 직무능력 평가가 아니더라도, 직접적 선발장치는 졸업장에 대한 고용주들의 지속적인 의존에 대한 도전이다. 만약 후기 산업주의의 지적공학을 통해 직접적으로 "정보해독력"을 평가할 수 있다면, 고용주들이 정보해독력의 신호로서 굳이 학교교육을 신뢰해야 할 이유는 없지 않은가?

지식계급의 확산

만약 후기 산업사회에서 이론적 지식과 그에 수반되는 지적공학의 중요도가 더욱 증가한다면, 자원에 접근하고 통제할 수 있는 이들은 사회적 우위를 확보하게 된다. 이는 귀속에서 성취로의 이행을 보여주는 신호라고 할 수 있다. 그러나 이는 실력주의적 요소에서 또 다른 요소로의 전환을 알리는 신호가 되기도 한다. 즉, 지식사회에서 산업자원의 통제권을 확보했던 경제적 엘리트 집단은 주요 기술에의 접근을 확보한 이들에게 자리를 넘겨주게 될 것이다. 이러한 "지식계급" 또는 (벨 자신도 "혼란스러운 개념"이라고 불렀던) "신계급"으로의 전환(Gouldner, 1979)은 고통스럽지만 평화로운 특권의 이양을 의미한다. "신계급"(Bell, 1999, p.344)에 대한 논쟁보다 중요한 것은 지난 수 백 년 역사에서 지배적 인물들이 기업가, 사업가, 산업 전문가였다면, '신인류new men'는 과학자, 수학자, 경제학자, 그리고 새로운 지적공학 기술자라는 주장이다"(Bell, 1999, p.344).

지식계층 확산의 가장 중요한 증거는 미국 직업구조에서 발생한 변화라고 할 수 있을 것이다. 이 장 서두에서 특정 직업에서 다른 직업으로의 장기적이고 광범위한 이동을 살펴본 바 있다. 미국 근로자들은 몇 십 년 전과 비교하여 상이한 직업들에 종사하고 있다. 물론 직업 분류 체계는 명료한 도구가 아니며, 한 직업에서 다른 직업으로의 이동 자체로 사람들이 직업 현장에서 실제로 수행하는 활동의 변화 내용을 구체적으로 알 수 없다. 직업 분류 내에서도 시간에 따라 변화가 생긴다.

1950년부터 1990년 사이의 직업분포 변화와 관련하여 차프란Szafran (1996)은 이러한 변화가 "노동자들이 직면하는 특정 유형의 업무 빈도"에 대해 어떤 의미를 갖는지 질문하였다. 차프란은 다양한 "작업work tasks" 지수를 사용하여 광범위한 직업 분류상에서 일의 성격 변화에 대해 조사하였다. 그는 PTM 직업의 확대 결과로 작업에 있어서 흥미로운 이동 패턴이 생겼다고 지적하였다. 특히, 일의 "복잡성"과 "사회적 상호작용"의 수준은 1950년 이후 1990년까지 10년 단위로 계속하여 증가하였다. 동시에 "총 동력기술"의 빈도는 10년 단위로 감소하였다. "정교한 동력기술"은 1960년대, 그리고 "열악한 환경조건"은 1980년대 안정적으로 나타났지만 일반적인 추세를 보면 둘 다 감소하였다. 차프란의 결과는 후기 산업사회의 일터에서 사회적 상호작용과 정보처리가 육체적 힘 또는 손재주보다 중요하게 다루어진다는 점을 명확하게 보여주고 있다.

차프란의 분석은 "지식업무knowledge work"로의 광범위한 이동에 대한 보다 구체적인 근거를 제공하고 있다. 이 근거가 사회적 결정을 계획, 통제하는 기술적, 전문적으로 훈련받은 강력한 엘리트층의 등장을 의미하는지 여부는 별개의 문제로 남겨두도록 하자. 사실 이에 대한 증거는 충분하지 않다(Brint, 1994). 논의에 있어서 중요한 점은 지식계층이 학력을 갖춘 계층이라는 것이다. 즉, "높은 교육수준은 지식계층의 가장 두드러진 특징이다"(Inozemtsev, 2001, p.127). 발리가 언급한 교육에 대해 무관심한 기술자들도 공식적 학력을 갖추어야 한다. 브린트Brint도 후기 산업사회 전문직들이 높은 교육수준의 결과로서 정치적 권력을 확보하지는 않겠지만, 학위는 해당 직업으로 진입하는데 전제조건이 된다는 점에 동의하였다. 학교교육과 지식계층 진입 간의 연계가 강화되었다는 점은 거의 의심할 여지가 없다.

많은 이들은 고등교육과 전문직 진입 간의 긴밀한 연계가 교육수준이 높은 이들에게 유리하게 작용한다고 지적한다. 리파티토Lipartito와 미란티 Miranti(1998)는 직업과 대학 간의 뒤엉킨 관계를 강조하면서도 전문가와 기업 간의 더욱 강화된 관계를 지적하였다. 민간 부문과의 연계로 인해 전문직의 권력이 축소된다고 주장한 일부 학자들(Abbott, 1988 등)과는 반대로 라파티토와 미란티는 오히려 권력이 강화된다고 하였다. 즉, 전문가들은 교육기관과의 강력한 관계를 활용하여 산업화 이전사회에서 산업사회로의 변환 과정에서 많은 엘리트 기술자들이 경험했던 프로레타리아화를 피할 수 있다는 것이다.

이에 동의하지 않는 학자들도 있다. 예를 들어, 클레인만kleinman과 발라스Vallas(2001)는 뛰어난 기술과 학력을 갖춘 이들도 후기 산업주의에서 혜택을 얻을 수 있다는 가능성에 대해 중요한 이견을 제시하였다. 이들은 "미묘한 파라독스"를 언급했다. 즉, "기업조직에서 더욱더 유연한 관행이 채택되고 업무가 기술적 전문성을 갖춘 과학자들에게 일임됨에 따라 민간산업의 과학자들의 자율성과 통제수준이 증가하는 경향"이 있는 반면, 대학에 있는 과학자들은 "학계 연구자들의 전통적인 자율성에 중대한 위협으로 작용하는 학교의 상업화 추세(p.451)"에 직면해 있다. 다시 말해 대학에서 과학자들이 누렸던 특권적 지위는 "학문의 산업화" 앞에서 잠식되었고, 반면 산업연구에서 민간 부문 과학자들의 제약적이었던 환경은 "대학화"되기 시작하였다.

클레이만과 발라스는 학문적 규범과 가치가 산업으로 진출하고, 동시에 산업적 규범과 가치가 대학과 학계로 들어가는 융합 현상이 일어나고 있다고 보았다. 이들은 이러한 융합의 최종 결과물이 무엇이 될지는 전혀 알 수 없으며, 단지 양측 모두 잃는 것과 얻는 것이 있을 것이라고 하였다. 이는 학계와 산업계 모두 이원성이 증대될 것을 의미한다. 즉, 대학에서는 엘리트 정년제 교수와 비상근 외래교수를 함께 고용하게 될 것이며, 민간 부문에서도 고학력 및 시장성 있는 과학자와 기술자들은 있지만 불안정한 임시직을 함께 고용하게 될 것이다. 클레이만과 발라스는 다소 비관적이지만, 역사적 기록에 근거하여 이러한 과정에서 산업적 관행이 궁극적으로 우세를 차지하게 될 것이라고 결론내리고 있다.

일의 성격 변화

후기 산업사회에서 일은 산업사회에서의 일과는 완전히 다른 특성을 갖는다. 산업화 이전사회와 산업사회에서 일은 사람과 자연, 사람과 기계 관계에 기반하였다. 이와는 달리 후기 산업사회에서 일은 본질적으로 사람과 사람 관계에 기반한다. 즉, 자연과 도구가 직업에 있어서 덜 중요하게 되었고, 일터에서 사람과 사람 간의 상호작용과 만남이 더욱 중요해졌다.

1장에서 "일"은 다양한 의미를 담고 있다고 언급되었다(Licht, 1988). 일부 엘리트 근로자들은 공동의 의사결정, 고임금, 그리고 만족스러운 일의 하이테크 세계로 이동하였다. 많은 일터에서 정교한 기술과 진보된 경영관행을 통해 "정보화"의 특성이 구현되었다. 또 다른 일터의 경우 후기 산업주의는 불확실성과 불안감을 증폭시키는 요인이었다. 특히 학력이 부족한 사람들은 희망이 없는 소외된 저임금 노동상황에 직면해있다. 일부 근로자들은 여전히 산업사회 공장과 다를 바 없는 열악한 환경에서 일하고 있다.

후기 산업사회의 광범위한 "일의 성격"에 대해 모든 것을 다룰 수 있는 방법은 없다. 나아가 광범위한 범주에 걸쳐 나타나는 다양한 교육과 일의 관계에 대해 다루는 것은 더욱 불가능하다. 따라서 여기서는 후기 산업사회 일의 새롭고 특징적인 부분에 대해 집중적으로 조명하는 전략을 택하도록 하겠다. 이를 위해 지식근로자에 관심을 가져야 하는데(Cortada, 1998; Kleinman & Vallas, 2001), 이들은 학력과 인지적 기술을 갖춘 개인들로서 정보 집약적 부문에 종사하는 사람들이다(Hage & Powers, 1992).

여기서는 후기 산업사회의 "승자"에 대해 초점을 두지만, 학력부족으로 인해 경제적으로 낙오된 이들에 대한 논의도 전개된다. 후기 산업사회가 일반적으로 특권화된 지식집약적 직업계층을 생산하기도 하지만, 저숙련 직업도 증가 혹은 유지된다. 후기 산업사회는 이처럼 양면성을 갖고 있는 것이다.

교육과 일

후기 산업사회에서의 변화에 대한 생각을 정리하는 데에는 여러 가지 방법이 있다. 사회학자 스테펀 발리Stephen Barley(1992, 1996)는 노동력의 "기술화"를 주요 경향으로 보았다. 그는 현대사회에서 일이 더욱 합리적이고 정보 지향적이 된다고 보았으며, 단순히 직업의 개편을 넘어 일의 성격 자체가 변화되었다고 주장한다.

발리에 따르면 현재 일어나는 일의 변화는 19세기 후반에서 20세기 초에 있었던 2차 산업혁명과는 근본적으로 다른 것이다. 현재의 기술변화, 특히 컴퓨터 기반 정보 기술은 대체 가능하거나 "이전 기술을 보다 효율적이고 효과적인 것으로 대체한 것" 이상이다(Barley, 1992, p.7; Meyer, 1995). 역사적으로 대부분의 기술변화는 대체 가능한 성격을 띠었다. 반면, 현재 우리가 경험하고 있는 기술변화는 근본적인 것으로서 인프라 구조적 변혁에 해당하는 것이고, "역사적으로 사회의 생산 체계의 초석을 형성하는 소수의 기술들"에 기반한 것이다. 따라서 현재의 기술변화는 기존 기술의 점진적 개선이라기보다는 증기기관의 등장에 비유하는 것이 나을 것이다. 컴퓨터는 단순히 효율적인 타자기가 아니며, 마찬가지로 전자 커뮤니케이션은 단순히 우편의 보다 빠른 이동수단이 아니다. 오히려 "컴퓨터 인프라의 잠재적 파생효과는 엄청나다"(Barley, 1992, p.8; 이와 연관된 일의 변화에 대한 논의는 Zuboff, 1984 "일터의 정보화"와 Cappelli et al., 1997 "일의 디지털화" 참조).

후기 산업주의에서는 직접적인 일 경험 뿐 아니라 일이 이루어지는 환경 또한 변화한다. 분석가들이 "새로운 세기의 유연한 회사"를 높은 성과, 유연한 전문화, 후기 포드주의, 진보성, 변화, 후기 테일러주의(Kalleberg, 2001)● 등 너무나 많은 방식으로 정의한 나머지 분류가 거의 불가능하다.

● 일터의 변화를 주제로 하는 기초 연구(이들 중 다수는 사회전반의 이슈를 고찰함)에는 Piore & Sabel(1984), Osterman(1994a, 1994b, 1995), Vallas(1999), Rothschild(2000), Miozzo & Ramirez(2000), Appelbaum et al.(2000), Eriksson(2001), Brown & Campbell(2002) 등의 연구가 포함된다.

여기서 궁극적으로 중요한 것은 관료주의적 대량생산이라는 "미국적 시스템"이 이제 수명을 다했다는 것이다. 표준화되고 상대적으로 저숙련 노동력으로 표준화된 제품을 생산했던 "대량생산" 모델은 오래된 것처럼 보이지만 실제로는 산업시대 후반 몇 십 년 동안만 유지되었다. 이제 이 모델은 고숙련, 지적 노동력이 유연하고 유동적인 작업환경에서 일하게 되는 "고성과 모델"로 대체될 것이다(Appelbaum & Batt, 1994; Bailey, 1995).

이러한 고성과 모델은 절충적 모델이지만 몇 가지 공통점을 가지고 있다. 고성과 조직은 일의 문제를 해결하는 과정으로 근로자들을 끌어들이도록 설계되었다. 또한 위계질서와 관료주의적 권한은 자율성 및 공동 의사결정으로 대체된다. 관리자들 뿐 아니라 근로자들도 조직목표와 우선순위에 대해 깊이 이해하게 되며, 이를 달성하기 위한 수단도 제공받게 된다. 고성과 조직의 목표는 직원들의 지속적인 훈련 및 개발이 된다.

고성과 모델이 미국 일터에 얼마만큼 깊숙이 침투했는지 진단하는 것은 어렵다. 오스터만Osterman(1994b)에 따르면, 놀랄 만큼 많은 수의 미국 회사들이 고성과 모델과 연관된 관행 중 적어도 일부를 채택하고 있다고 한다. 반면 폴러트Pollert(1998, p.281)는 오스터만의 연구를 "연구 르포르타쥬"와 "선진사례" 정책 사이에 위치한 "모호한 미래학"이라고 비판하였다. 그는 분석가들이 "유연한 회사"의 정도를 과장하였으며, 사실 "유연한 회사"란 "오래된 포도주를 새 병에 넣은 것"에 불과할 뿐이라고 지적하였다. 만약 그의 주장이 사실이라면, 일터에서 혁명적 변화인 듯한 것이 결국 아무것도 아닌 것으로 판정되는 여러 사례 중 하나가 될 것이다(Bernstein, 1997).

적어도 미국 일터에서의 고성과 회사의 지배력은 불완전하다(Koeber, 2001). 예를 들어, 베른하르트Bernhardt(1999)에 따르면 고성과 모델은 최대 고용 부문 중 하나인 소매 부문에서 흔히 채택되는 모델이 아니다. 소매 부문에서도 "좋은" 기업이 일부 존재하기는 하지만(Home Depot 등) 전반적인 일의 질은 열악하다. 월마트와 같은 회사의 경우, 조직적으로는 극도로 효율적일 수 있지만, 그것은 업무의 질을 희생한 대가라고 할 수 있

교육과 일

다. 마찬가지로 휴즈Hughes(1999)는 슈퍼마켓 산업에서의 업무의 질이 저하되었으며, 이는 타 부문에서 "진보적"이라고 여겨지는 조직적 변화가 슈퍼마켓 산업에서도 일어났기 때문이라고 지적하였다. 이에 반하는 추세도 있었지만(예를 들어, 휴즈가 조사했던 특정 회사의 경우, 기술 및 훈련의 증가로 근로자들이 혜택을 누렸다), 전반적인 경영관리 변화는 근로자들의 상황을 악화시켰다. 제조업의 소규모 기업의 경우에도 마찬가지 현상이 일어나고 있는 듯하다(Theodore & Weber, 2001).

일터의 변화에 관한 광범위한 논문들을 간략히 살펴보기만 해도 1960년대의 시 한 구절이 떠오른다. "여기 어떤 일이 생겼어요, 그게 무엇인지 명확하지는 않지만." 일터가 변화하는 방식에 관해서는 이미 많은 책이 쓰여졌지만, 나는 이 문제를 일과 교육의 관계에 관해서만 논의하고자 한다. 고성과 모델의 출현이 교육과 일의 관계와 어떤 연관성을 갖는가?

여기서 한 가지 질문이 있다. 이는 고성과 회사의 성장과 기술의 방향 및 분배의 관계에 관한 것이다. 앞서 우리는 교육수준이 높은 사회가 경제적으로도 더 생산적이라는 것을 살펴보았다. 개별 작업장에 대해서도 마찬가지의 논리가 적용되는 듯하다. 다시 말해서, 교육수준이 높은 직원들을 고용하고 고성과 구조와 프로세스를 통해 이들을 보다 효율적으로 활용하는 회사는 더욱 생산적이라는 것이다. 즉, 높은 교육수준의 근로자들을 고용하는 고용주들과 자사 근로자들의 인적자본에 더욱 많이 투자하는 고용주들은 그렇게 함으로써 더 많은 효용을 얻는다. 회사는 숙련된 근로자들을 선별하는 "구매buy" 전략과 이들에게 기술을 제공하는 "육성make" 전략에 대해 보상을 받는 것이다(Knoke & Janowie-Kurle, 1999).

이는 "정보" 근로자 뿐 아니라 여러 직업 위계에 걸쳐 해당된다. 블랙Black과 린치Lynch(1997)는 다양한 산업환경을 조사한 결과 "생산 근로자들의 평균 교육수준이 높을수록, 비관리직 근로자들 중 컴퓨터를 사용하는 이들의 비율이 클수록, 공장의 생산성이 높아진다"고 결론지었다(p.1). 게일Gale 등(2002)은 이와 유사하지만 더 구체적인 결과를 도출했는데 "현대 일터에서 요구하는 기술이란 과연 무엇인가?"(p.49)라는 단순한 질문에 대한 답으로 "고성과 일터는 보다 숙련된 기술 뿐 아니라 더 광범위한 기술을 요구한다"는 것을 발견하였다. 이러한 기술에는 문제 해결력, 인간관계/팀워크, 수학, 기초 독해력, 컴퓨터, 그리고 기타 기술적 능력이 포함된다. 이러한 기술에는 고성과 관행들이 다양한 방식으로 연관되어 있지만 "유연한 기술과 일—조직 관행의 활용도가 높을수록 위 6가지 기술 요구조건의 증대에 긍정적인 영향을 미친다"(p.75).

후기 산업사회에서 교육과 일

지금까지의 논의를 정리해보자. 폭넓게 말하면, 후기 산업주의는 사회를 효율화, 합리화하며, 이는 이론적 지식의 발전 및 확산에 의존한다. 이 추세는 기술화와 디지털화 과정, 즉 일이 점차 정보로 포화되는 현상을 통해 촉진된다. 그렇다고 일이 더 쉬워지고 인지적 요구수준이 낮아지거나 반대로 더 복잡해지고 어려워지는 것을 의미하지는 않는다. 그러나 전체적으로 볼 때, 후기 산업시대에서 성공적인 직무수행을 위해서는 산업시대에 비해 근로자들의 더 높은 수준의 정신적 집중을 요구할 것이다. 단순화되고 위계가 낮은 직무도 있겠지만(Braverman, 1974) 직무의 단순화가 진행되고 있다는 증거는 없다. 오히려 직무가 디지털 시스템으로 전환됨에 따라 많은 기술 분야에서 더 높은 수준이 요구된다. 이 주장의 진위 정도는 주어진 환경에서의 직무 "상황"에 달려있다(Spenner, 1983). 무엇보다 후기 산업사회는 어려운 사회이다.

해지Hage와 파워스Powers(1992)는 후기 산업사회의 특징인 이론적 지식의 성장이 정례화, 합리화된 직무가 아닌 "복잡화"된 과정의 일을 낳을 것으로 보았다. 후기 산업사회를 성공적으로 항해하는 데에는 각 부분이 서로 어떻게 연결되는지, 대인관계와 기술적 관계를 어떻게 개발, 유지하는

지에 대한 깊이 있는 이해가 필요하다. 이는 탈숙련화와는 정반대의 결과이며, 교육에 있어서도 많은 의미를 갖는다. 후기 산업사회에서 업무가 복잡해지면, 학력이 부족한 근로자들의 탈숙련화도 상당히 이루어지겠지만, 해지와 파워스의 질문과 답은 긴급성을 띠게 된다. 즉, "후기 산업주의의 도전과제를 해결하기 위해서 사회는 어떤 유형의 사람들을 필요로 하는가? 바로 창의적 사고와 복잡한 자아를 가진 이들이다"(Hage & Powers, 1992, p.63).

이러한 논의는 다시 벨의 이론으로 돌아가는데, 벨은 "후기 산업사회의 가장 중요한 문제는 훈련받은 전문직, 기술직 근로자들의 수를 적정하게 확보하는 것"이라고 지적하였다(1999, p.232). 이러한 근로자들은 "개별 상황을 인식하고 최적으로 대응하기 위해서 더 많은 지식을 습득해야 한다"(Hage & Powers, 1992, p.52). 이 지식은 본질적으로 기술적인 것은 아니다. 오히려 "유동적 관계를 형성하고, 창의적으로 사회적 역할을 바꾸고, 새로운 사회적 제도를 만들어낼 수 있는 능력"이 중요하다(p.68). 이에 따라서 많은 사람들은 낙오될 것이다. 고급 기술에 대한 지속적 요구 증대와 고성과 일터를 향한 흐름에서 일의 구조조정이라는 상반된 흐름, 즉 기술에 대한 필요가 감소되는 경향이 나타난다. 그럼에도 불구하고 현시대의 일터가 과거보다 훨씬 더 많은 수의 근로자들을 필요로 한다는 것은 분명하다. "노동시장에서 자신의 입지를 유지하기 위한 경쟁적 압력이 증대되는" 시점에서(Mare, 1995, p.165), 노동시장 양 극단의 번영은 새로운 학습기회의 지속적 확대에 달려있다고 해도 과언이 아닐 것이다.

메어Mare가 주목했던 경쟁적 압력은 주로 우리가 논의했던 후기 산업사회의 과정에 의해 만들어진다. 그러나 이것이 교육과 일의 관계를 재형성하는 유일한 요인은 아니다. 오히려 일, 교육, 그리고 일−교육의 관계에 대한 인구통계학적 압력은, 정보폭발과 이론적 지식만큼은 아니지만, 그 효과가 작지 않다. 이 문제는 다음 장에서 다루고자 한다.

인구 증가와 감소.
고령화.

그리고
새로운 문화의 다양성

CHAPTER **06**

인구 증가와 감소, 고령화, 그리고 새로운 문화의 다양성

교육과 일에 대한 인구통계학적 관점

앞장에서 후기 산업사회의 출현이 교육과 일의 관계에 어떻게 영향을 미치는지를 설명하였다. 나의 관심은 미국에 관한 것이었지만, 후기 산업화는 전 세계적인 많은 특징을 보여준다. 미국의 경험이 타 지역에 쉽게 일반화되지 않을 수도 있지만, 많은 국가가 서비스 산업의 증가, 이론적 지식의 중요성, 그리고 제도적 변화의 범위 내에서 변동하고 있다.

이 장에서는 미국 후기 산업사회의 인구통계학demography과 이러한 인구통계학적 동향이 교육과 일의 관계에 의미하는 바에 대하여 살펴보겠다. 인구통계학이란 시간에 따른 인구의 변화에 대해 연구하는 학문이다. 이 학문은 세 가지 아주 간단한 과정, 즉 출산, 사망 및 사회 이동에 기초한다. 즉, 인구통계학은 사람이 태어나고, 죽고, 이동한다는 개념에 근거한다. 이러한 개념으로부터 사회에 대한 이해는 보다 풍부해졌다. 이러한 과정들은 어디에서나 근본적인 것들이지만, 미국에서 이러한 과정의 독특

인구 증가와 감소, 고령화, 그리고 새로운 문화의 다양성 **159**

한 조합은 보다 차별성을 갖는다.

이 장에서 나는 특별히 지난 수십 년에 걸쳐 미국 사회를 재형성하는 데 특별히 중요했던 세 가지 인구통계학적 요소에 대해 논의할 것이다. 이 세 가지는 출산, 이민, 생애주기의 변화이다. 나의 초점은 지속적으로 교육과 일의 관계에 대한 의미에 맞추어져 있다. 이러한 의미는 본질적인 것이다. 미국 인구는 고령화되고 있으며 문화적으로는 더욱 다양화되어가고 있다. 이는 청년층과 노년층 간의 사회적 계약의 전환, 그리고 더욱 혼란스러운 생활 양식으로 쉽게 특징지을 수 있다.

이 장에서는 우선 시대적으로 변화하는 출산의 유형을 탐색할 것이다. 미국은 그동안 출산의 행태에 있어 특이한 국면을 경험하였다. 나는 몇몇 역사적 상황을 간략히 규정해보고, 1946년에서 1964년(학자에 따라 초기, 후기 베이비붐 기간으로 나누기도 함) 동안의 베이비붐 현상과 베이비 격감(1965~76), 베이비붐 '에코 효과echo effect'(1977~94), 베이비 격감의 에코 효과(1995년 후반)를 살펴볼 예정이다. 실제로 미국 사회에서 모든 사회제도institute는 이러한 출산 유형의 변화에 영향을 받고, 변화하기도 했다.

두 번째 인구통계학적 동향은 이민이다. 특별히 연령구조와 출생률에 있어 인종, 민족적 차이와 관련된 미국 이민은 미국을 문화적으로 다양한 국가로 만들고 있다. 이민은 미국 인구 고령화를 막아주는 제동 장치로서의 역할을 수행하고 있다. 일반적으로 이민자는 원주민보다 나이가 어린 상대적 저연령대의 소수민족과 고연령대의 주류 인구라는 뚜렷한 두 유형으로 구분된다. 미국에서 문화적 다양성의 증가는 많은 다양한 학령 인구와 젊은 성인 인구의 증가를 지칭하고 있다. 이러한 점은 세 번째 인구통계학적 동향과 관련이 있는데, 이는 평균적인 미국인들의 생애 과정의 변화이다. 미국인은 과거 어느 때 보다 혼란스럽고 비선형적인 삶을 살아가고 있다. 즉, 주요 생애 사건들의 순서가 어떤 특정한 유형을 그다지 따르지 않고 있다. 이러한 점은 교육과 일의 관계에 대한 폭 넓은 시사점을 갖는다.

미국의 인구통계학적 변화에 대한 상세한 검토는 이 책에서 제안할 수 있는 범위를 넘어서는 것이며, 이미 다른 연구에서 보다 지속적인 분석이 이루어졌다(Farley, 1996; Smelser et al., 2001a, b). 이 장의 목적은 변화하는 미국인의 인구통계를 조망하려는 것이 아니라, 교육과 일의 관계라는 보다 거시적 시각을 통해 이러한 변화를 해석하는 데 있다.

인구통계 입문

우리는 먼저 몇 가지 용어를 정의할 필요가 있다. 출산율이란, 좀 더 정확하게 일반 출산율은 "한 해 동안 가임연령여성 1,000명당 한 지역에서 출산하여 생존한 영아의 숫자를 말하며, 가임여성 인구는 당해 연도 당해 지역의 15~44세의 여성이다"(http://www.umanitoba.ca/centres/mchp/concept/thesaurus/thesaurus_G.html). 출산율과 관련해 중요한 정보는 그것이 지역적 제한(전형적으로 주나 국가 경계)과 시기적 제한(통상 1년)이 있으며, 특정한 연령(다소 임의적이기는 하지만 가임연령여성)을 포함한다는 것이다.

코호트cohort란, "동일 출생연도 같은 공통된 초기 인구통계학적 특성을 갖고 있으며, 그 후에도 생존, 결혼, 임신과 같은 다른 인구통계학적 특성을 따르게 되는 사람들의 집단"을 말한다(Siegel, 2001, p.9). 따라서 1940년에 출생한 모든 사람의 군집은 같은 출생 코호트를 의미하며, 같은 해 특정 대학원 프로그램 입학자는 다른 종류의 코호트라고 지칭할 수 있다. 이 책에서 나는 주로 출생 코호트에 관심을 갖게 될 것이다.

〈그림 6.1〉은 지난 수십 년간 미국의 출산율 동향과 출산 인구를 나타내고 있다. 우선 장기 동향은 명확히 출산율이 떨어지고 있음을 보여준다. 이는 〈그림 6.1〉 이후를 역으로 추적해 보면 보다 명확해 진다. 백인 미국 여성은 1800년에는 생애에 걸쳐 평균 7명의 아이를 출산하였다.

1890년까지 이 수치는 4명 미만으로, 1920년까지는 3.2명으로 줄어들었다. 이는 비교적 짧은 기간 동안 출산 인구가 현저하게 감소되었다는 것을 보여준다.

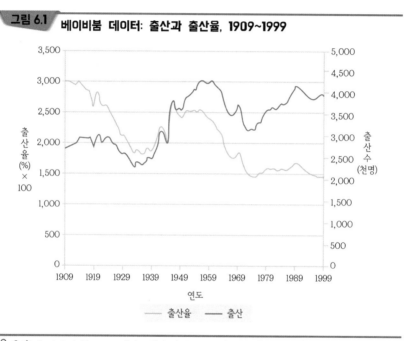

그림 6.1 베이비붐 데이터: 출산과 출산율, 1909~1999

출산율 —— 출산

🔖 출처: Statistical Abstract of the United States and Natinal Center for Health Statistics.

미국인들의 출산에 있어 이러한 장기적 감소현상을 어떻게 설명할 수 있을까? 많은 잠재적 이유들이 존재하지만, 여기에는 두 가지 커다란 역사적 과정이 두드러진다. 그 첫 번째는 도시화 현상이다. 물론 이는 산업화와 밀접하게 관련되어 있다. 대부분의 미국 인구통계의 역사는 미국인의 농장에서 도시로의 이주의 역사와 같다. 도시로의 이주로 인해 아이들의 경제적 역할은 경제적 자산에서 경제적 부채로 바뀌었다. 아주 어린 아이들은 농장 경제에서는 생산적으로 공헌할 수 있었지만, 도시 경제에서는 가족을 중심으로 하는 방식으로 조직되지 않았다. 이런 맥락에서 미국이 초기 산업사회에서 산업사회로 이동함에 따라 아이들에게 더 많은 비용이 들게 되었다. 이 결과로 나타난 것 중의 하나는 가족의 축소이다. 이는 오늘날에도 세계적 출산감소의 주요 요인이 되고 있다(Keller, 2001).

출산감소 현상의 두 번째 요인은 의료 복지 수준의 향상에 있다. 영양과 위생의 개선으로 더 많은 아이와 산모가 생존하게 되었다. 이는 더 나아진 개인의 위생 관념과 공공 의료의 향상과 일치하는 것이었다. 산업화가 진전됨에 따라 가정에서는 많은 아이를 양육하고 출산할 필요가 없어졌다.

〈표 6.1〉은 몇 가지 간단한 수치를 제시하지만, 이 수치에는 광범위한 의미가 내포되어 있다. 이러한 수치를 "재조정"하는 한 방법은 코호트 승계cohort succession의 개념을 적용하는 것이다. 이는 한 집단이 다른 집단을 대신하는 방식의 과정이다. 예를 들어, 오늘의 노동력은 지금의 '예비 노동력'에 의해 때가 되면 어떤 식으로든 대체될 것이다. 만약 유입과 유출 집단이 인구통계학적으로 동일하다면, 즉 그 규모와 구성에 전체적 변화가 거의 없다면 코호트 승계는 상대적으로 관심을 끌지 못할 것이다. 앞으로 보게 될 것이지만, 이런 경우는 이번 세기에는 거의 해당되지 않는다.

〈표 6.1〉은 코호트 승계가 어떻게 작동하는지를 자세하게 보여준다. 이 도표의 수치는 상이한 출생 집단 구성원의 나이가 20세기와 21세기 동안의 다양한 시기에 어떻게 나타나고 있는 지를 보여준다. 이러한 출생 집단에 대해서는 다시 설명할 것이다. 예를 들어, 이 표는 현재 '고령자' 세대(1915년 이전 출생자)가 베이비붐이 시작되었을 때 이미 30대 이상이었다는 것을 보여준다. 또한 베이비붐 집단의 초기 세대가 베이비붐 에코 집단의 대표적 근로 연령층이라는 것을 알 수 있다. 이러한 점에서 이 표는 다음 논의의 참고 자료로 사용될 수 있다.

표 6.1 코호트 승계 과정

출생연도	당시연도	1950	1960	1970	1980	1990	2000	2010	2020	2030	2040	2050
1915년 이전	현재 고령자	35+	45+	55+	65+	75+	85+	95+	×	×	×	×
1916~45	베이비붐 이전	5-24	15-44	25-24	35-64	45-74	55-84	65-94	75+	85+	95+	×
1946~64	베이비붐 세대	Lt 4	Lt 14	6-24	16-34	26-44	36-54	46-64	56-74	66-84	76-94	86+
1965~76	베이비 격감	×	×	5-	4-15	14-25	24-35	34-35	44-55	54-65	64-75	75+
1977~94	베이비붐 에코	×	×	×	3-	13-	6-23	16-33	26-43	36-53	46-63	56+
1995+	베이비 격감 에코	×	×	×	×	×	5+	15+	25+	35+	45+	55+

* 각 항의 숫자는 당시 각 출생 코호트 집단의 연령을 나타냄.

출처: Statistical Abstract of the United States와 National Center for Health Statistics에서 구성.

〈표 6.1〉이 보여주듯이, 이 표에는 중요한 영역이 누락되어 있다. 지난 수십 세기 동안 미국에서 코호트 승계의 중요한 측면 중의 하나는 각각 승계 집단의 크기가 현저하게 다르다는 점이다. 〈표 6.1〉은 각각의 셀에서 절대적, 상대적인 인구 수를 보여주지 못한다. 이런 정보는 〈그림 6.2〉의 인구 피라미드에서 제시된다.

이러한 피라미드는 수평적인 막대그래프를 쌓아가는 방법으로 구성되었다. 각각의 막대는 연령집단의 크기를 나타내고, 가장 높은 연령층이 맨 위 부분에 위치한다. 한편 남성은 왼쪽, 여성은 오른쪽 수직축에 나타난다. 인구 피라미드는 연령-성별 인구 구조를 간략하게 그래프로 나타내고, 연령층의 시대에 따른 구조적 경향을 보여준다(Siege, 2001).•

| • 인구 피라미드는 애니메이션으로 보면 더욱 효과적인 볼 수 있다. 여기에 제시는 할

이러한 피라미드의 기본적인 모양을 '피라미드'라고 지칭함으로써 미국 인구 변화에 대한 많은 오해가 증폭되고 있다. 다른 은유가 가능하겠지만, 미국 인구의 '모양'은 지속적으로 '피라미드 모양'에서 좀 더 비대칭형의 '벌집 모양'으로 변화되고 있다.

그림 6.2 미국 인구 피라미드, 1950~2050

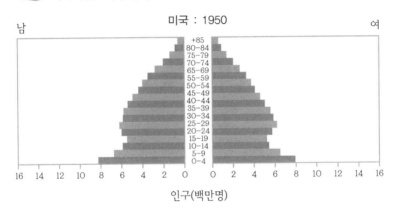

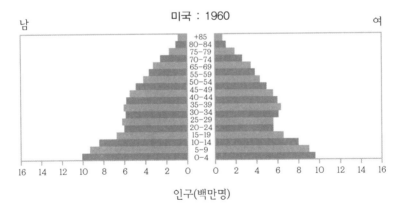

수 없지만, 독자들은 다음의 사이트를 방문해서 볼 수 있다. http://www.census.gov/ipc/www/idbpyr.htm 또는 http://www.ac.wwu.edu/~stephan/Animation/pyramid.html

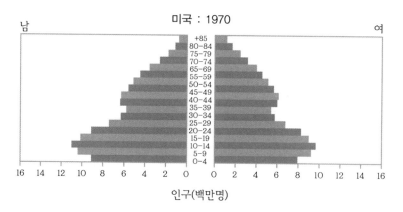

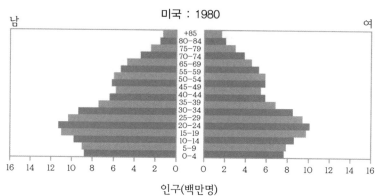

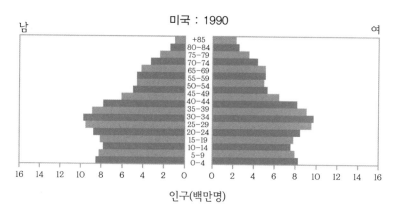

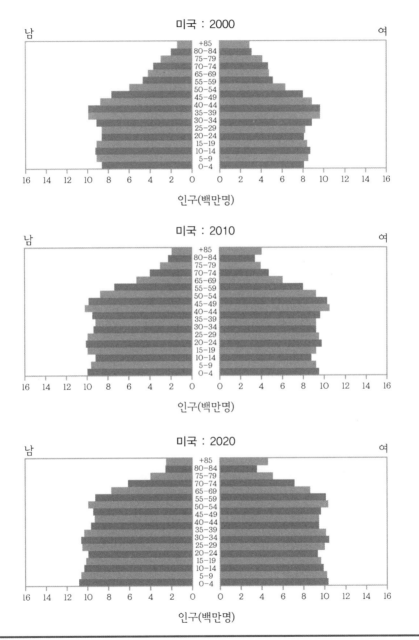

미국 : 2000

남

여

+85
80−84
75−79
70−74
65−69
55−59
50−54
45−49
40−44
35−39
30−34
25−29
20−24
15−19
10−14
5−9
0−4

16 14 12 10 8 6 4 2 0   0 2 4 6 8 10 12 14 16

인구(백만명)

미국 : 2010

남

여

+85
80−84
75−79
70−74
65−69
55−59
50−54
45−49
40−44
35−39
30−34
25−29
20−24
15−19
10−14
5−9
0−4

16 14 12 10 8 6 4 2 0   0 2 4 6 8 10 12 14 16

인구(백만명)

미국 : 2020

남

여

+85
80−84
75−79
70−74
65−69
55−59
50−54
45−49
40−44
35−39
30−34
25−29
20−24
15−19
10−14
5−9
0−4

16 14 12 10 8 6 4 2 0   0 2 4 6 8 10 12 14 16

인구(백만명)

출처: US Census Bureau, International Data Base.

독자들은 앞으로 논의에 대해 계속해서 앞서 제시한 표와 그림들을 참고하게 될 것이다. 인구통계는 가장 '시각적'인 사회학의 한 종류이며, 벌집, 피라미드, 뱀 모양과 같은 색채적, 시각적인 비유를 사용한다. 이러한 광범위한 패턴을 생각하면서 다음의 논지들을 살펴보기로 하자.

베이비붐, 베이비 격감, 그리고 그 이후

베이비붐과 이후의 격감은 매우 두드러진 현상인데, 어떻게 이러한 상황에 이르게 되었을까? 왜 피라미드는 현재와 같은 모습을 띠게 되었으며, 이것은 무엇을 의미하는가? 1920년대 초기의 상황을 살펴보자. 제1차 세계대전 직후인 1921년에 3백만 명이 넘는 아이들이 출생했다. 이 숫자는 1943년까지 최고 수치였다. 1930년대에의 대공황시기에 출생률은 내내 낮은 상태를 유지하였다. 막대한 재정 긴축은 가정을 압박했고, 이로 인해 각 가정은 출산을 보류하게 되었다. 대공황의 저점에 이를 때까지 미국이 이후 낮은 출생률, 작은 가족, 적어도 상대적으로 작은 코호트 집단을 유지할 것이라는 많은 징후가 있었다.

이런 변화는 빠르게 진행되었다. 물론 1940년대는 미국 역사상 가장 극적인 시기 중의 하나였다. 미국이 1941년부터 1945년까지의 제2차 세계대전에 참전함으로써 수백만 명의 젊은 남성이 가족들과 떨어져 있게 되었다. 따라서 전후 군인들과 배우자의 재회는 출산 증가를 가져오게 되었다. 인구통계학자들은 이러한 상황을 예견해왔다. 즉, 전쟁 후에는 전형적으로 출산율이 높아졌다. 하지만 그들은 다른 예측을 하기도 하였다. 출산에 있어 장기적 하향 경향은 당연한 것이 되어, 미국은 또다시 완만한 인구 증가가 이루어 질 것이라는 것이다. 누구도 베이비붐의 길이와 깊이를 완전하게 예견할 수는 없었다.

출생 인구 증가는 제2차 세계대전 동안 분명하게 나타났지만, 베이비붐은 1946년부터 본격적으로 시작되었다. 1946~1947년에 가장 많은 아이들이 태어났고, 이는 1951년부터 1957년까지 매년 갱신되었다. 출산율은 1957년을 전후로 하여 최고에 달했다.

베이비붐의 이유에 대해 수십 년 동안 학자들의 논의가 있었으나, 이를 여기서 다루지는 않겠다. 이 장에서 더 중요하게 다루려는 내용은 베이비붐 도래 이후 미국이 전과 다른 사회가 되었다는 것이다. 이러한 이유는 코호트, 연령, 그리고 기간 효과 간의 차이와 관련이 있다. 베이비붐 세대의 생애 경험에 대한 코호트 효과는 분명한 것이기 때문에, 이것이 어떻게 모든 제도들을 변화시켰는지 설명할 필요가 있다. 그러나 베이비붐 세대는 기간 효과, 즉 일정 기간 동안 주어진 사건의 차이에 영향을 받는다. 따라서 한국의 6·25 전쟁이 8세의 베이비붐 세대의 삶에 영향을 끼친 것과 베트남전이 18세가 된 이들에게 영향을 끼친 것은 아주 다른 것이다. 궁극적으로 베이비붐 세대는 다른 코호트의 구성원과 마찬가지로 같은 연령 사이클의 변화를 겪게 된다. 이는 태어나서 같은 연령대가 경험하게 되는 역사적 기간과 관계없이, 누구나 나이가 드는 과정과 그에 따른 변화를 피할 수 없다는 것을 의미한다.

연령, 기간, 그리고 코호트 효과 간의 차이는 베이비붐이 왜 이런 결과를 초래했는가에 대한 이유를 분명히 하는 데 도움이 된다. 특히, 출산율의 증가는 전후의 경제적 호황에 따른 것이었다. 장기적 경제성장으로 인해, 베이비붐은 사회적 스트레스와 적응을 촉진하였고, 불경기가 있기는 했지만, 미국 사회는 베이비붐에 수반된 경제적 비용을 충당할 여유가 있었다.

베이비붐을 잘 설명하는 저서인 「위대한 기대Great Expectation(1980)」에서 랜든 존스Landon Jones는 베이비붐 동년배의 인생 경로에 대한 효과를 돼지 한 마리가 큰 뱀의 먹이가 되어 뱃속을 지나가는 것과 유사하다고 표현했다. 즉, 순수한 코호트의 크기는 어떤 베이비붐 코호트이든 밀접하게 관련되는 제도에 예외적인 영향을 준다는 것을 의미한다(표 6.1 참조).

베이비붐은 미국의 모든 사회제도 -의료, 주거, 소비주의, 퇴직, 사망과 예상되는 묘지 붐에 이르기까지- 에 영향을 끼쳤으며 교육과 일에 있어 서도 마찬가지였다.

1950년대 초기에 베이비붐 이전의 적은 수 학생을 대상으로 유지되어 왔던 초등학교는 갑자기 베이비붐 세대의 학생들이 밀어 닥쳤다. 교실만 붐비게 된 것이 아니라, 미국 사회는 이에 따른 교육의 하부구조를 구축 해야만 했다. 학교도 새로 짓고, 책을 더 많이 출판해야 했으며, 대학에서 는 과거 어느 때보다 많은 교사를 훈련시켜야 했다. 부족한 교사를 빠르 게 양성하면서 교사의 봉급은 오르게 되었고, 채용을 위한 최소 기준은 낮아졌다. 이는 아마도 베이비붐 세대가 받는 교육의 질에 영향을 끼쳤을 것이다.

이런 코호트 승계 과정은 몇 년 후 고등학교에 진입하는 과정에서도 나타났다. 또다른 사회적인 동향은 이미 실질적인 베이비붐의 영향을 강 화하였다. 고등학생 연령에 해당되는 인구 수는 늘어났으며, 고등학교 졸 업 비율은 증가하고 있었다. 오늘날에는 모든 학생이 고등학교 과정을 이 수하는 것을 당연하게 생각하지만, 1950년 때까지만 해도 절반도 고등학 교를 졸업하지 못했다. 많은 학생들이 더 많은 기간 동안 공부한 결과 단 기간 내에 국가의 인적자본이 축적되었다. 미국 경제는 그들 부모 또는 나이가 많은 형제수준을 뛰어넘는 잘 교육되고 훈련된 젊은이의 거대한 공급을 갑자기 수용해야 했다.

베이비붐이 1960년대 초에 줄어들기 시작하면서, 가장 나이 많은 베이 비붐 세대들은 고등교육과 전일제 고용의 세계에 진입하기 시작했다. 고 등교육은 전후 제대군인원호법GI Bill의 결과로 이미 확장되어 있었다. 이 법은 제2차 세계대전 참전 군인들을 대상으로 이들이 입학한 고등교육기 관에 무료로 교육을 제공하였다. 신규 고등학교 졸업자 수만큼이나 증가 된 등록자들이 대학 프로그램을 수료하였다. 지속적으로 튼튼한 미국 경 제는 경력의 출발선상에 있는 베이비붐 세대의 수에 의해 확대되었을지도 모른다. 그들이 일찍이 교육적 이득을 위해 다른 붐 세대와 각축해야 했었던 것처럼, 베이비붐 세대는 일을 위해 다른 베이비붐 세대와 경쟁해야 했다. 어떤 의미에서 이는 "젊은 시간의 상실no time to young"이었다(Smith & Welch, 1981). 베이비붐 코호트의 예상치 못한 규모는 초기 직업에서 얻는 소득을 낮아지게 한 것으로 보인다. 그러나 베이비붐 세대의 행운은 가질 수 있는 일거리가 많이 있었고, 경제는 대체로 호황이었으며, 그리고 이러한 초기의 불이익들은 시간이 지나면서 사라졌다는 것이다(Smith & Welch, 1981).

베이비붐 세대의 행운은 그들이 직업경력의 중간 단계로 이동하기 시작하면서 사라졌다. 미국 경제가 1970년대 중반에 변화가 없자, 일을 쫓던 사람들은 적은 수의 일자리와 승진을 추구하는 상황으로 전환되었다. 다른 모든 것이 동일했지만, 인구가 많은 연령대 사람들은 더 많은 경쟁에 직면하고, 이 세대의 교육적 성취는 경제의 불황으로 보상될 수 없었다.

이러한 모든 상황은 교육과 일과의 관계에 어떤 영향을 미쳤는가? 한 가지 명심할 것은 베이비붐 연령대가 1980년대에 이르러 미국 역사에 있어 최고 학력 세대로 부상했다는 것이다. 미국에서 학업 수준이 일터에서 실제로 요구하는 것보다 더 급속히 확장되었다는 학력주의의 논의를 인정한다 해도, 변하지 않는 사실은 베이비붐 세대가 인력, 즉 거대한 인적 자본을 경제계에 제공했다는 것이다.

가장 고령화된 베이비붐 세대는 이미 60세에 가까워졌고, 베이비붐 세대 중 가장 어린 층도 대학에 다니는 평균적인 나이를 훨씬 넘어섰다. 앞으로 베이비붐 세대는 중견인력으로서 후기 산업주의로 인해 발생된 인증서와 증가하는 기술의 요구에 도전을 받게 되는 집단이 될 것이다. 즉, 새로운 형태의 기술적 요구가 많아지게 되면, 재훈련을 받아야 하는 베이비붐 세대의 수는 폭발적으로 늘어난다. 모든 베이비붐 세대가 높은 수준의 교육을 받은 것은 아니어서, 이들은 후기 산업주의의 진전에 따라 발생된 기술 노후화의 현실에 직면하게 된다. 이런 기술 노후화가 실제보다는 외견상으로 더 많이 나타난다는 콜린스Collins의 주장은 이 점을 간과하고 있다. 고용주가 중견 노동자의 훈련을 주장할 정도로 베이비붐 세대의 영향력은 충분히 현실적 문제로 나타날 것이다.

도시 연구소Urban Institute의 스타시 폴로스Stacey Poulos(1997)는 훈련 개설을 위해 노령화되고 있는 베이비붐 세대의 인구 문제를 연구했다. 베이비붐 세대는 전례 없는 교육수준을 달성하였지만 이들 중 많은 사람들이 상대적으로 낮은 교육과, 기술수준, 저임금의 상황에 직면해 있다. 폴로스는 연구 당시 이로부터 연방 직업훈련협력법Job Training Partnership Act, JTPA이 제공하는 서비스에 대한 요구가 크게 증가할 것이라고 예측하였다. 앞으로 몇 십년간 정부가 지원하는 고용·훈련 프로그램의 대상 인구는 노령화될 것이고, 정치적 잠재력이 있는 세대는 공공 자원을 더욱 많이 요구할 것이지만, 미국 정부가 이러한 요구를 예견하거나 준비해서 진행한 것은 별로 없었다.

폴로스의 보고서 이후, 잠재적으로 이러한 요구(예를 들어, 직업훈련협력법의 성인훈련 프로그램, 고령 노동자 서비스, 노동자 배치 훈련, 그리고 노령자 지역사회봉사 고용 프로그램)에 대응하는 많은 프로그램들은 접근하기 어려운 프로그램으로 대체되었다. 보다 확실해지겠지만, 고령화되는 베이비붐 세대뿐 아니라, 기술 습득과 개발을 필요로 하는 젊은이들은 과거의 빈약한 훈련자원을 늘리려는 노력의 필요성을 더욱더 절감하게 될 것이다.

베이비붐 이후의 출생률 급감

1965년경에 이르러 베이비붐은 효력을 다하게 되었다. 출산율과 출생자 수는 1964년경에 상당히 빠른 속도로 감소하기 시작했다. 인구의 출산율은 1965년에 3.0% 아래로 떨어져 베이비붐 이전 수준으로 돌아왔으며, 1970년대 중반에 이르러서는 2.0% 이하로 급격하게 하락하였다. 이러한 현상을 지켜보았던 전문가들은 확신에 차서 출산율 급감을 언급하기 시작했다.

베이비붐 이후 출생률 급감은 1976년 정도까지 계속된 것으로 보여진다. 광범위한 사회적 동향의 시작과 끝이 다소 임의적인 경향을 보이는 것이 사실이긴 하지만, 베이비붐 이후의 출생률 급감현상은 베이비붐처럼 지속되지는 않았다. 게다가 장기적인 관점에서 본다면 베이비붐 이후 출생률 급감은 베이비붐이 일상적이지 않은 이상 현상이고, 이전에 계속되던 출생률이 일반적인 감소 상황으로 돌아가는 것 이상을 의미했다. 베이비붐보다 극적인 면이 덜하긴 했지만, 베이비붐 이후의 출생률 급감은 그 자체로 사회변화를 유발시키는 효과를 가지고 있었다.

베이비붐의 이후의 출생률 급감은 베이비붐에 의해 발생된 현상들을 그대로 투영하는 여러 과정들을 유발했다. 수년간에 걸쳐 이 출생률 급감 시기의 인구집단은 일련의 사회제도를 통해 베이비붐 시대의 인구집단을 뒤따르는 현상을 보였다. 따라서 베이비붐 시대에 지어지고 사용된 초등학교들은 출생률 급감 시기에는 적은 수의 학생만을 받아들이게 되었다. 이는 고등학교, 고등교육기관, 초기 단계의 일, 경력의 이동과도 연결되었다. 미국 사회는 교사, 학교 건물, 교과서의 수가 턱없이 부족했던 과거의 상황에서 이 모든 것들이 남아도는 상황에 직면하게 되었다.

사회적인 맥락에서 베이비붐 이후 출생률 급감 시기의 인구집단은 베이비붐 시대의 인구들이 직면해야 했던 상황과 너무 다른 상황을 겪었기 때문에, 각각의 시기가 가져오는 효과 또한 다를 수밖에 없었다. 다양한 이유들(예: 다른 국가의 생산성 제고, 1970년대 오일 파동으로 인한 미국 경제의 타격)로 인해 미국 경제는 성장이 둔화되었다.

위와 같은 모든 상황이 베이비붐 이후의 출생률 급감 집단에 갖는 함의를 한 마디로 말하기는 어렵다. 분명한 것은 베이비붐 이후 출생률 급감 시기의 인구는 미국 교육의 확대로 인해 혜택을 받았으며, 그 이전 세대인 베이비붐 세대들보다 "더 많은 학교교육을 받는" 수준에 이르렀다.

그러나 이러한 상황은 이전보다 사정이 열악한 노동시장 하에서 일어났기 때문에 이들의 교육적 투자가 경제적인 대가로 전환되기는 어려워졌다. 중요한 것은 이전보다 취약해진 경제 사정으로 인해 교육수준이 낮은 노동자들이 더 큰 타격을 받았다는 사실이다. 베이비붐 이후의 출생률 급감 집단이 베이비붐 세대를 뒤따르게 됨에 따라, 더 많은 교육적 자격을 갖추지 못한 교육수준이 낮은 근로자들이 치러야 하는 대가는 커져갔다.

소규모의 증가

베이비붐 이후의 출산율 급감 현상은 1976년경에 끝나게 되었다. 출생률은 그 이후 10년 동안 1.8%라는 안정적인 상태를 유지했다. 1988년에서 1991년 사이에는 전체 출생률이 2.0%를 상회하는 작은 규모의 증가가 있었다. 여전히 출생률은 전반적으로 낮은 수준을 유지했지만 출생 건수는 1977년경에는 조금씩 이전 상태로 돌아오기 시작했다(표 6.2 참조). 베이비붐 세대가 부모가 되었을 때 그들의 출산율은 이제까지의 기준에 비추어봤을 때 낮았으나, 그들이 수적으로 많았기 때문에 출생 건수는 매우 높게 나타났다(전체 출산율과 태어나는 아이들의 수가 전혀 다른 방향으로 움직일 수 있는 지표라는 것을 기억할 필요가 있다). 이러한 현상은 소규모 베이비붐boomlet 또는 베이비붐의 에코 효과echo effect라고 일컬어진다(1977~1994).

베이비붐 세대의 숫자 자체가 이러한 소규모 베이비붐의 주된 이유이긴 했지만 다른 상황도 이에 영향을 끼쳤다. 이민자의 수가 증가한 것도 이 시기에 나타난 현상으로, 소규모 베이비붐을 있게 한 주된 이유 중 하나이다. 이민자들 중에는 주로 젊은 층이 많았으며, 히스패닉계와 아시아계 이민자들의 높은 출생률은 소규모 베이비붐에 기여했다. 1990년대 초의 연간 출생 건수는 베이비붐이 최고조에 달했던 시기와 비슷한 규모가 되었다.

소규모 베이비붐이 훨씬 작은 규모이기는 하지만 베이비붐과 비슷한 영향을 미칠 것이라고 예상할 수 있다. 그렇지만 이를 속단하기는 너무 이르다. 소규모 베이비붐 혹은 베이비붐의 에코 효과 집단은 이제 막 정규직 일자리로 진입하고 있으며, 학교—일터 사이의 관계를 명확하게 나타내기에는 아직 이르기 때문이다. 가장 어린 연령대의 집단은 이 책의 "청소년의 일youth work"에서 다룰 상황에 직면하지 않았다.

우리는 소규모 베이비붐 집단이 교육기관 등록률(National Center for Education Statistics, 1998)에 미치는 영향에 대해 상당한 확신을 갖고 다음과 같은 사실을 밝힐 수 있다. 베이비붐 이후 출생률 급감 집단은 규모가 작기 때문에 그 이전 세대에 비해 산모의 병동 수에서부터 여러 사회제도, 모든 단계의 학교교육, 고등교육의 인력 배출에 이르기까지 연쇄적으로 모순을 초래한 데 반해, 소규모 베이비붐 세대들은 미국 학교의 등록률을 새롭게 증가시켰다. 1984년 무렵부터 미국의 초등학교 등록률은 꾸준히 증가하기 시작해 1991년에는 중등학교의 등록률에서도 이러한 증가가 나타났으며, 이러한 동향은 2007년까지 계속될 것으로 예상되고 있다. 소규모 베이비붐 집단에서 나타나는 이와 같은 일련의 현상은 이들이 고등교육에도 대규모로 진입하게 됨에 따라 지속적으로 나타날 것이다.

사회적 동향은 인구통계적인 동향에 의해 영향을 받는다. 당연한 사실이지만, 많은 아이들이 있었기 때문에 1980년대와 1990년대 초등학교와 중등학교의 등록은 증가하였다. 이러한 사실은 부모들이 아이들을 위해 내리는 선택뿐만 아니라 자신들 스스로를 위해 내리는 선택에 의해서도 상당 부분 영향을 받았다. 등록은 단순히 "인구통계적인" 이유에 의해서만이 아니라, 모든 진학 전 교육기관과 유치원 등록률의 증가와 고등학교 졸업율의 상승에 의해서도 늘어나게 되었다. 기존의 베이비붐과 마찬가지로 이러한 모든 변화는 교사에 대한 더 많은 수요를 낳았고 그 밖의 학교 관련 지출에도 더 큰 압력으로 작용했다(Frances, 1998).

소규모의 감소

베이비붐 세대들이 자녀를 낳을 만한 연령에 이르자 낮은 출생률에도 불구하고 부모가 될 수 있는 잠재적 대상이 많은 까닭에 베이비붐의 에코 효과라고 지칭할 수 있는 많은 인구가 태어나게 되었다. 이와 동일한 일련의 과정에 의해 낮은 출산율과 적은 수의 인구집단이라는 특징을 보이는 베이비붐 이후의 출생률 급감 집단은 상대적으로 작은 규모의 "소규모 출생률 급감little bust" 집단을 탄생시켰다. 1994년경에 시작된 이 같은 출산 양상으로 인해 전체적인 출산율과 출산 건수는 이와 같은 방향으로 나아가고 있다. 미국의 몇몇 지역에 적용되는 현상이라고 볼 수 있지만 최근 들어 "다시 사람을 받기 시작했던" 학교들이 "사람이 빠져나가는" 학교로 변하는 초기 단계로 접어들고 있다.

소규모 출생률 급감 집단의 구성원들이 사회경제적으로 삶의 경로를 밟아나감에 있어 어떤 종류의 교육과 일의 관계를 경험할 지를 논하기란 다소 이른 감이 있다. 다만 어떤 해의 출산율은 약 20년 후의 "교육과 일"에 영향을 미치게 될 것임은 자명하다. 또한 이러한 영향들은 연령, 시기, 인구집단의 과정이 예측할 수 없는 형태로 조합이 이루어지면서 전개될 것이라는 사실을 기억할 필요가 있다. 그럼에도 불구하고 여전히 예측할 수 있는 것은 새로운 세기에 있어 약 20년에서 50년 동안 진행될 인구통계적인 특성이 초래하게 될 또 다른 변화의 전개 양상이다.

출산율의 민족적 차이

이제까지 미국의 모든 집단이 출산율에서 동일한 경향을 보이는 것처럼 논의를 진행해왔지만 사실은 이와 다르다. 출산율은 사회인구통계적 구분에 따라 매우 달라진다. 인종집단에 따라 출산율이 매우 다르다는 사

교육과 일

실은 현재로부터 10년 후에 미국이 어떤 사회가 될 것인지에 대해 많은 정보를 제공하여 준다. 높은 출생률을 보이는 집단은 현재보다 미래에 더 큰 대표성을 띠게 될 것이다. 이는 미국에서의 교육과 일의 미래를 살펴보는데 기본적인 사항이다.

여기서 유용하게 살펴볼 수 있는 개념은 대체율replacement rate이나 순출산율net productive rate이다. 이러한 수치가 어떻게 계산되는 지에 대해 구체적으로 살펴보지 않고서도 알 수 있는 것은, 이것이 어떤 성인 여성이 인구집단 내에서 자신과 자신의 배우자를 대체하기 위해 낳아야 할 아이의 수를 몇몇 아이들이 성인기까지 살아남지 않는다는 사실을 고려하여 대략적으로 산정한 수치라는 것이다. 달리 말해 인구성장 영점 지대zero population growth, zpg로 이끄는 비율이라고 생각할 수 있다. 현재 미국에서는 시간이 지나도 자신의 인종집단이 전체 인구집단 속에서 차지하는 비중을 유지하기 위해서는 성인 여성이 2.1명의 아이를 낳아야 한다.

앞에서 살펴본 것처럼 미국에서의 출생률은 현재 약 2.0%이다. 이것은 대체율보다 조금 낮은 수치이다. 그러나 미국의 출산율은 인종집단에 따라 극단적으로 달라진다. 1994년의 몇 가지 수치를 통해 이를 알아보자. 미국에서 현재뿐만 아니라 향후 수십 년 동안에도 가장 큰 단일 집단을 형성할 비(非)히스패닉계 백인의 경우 1.79%의 출산율을 보이고 있다. 비히스패닉계 흑인의 경우 2.34%이며 히스패닉계는 3.00%이다. 물론 "히스패닉계"라는 말 자체가 다소 광범위한 집단을 의미하기는 한다. 히스패닉계 사이에서도 쿠바계의 출산율은 1.68%에 그치는데 반해 멕시코계는 3.82%에 달한다. 미국의 인디언(2.08%)과 아시아계 미국인(1.94%)들은 각각 대체율에 조금 못 미치는 출산율을 보인다.

다른 모든 조건이 동일하다고 전제할 때, 현재 출산율을 살펴보았을 때 알 수 있는 것은 미래에는 현재보다 더 적은 백인과 더 많은 히스패닉계 미국인이 존재할 것이라는 점이며, 그 외 다른 집단에서는 약간의 변화가 있기는 하겠지만 그다지 많은 변화가 일어나지 않을 것이 예상된다.

그러나 "다른 모든 것들이 동일하다는" 점은 출산과 관련된 행동에 대한 몇 가지 가정을 근거로 한 중요한 전제조건이다. 예를 들면, 아프리카계 미국인들의 출산율이 계속해서 백인의 출산율에 수렴하게 될 것이라고 예상하는 데는 몇 가지 이유가 있다. 히스패닉계나 아시아계 인구와는 달리 아프리카계 미국인들 중에는 새로운 이민자가 거의 없는데, 이민자들은 대개 비이민자 집단보다 젊고, 더 높은 출산율을 보이는 경향이 있기 때문에 아프리카계 미국인의 비율은 상대적으로 낮은 상태에 머물게 된다. 게다가 아프리카계 미국인들은 계속해서 중산층의 지위로 이동하고 있기 때문에 백인과 흑인의 출생률이 비슷해지게 하는 데 영향을 끼칠 수도 있다. 이 모든 추측은 충분히 합리적이지만, 아무도 정답을 알 수는 없으며, 백인과 흑인 간의 출산율의 간극은 쉽게 벌어질 수도 있다.

인종 간의 다양한 출산율은 매우 다른 연령 구조를 보이는 인구집단을 생성하기도 한다. 이는 대개의 경우 다양한 출생률 때문이며, 미국에서 각 집단의 평균 나이는 상당히 다르다. 1997년 백인 미국인 나이의 중앙값은 대략 37.3세인 반면, 아프리카계 미국인 나이의 중앙값은 그보다 한참 아래인 29.8세였고 히스패닉계 미국인은 이보다도 어린 26.5세였다.

이러한 수치가 의미하는 시사점은 단순하지만 인상적이다. 간단히 말해서, 미국은 문화적으로 다양해지고 있지만, 이러한 변화가 젊은 층 사이에서 더욱 급속하게 진행되고 있다는 사실이다. 이와 같은 결과는 출산율의 차이와 앞으로 살펴볼 것처럼 이민에서 나타나는 경향의 차이에 의해 나타난다. 예를 들어, 미국의 인구전체 중 인종적으로 소수집단에 속하는 인종은 22%인데 반해, 18세 이하의 아프리카계 미국인, 히스패닉계, 아시아계 인구는 전체 청소년 집단의 31% 가량을 차지한다. 이 비율은 2010년에는 38%에 이를 것이며, 많은 분석가들의 예측에 따르면 2050년에는 비히스패닉계 백인들이 수치상으로는 미국에서 소수집단이 될 것이다(Pollard & O'Hare, 1999). 그렇지만 현재 미국 내에서 증가하고 있는 문화적 다양성을 언급하는 것은 젊은 층 사이의 경향에만 국한된다고 보는 것이 타당하며, 몇몇 지역에서만 그런 때가 많다.

이러한 모든 것이 교육과 일 사이의 관계와 어떻게 관련되어 있는지는 점점 다양해지고 있는 학령 인구가 미래에는 더 다양한 노동 인구로 등장할 것이라는 사실을 의미한다. 이와 같은 현상의 중요성을 충분히 파악하기 위해서는 우선 이민이 차지하는 역할에 대해 생각해볼 필요가 있다.

사람들의 이주: 이민과 국내 이동

이민이 미국 사회의 인구통계적 상황을 새롭게 만들어 갈 때에 차지하는 역할에 대해서는 이미 여러 차례 암시한 바 있다. 이민은 속성상 인구 집단의 어린 층에 가장 큰 영향을 미친다. 따라서 교육과 일의 관계에 가장 중요한 효과를 갖는 집단은 어린이 집단과 젊은 성인집단이다.

미국의 이민사는 상당히 오래 되었다. 미국은 역사 속에서 주된 이민의 흐름을 모두 겪어왔다. 경제적 기회 —대부분 산업화 사회에서의 비숙련 노동자들에 대한 수요에 부응한— 를 얻기 위한 이민에서부터 가족들의 상봉을 위한 이민, 경제적 탄압을 벗어나기 위한 이민에 이르기까지 미국은 19세기에 이민자들에 의해 인구통계적으로 변화를 거듭해 왔다.

현재의 이민 흐름은 과거 이민의 큰 파도 이래 약 50년 동안의 추이를 따르고 있다. 실제로 미국은 "이민자들의 국가로 새롭게 되었다"(Portes & Rumbaut, 1990, p. xvii). 여러 가지 이유로 제1차 세계대전 이후 이민은 눈에 띄게 줄어들었고, 지난 세대에 이르러(1970년 이래로) 수십 년 전의 속도와 비견되는 움직임으로 이민이 이루어졌다(Massey, 1995).

이민은 미국을 문화적으로 다양한 국가로 만들고 있다. 이러한 상황은 몇 가지 맥락을 고려하여 이해할 필요가 있다. 미국 인구의 변화 양상에 놀라기도 하고 용기를 얻은 사회 평론가들은 그들이 바라보는 이와 같은 현상을 이전에는 없었던 미국 사회의 문화적 다양성의 개념에서 바라본다. 그러나 실제로 여러 측면에서 100년 전에 비해 미국의 문화적 다양성은 오히려 감소하고 있다. 예전에는 몇몇 대 도시에서 3분의 2에서 4분의 3에 이르는 학령층 어린이들의 부모가 외국에서 태어났었기 때문에, 학교는 오늘날과 마찬가지로 다양한 언어와 전통에 상응하여 이들에게 다가가기 위한 방법을 강구해야만 했다. 실제로 학교 당국은 선의를 담은 헌신적인 노력들을 통하여 이들에게 다가갔다. 이는 외국에서 태어난 그들의 부모들을 "미국화" 시키는 광범위한 성인교육을 제공하려는 야심찬 노력으로 이어지기도 했으며, 그들의 부모가 교육받은 훌륭한 시민이자 생산적이고 자신감에 넘치는 근로자가 되도록 만드는 것도 포함되었다.

오늘날 미국으로 오는 이민자들의 교육적 배경은 1세기 전의 이민자들과는 다르다. 100년 전에는 이민자들이건 그렇지 않은 사람들이건 고등학교를 마친 사람들이 많지 않았을 뿐만 아니라, 이로 인한 영향은 거의 없다시피 했다. 1880년에서 1920년 사이의 이민자들은 산업화 사회에서의 비숙련 노동자에 대한 높은 수요 때문에 미국으로 건너왔다. 반면 현지인들에 비해 교육수준이 낮은 현재의 이민자들은 실제적인 직무기술뿐 아니라 공식적인 자격증도 절대적으로 필요한 후기 산업사회에 적응해야 한다.

19세기까지 이민자들의 대다수는 유럽에서 건너왔다. 이러한 경향은 20세기까지 이어져 왔다. 오늘날의 이민자들은 이와는 현저히 다르며 이질적인 배경의 사회에서 미국으로 유입이 가속화되고 있다. 〈그림 6.3〉은 이와 관련한 예시적인 자료를 제공한다. 폴라드Pollard와 오헤어O'hare (1999)는 미국 이민의 전반적인 동향을 다음과 같이 설득력 있게 요약하였다.

1980년과 1998년 사이에는 이민자의 거의 4분의 3에 달하는 숫자가 아시아와 남아메리카에서 왔으며, 4퍼센트의 이민자들이 아프리카에서 건너왔다. 총 이민자의 약 20퍼센트만이 유럽에서 왔다. 이러한 경향은 이민자의 절반이 유럽에서 건너오고 15퍼센트는 캐나다에서 왔던 1950년대에 비해 두드러진 변화이다. 1950년대에는 40퍼센트에 못 미치는 이민자들이 아프리카, 남아메리카, 아시아, 오세아니아에서 왔는데 이들은 미국에서 가장 큰 세 개의 소수민족 집단을 형성하였다.

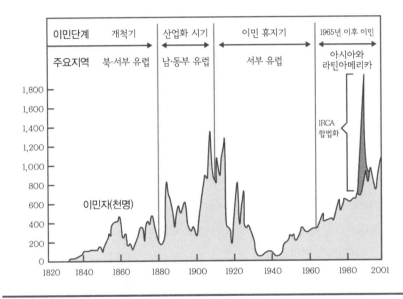

그림 6.3 미국으로의 이민, 1820~2001

* IRCA(the Immigration Reform and Control Act)는 1986년 시행된 이민개혁 관리법안을 말한다. 이로 인해 270만 명의 불법 외국인 거주자들이 합법적인 이민자 지위를 얻게 되었다.
📖 출처: US Immigration and Naturalization Service(2003).

조우zhou(2001, p.205)는 "이민자들의 수와 구성은 미국의 전반적인 인구 크기와 구성에 지속적인 효과를 갖는다"는 단순하지만 중요한 사실을 지적해냈다. 분명히 현재의 이민 인구는 미국 현지 인구와 중요한 차이를 갖는다. 한 가지 주요한 차이는 교육적 성취와 관련이 있다. 이민자들은 광범위한 교육수준과 복잡한 직업능력을 보유하고 있다. 그렇지만 이들은 광범위하고 이질적이기 때문에 기존 인구의 교육과 기술수준을 결코 반영하지 않는다. 이민자들 중에는 고급 훈련을 받은 전문직 근로자도 있지만, 직무기술을 결여하고 있는 사람들도 있다.

본국의 정치적, 경제적 상황과 관련된 이유로 인해 이민자 집단들은 매우 다양하고, 상이한 자격증과 기술을 보유하고 있다. 7개 라틴계 인구집단 간의 인구통계적 경향을 분석한 페레즈Perez와 살라자르Salazar(1993)에 의하면 히스패닉계 인구집단은 "교육수준이 낮고, 젊으며, 성장하고 있다"(p.188). 그들은 이 연구에서 이러한 사실이 장기적으로 지니는 시사점, 즉 이민자와 그 자녀들이 겪게 될 사회경제적 미래뿐만 아니라 라틴계가 계속적으로 성장하는 집단으로서 장기적으로 인력의 생산성과 경제적 발전에 기여하게 될 것임을 지적하였다.

엔차우테구이Enchautegui(1998)는 저숙련 이민자들의 경험을 심층적으로 분석하여 그들이 학교교육을 받지 못한 집단에 속하게 되는 경우가 비정상적으로 많다는 점을 밝혀냈다. 그녀는 1990년의 데이터를 사용하여 모든 근로자 중 고등학교 졸업장이 없는 사람들의 30%가 이민자라는 점을 발견하였다. 이는 교육수준이 낮은 더 큰 단위의 인구집단을 살펴본 경우에도 해당된다. 예를 들어, 1994년 미국에서는 외국에서 태어난 사람들 중 15~55세 사이의 연령대에 분포된 510만 명이 고등학교 졸업장을 가지고 있지 않았다. 이들 중 약 3분의 2는 고등학교 교육을 전혀 받지 못했다. 남자의 경우 시장에서 인정받을 만한 기술의 수준이 낮은 경우가 흔하게 나타났다.

놀랍지는 않지만 고등학교 졸업장이 없는 이민자의 경우 매우 빈곤하고 낮은 임금을 받고 있었다. 엔차우테구이는 고등학교 졸업장을 가진 사람과 그렇지 않은 사람 모두가 노동시장에서 어려운 경험을 하기는 했지만, 이민자들의 노동시장에서의 소외marginalization를 나타내는 이와 같은 지표들이 고등학교 졸업장을 가진 사람들보다 그렇지 않은 사람들의 상황을 훨씬 더 악화시키고 있다는 점에 주목했다. 자격을 가지고 있지 않은 이민자들은 비교적 높은 수준의 직업에 고용되는 경우도 있었지만 대개 낮은 임금과 낮은 수준의 기술로 특징 지워지는 직업에 종사했다. 이러한 직업들이 더 나은 직업을 얻기 위한 디딤돌이 되어주고 있다는 증거도 확실하지 않다. 즉, 낮은 교육수준은 저숙련 이민자들에게 심각한 걸림돌로 작용하였으며, 그들의 노동시장에서의 성공여부는 후기 산업사회가 진행됨에 따라 지금보다 더 악화될 것이라는 전망이 우세하다.

많은 이민자들이 후기 산업사회에서 요구되는 교육수준을 갖추지 못하였지만, 높은 교육수준과 기술수준을 지닌 이민자도 상당수 존재한다. 페얼리Farley(1996, p.175)가 지적한 것처럼 "이민자들은 현지인들과는 다른 교육적 성취 양상을 보인다. 그들은 교육수준의 분포에 있어서 상층부와 하층부 양 극단에 위치하고 있는 경우가 많다." 실제로 높은 수준의 교육을 받은 이민자들은 꾸준히 증가하고 있다. 폴라드와 오헤어(1999)는 "1980년 이래로 고소득자 중 소수민족 집단에 속하는 사람들이 두 배 이상 늘어났다"고 밝혔다. 아시아에서 온 사람들의 높은 교육수준만이 부각되는 대중매체의 보도와는 달리, 실제로는 교육수준이 낮은 아시아계 이민자들도 다수 존재하며, 아메리카 대륙과 아프리카에서 온 고학력 이민자들도 많이 있다. 다만 오늘날의 이민자들은 집단 내에서도 현저한 이질성을 보인다.

마지막으로 지적할 점은 이민 자체에 대한 것이다. 이민의 가장 중요한 효과는 전국적이라기 보다는 지역적으로 나타난다. 이민자들은 미국에 온다기보다는 미국 내 특정한 장소로 오게 된다. 이러한 정착 경향에 대해 알려진 바는 많다. 마이애미 지역의 쿠바 이민자들이나 미네아폴리스의 베트남, 라오스, 캄보디아 출신 이민자들에 대한 연구는 여러 차례 이루어졌다(Zhou, 2001; Portes & Rumbaut, 1990). 미국 내에서도 인구분포는 문화적 다양성에 있어 많은 차이를 나타낸다(Frey & Devol 2000; Pollard & O'Hare 1999). 캘리포니아는 뉴햄프셔보다 문화적으로 더 다양할 뿐 아니라, 아이오와에서도 웨스트 브렌치와는 달리, 웨스트 리버티는 이전 세대보다 훨씬 더 문화적으로 다양한 경향을 보인다.

이것은 이 책의 주제와 관련하여 봤을 때 중요한 사실이다. 적당한 규모의 이민자들이 있는 경우, 어떤 지역의 성격은 급격히 변화될 수 있기 때문이다. 이민이 지역사회에 일으키는 변화는 인종적 구성에 있어서 현저하게 나타난다. 이민자들은 현지 인구의 연령 구성에 변화를 가져오기도 한다. 앞에서 살펴본 대로 이민자들은 현지인들보다 나이가 적은 경향이 있기 때문이다. 이러한 인구연령의 변화에 있어서 현지에서 나타나는 즉각적인 변화는 교육 서비스에 대한 수요의 변화이다. 앞서 언급한 인구집단의 대체 개념을 살펴보면, 지역사회는 노동자 공급에 있어 몇 년 전과는 상당히 달라졌음을 발견하게 될 것이다.

이 모든 사실들이 어떤 지역에서 어떻게 펼쳐질지는 새로운 이민자들의 특성에 달려있다. 따라서 어떤 지역에서는 고교학력검정시험, 기초 기술, 이민자들을 위한 영어 수업ESL의 제공을 이미 확대하고 있고, 높은 수준의 교육을 받은 전문직들을 위해서는 더욱 전문적인 훈련을 제공해야 할 필요가 생기게 될 수도 있다.

국내 이주와 교육과 일의 관계

이민이라는 주제를 논의하는데 있어서 마지막으로 다룰 부분 또한 언급할만한 가치가 있다. 이민은 어떤 공동체와 지역에서건 현지인들과 다른 교육적 준비와 직업능력을 지닌 사람들을 유입시킴으로써 "교육과 일"의 관계를 변화하게 만들 수 있다. 그런데 나라 안에서 사람들이 이동하는 형태인 국내이주 또한 이와 같은 효과를 가질 수 있다. 미국인들은 교육적, 경제적 기회를 얻기 위해 거주지를 바꾸는 경우가 종종 있다(Pastor, 2001). 미국 내에서 인구와 직업의 이동이 수십 년 동안 미국 북부지대 snowbelt에서부터 남부지대sunbelt로 이루어졌다는 점은 잘 알려진 사실이다 (US bureau of the census, 2001). 이러한 재분배는 복잡한 양상을 띠지만, 직업과 인력의 재배열이 지역적으로 계속 이루어지고 있다는 것 또한 미국 역사의 엄연한 한 부분이다.

조심스럽게 언급하자면, 미국 내의 여러 지역들은 이미 인구학적으로, 교육적으로, 경제적으로 지난 수십 년 동안 매우 다르게 변화하여 왔다(Morrill, 1990). 어떤 지역에서건 인구의 이동은 교육과 일의 관계에 있어서 많은 것들을 실제로 변화시킬 수 있기 때문에 중요한 함의를 갖는다. 국내 이주는 이민과 마찬가지로 임의로 일어나는 현상이 아니다. 페얼리 Farley(1996, p.288)가 주목한 것처럼 "한 주에서 다른 주로의 이동을 일어나게 할 수 있는 가능성은 교육적 성취와 결부되어 있을 때 증가한다." 결과적으로 미국 내 몇몇 지역(예를 들면 마이애미에서 잭슨빌에 이르는 플로리다 해안지방 또는 라스베가스나 새크라멘토)은 교육수준이 높은 다수의 국내 이주민들을 끌어당기고 있는 반면, 다른 지역들(특히 과거의 산업 중심지들)에서는 교육수준이 높은 인구집단들이 떠나고 있다. 여기서 더 구체적으로 논의를 전개할 수는 없지만(그러나 뉴잉글랜드 지방에서 이러한 현상이 어떻게 전개되었는지에 관해서는 Rosenbloom, 2002와 Kodrzycki, 2000을 참고) 교육과 일이 어떻게 관계되어 있는지는, 지역에 상관없이, 계속적인 인구의 전환과 매우 큰 관계가 있으며 국내이주는 이러한 전환의 주된 결정요인 중 하나이다.

생애경로의 변화

인구통계학은 인구 출산율, 사망률, 이민 등이 인구집단에 어떤 영향을 미치는지에 대한 많은 정보를 제공한다. 이 책에서 사망률에 대해서는 많이 다루지 않았지만, 출산율과 이민의 동향을 분석하는 것은 교육과 일의 관계를 이해하는 데 상당한 시사점을 제공한다. 인구집단을 이해하는 데 있어 복합적으로 영향을 주는 또 하나의 요인을 더하자면 그것은 바로 변화하고 있는 미국인들의 생애경로이다.

인구통계학자들은 생애경로가 사람들이 나이가 들면서 갖게 되는 정형화된 역할 패턴과 그들이 경험하는 전환transition이라고 개념화한다. 이러한 역할들은 사회학 입문에서 학생, 근로자, 부모, 은퇴자 등으로 흔하게 등장하는 내용이다. 역할 전환은 예를 들어, 근로자들이 은퇴자가 되는 것과 같이 사람들이 하나의 역할을 떠나 다른 역할을 받아들이는 것과 관계가 있다. 생애경로가 어떻게 변화하고 있는지는 미국(Shanahan et al., 1997, 1998)과 기타 다른 지역(Mayer, 1991) 모두에서 현대 사회학의 중요한 관심사가 되고 있다.

생애경로에 있어서 "학생에서 근로자"로의 전환 "시점"이 상당히 명확했던 시기가 있었다. 예외가 있기는 하지만 미국인의 생애경로에서 한 개인이 공식적인 학교교육 참여를 마치고 근로자로서의 역할을 받아들이는 시점이 있다는 것은 합당하게 받아들여졌다. 학생들은 학교를 졸업하거나 중퇴하였고 예측 가능한 일터에서의 역할을 계속해서 유지해 나갔다. 물론 주부와 같이 성인으로서 다른 역할을 감당하는 예도 많이 있다. 생애경로의 "포드주의적Fordist" 모형에서는(Baizan et al., 2002), 삶에서 일어나는 주된 사건과 역할이 순차적이고, 역행할 수 없는 경로로 나타난다. 일을 해서 돈을 벌기 전에 먼저 공부를 해야 하고, 부모가 되기 전에 결혼을 해야 하며, 은퇴를 하기 전에 일을 해야 한다. 이러한 산업사회 모형은 보편적이라고 볼 수는 없지만 실제로는 표준이 된다고 할 수 있을 만큼 많은 사람들이 광범위하게 경험하는 일련의 과정으로 여겨졌다.

최근 들어, 교육과 일이 교대되는 과정, 즉 교육과 일의 연계를 이해하는 데 있어서 일반적인 경향의 유용성은 감소하고 있다. 미국이 산업사회에서 후기 산업사회로 이행해감에 따라(Baizan et al., 2002), 어떤 개인의 경력에서 단순한 "학교에서 일터"로의 전환, 또는 "학교에서 가정"으로의 전환 개념이 갖는 의의는 다양한 역할 사이의 지속적이고 불규칙적인 이동성에 의해 대체되었다. 다른 국가에서도 미국에서와 같은 정도는 아니어도(Mortimer & Kruger, 2000) 이와 같은 증거가 나타난다(Buchmann, 1989).

즉, 후기 산업사회에서 미국인들의 표준적인 생애경로는 일반적으로 규격화되고 예측 가능한 일련의 전환으로부터 더욱 "무질서하고"(Rindfuss, 1991), 동시에 다양한 역할을 갖게 하는 삶으로 바뀌었다. 이러한 변화의 경향은 그 여파가 매우 크다(Nock, 1993).

생애경로에 있어서 나타나는 이러한 변화는 사람들이 더 유연하고, 덜 통제받는 삶을 살기를 선택하기 때문만은 아니다. 오히려 샤나한Shanahan 등(1997)이 말한 것처럼, 사람들이 어떻게 생애경로를 경험하는가는 시간이 지남에 따라 변화하는 조건에 달려있다. 일하기 위해 학교를 떠나거나, 학생이었다가 일의 세계로 다시 진입하기 위해 학교를 떠나기로 "선택하는 것"은 경제적인 호황과 안정을 누리고 있는 현 시점과 비교한다면, 과거의 경제 불황기나 전쟁 당시의 상황은 매우 다를 것이다(앞에서 이뤄졌던 서로 다른 연령, 시기, 인구집단이 가져오는 효과에 대한 논의를 기억해 보라). 샤나한과 그의 동료들은 역사적 우연성 —그들이 계획의 충만함 plantifulness이라고 언급한— 에 대비하기 위한 개인의 노력은 "기회구조"가 개방적일 때 보상받을 수 있다고 믿는다. 계획이 많다는 것은 구조가 제한되어 있을 때에는 중요하지 않은 경우가 많다. 샤나한 등(1997, p.55)이 진술한 것처럼 "청소년기에 갖는 많은 계획은 교육, 일과 같은 사회제도가 다양한 대안들을 제공하지 못하고 폐쇄적인 구조로 남아있다면, 성인이 되었을 때 얻을 수 있는 것을 예측하지 못하는 경우가 많다." 여러 경우에 학교교육은 장래의 실질적 고용을 위한 준비일 뿐 아니라 미래에 개인이 바라는 더 큰 성장의 기회를 얻는 것을 의미하기도 하며, 이는 인력을 창고에 쌓아두는 것보다는 훨씬 더 많은 것을 뜻한다.

앞에서 블라우와 던컨Blau-Duncan의 지위획득모형을 제시한 바 있다. 나는 이 모형이 사람들이 특정한 시점에 직업이라는 위계구조에서의 자리를 잡기 위해 교육이라는 칩을 사는데 돈을 예금하는 것과 같다는 사실에 주목했다. 일단 이러한 전환이 일어나면 생애경로만큼이나 복잡한 양상을 띤다. 블라우와 던컨 모형이 학교교육과 일에 대한 우리의 생각을 조직화시키는 방법으로서의 장점이 무엇이든지 간에, 최근의 생애경로 연구는 후기 산업사회에서의 삶을 이해하는 데 있어서 완전한 지침이 되지는 않는다는 점을 보여 준다. 주어진 어떤 상황에서건 "교육과 일"은 단일한 관계라고 할 수는 없다.

생애경로의 변화 원인과 결과는 미국의 가정들이 내린 수많은 결정들에 의한 결과이다. 미국의 가족은 불과 몇 십 년 전과 비교해 보아도 매우 큰 차이를 보인다(Levintan et al., 1988). 프레스톤Preston(1996, p.97)이 관찰한 바와 같이 "아마도 지난 반세기 동안 일어난 가장 중요한 사회적 변화는 미국 가정의 재편성일 것이다." 이러한 변화들은 매우 다양한 범위와 수준으로 나타나지만, 여기서는 가정이 학교교육과 일 사이의 관계를 둘러싼 맥락 구성에 있어서 어떤 역할을 하는지를 살펴보는 데 초점을 맞추기로 한다. 미국의 가정에서 나타난 핵심적인 변화는 일과 아동에 관계되어 있다. 지난 수십 년간 여성들은 일터에서의 입지를 점차 굳혀가고 있으며, 젊은 층에서는 거의 절반을 차지한다. 한 가구에서 직장을 가진 성인의 수가 두 명인 경우는 점점 증가하고 있다. 한편 페얼리Farley(1996, p.ix)는 1980년과 1996년 사이의 가족 구조에 있어서의 변화들을 기술하는 데에 있어 "늦어지는 결혼, 증가하는 이혼, 미혼모의 증가, 동거의 증가, 이로 인해 한 사람의 성인이 배우자와 함께 보내는 시간은 점차 줄어들고 있으며 한 자녀가 양측 부모 모두와 함께 사는 시간 또한 줄어들고 있다"는 점에 주목하였다.

변화하는 미국의 가족 구조에 대한 관심은 이러한 변화들이 자녀들의 복지에 미치는 영향에 맞춰져 있다(Furstenberg & Cherlin 1991). 가족 구조의 변화가 아동의 인지적 발달, 반사회적 친사회적 행동, 학업 성취에 미치는 영향에 대한 연구는 상당히 진척되었다. 앞으로 이 아이들이 자라서 일을 하게 되는 연령에 이르면, 이러한 효과가 교육과 일의 관계에 있어서 어떠한 영향을 미치는지 드러나게 될 것이다.

그러나 가족 구조에서의 이 같은 변화들은 이를 경험하는 성인의 삶에 있어서도 변화를 일으킬 수 있다. 다시 말해, 성인이 가족 내에서 담당하는 역할의 변화는 학교교육과 일터에서의 참여를 산업사회적 조건 하에서 우세했던 역할과는 다르게 제한하기도 하고 촉진할 수도 있기 때문이다. 이에 관한 연구는 대단히 적지만, 변화하는 가족 내의 역학관계가 성인들이 자신을 위한 교육적 활동을 위해 사용하는 시간의 양과 분배를 변화시키는 데 영향을 미치고 있다는 사실에는 의심의 여지가 없다. 이는 또한 성인 가족 구성원들이 직면하는 기회비용을 변화시키기도 한다. 이러한 새로운 가족 구조에서 성인들이 배우자와 아이들과 함께 있지 않는 것이 교육과 고용 기회를 위해 사용하는 시간과 비용에 어떤 영향을 끼치는 지에 대한 연구는 추가적으로 이루어져야 할 것이다.

인종, 무질서, 고령화의 인구통계학적 변화

이제까지 우리는 미국 내 인구집단의 변화 형태와 방향에 대해 몇 가지 사실들을 논의하였다. 미국은 문화적으로 더 다양화되고 고령화되고 있을 뿐 아니라 미국인들의 규범적인 삶의 경로 또한 더욱 다변화되고 있다. 몇 십 년 후에 교육과 일 사이의 관계가 전개되는 방식은 인종과 연령 사이의 독특하고 예측할 수 없는 상호작용 속에서 일어날 것으로 보이며, 사람들은 인구 "피라미드"를 통해 과거와는 다른 결정을 내리고 있다.

앞에서 이러한 동향의 가장 중요한 결과는 노동력의 고령화라고 언급한 바 있다. 고령화는 베이비붐 세대들이 더 나이가 많은 인력들을 대체하게 됨에 따라 적어도 2015년까지는 계속될 것이며, 그들이 대규모로 은퇴하기 시작할 때까지는 수그러들지 않을 것이다(Poulos, 1997). 이러한 내용의 세부사항은 최근에 노동통계청에 의해 진행된 사회인구통계조사를 통해 더 살펴볼 수 있다. 바우만Bowman(1997, p.3)은 다음과 같은 사항을 관찰했다.

노동력에 있어서 전반적인 변화가 원만하게 이루어지는 가운데 중요한 변화들이 인구통계적 구조에 있어서 일어날 것으로 예상된다. 베이비붐 세대들이 45세와 64세 사이의 노동자층으로 성장함에 따라 노년층의 집중이 가속화 될 것이다. 25년 만에 처음으로 16세에서 24세 사이의 젊은 근로자의 수는 전체 노동력보다 빠르게 증가할 것이다. 25세에서 44세에 이르는 연령층이 향후 10년 동안 감소하게 될 것이라는 점 또한 예상된다. 이러한 모든 결과는 지난 10년 동안 그러했던 것처럼 노동력의 지속적인 노화로 계속될 것이다. 2006년까지 노동자의 평균 연령은 41세가 될 것이며 이 수치는 1960년대 이래로 도달하지 않았던 수준이다.

다른 경향들도 이러한 사실을 뒷받침한다. 미국인들의 수명이 길어지는 점과 조기은퇴 경향도 이에 포함된다(Moen, 2001). 이러한 예측들은 실제로 일어날 수도 있지만, 그렇지 않을 수도 있다. 예를 들어, 평균 은퇴연령이 높아질 것이라는 가정도 가능하다. 그러나 "임박해 있는 적령기 근로자들의 감소"가 우리에게 갖는 의미는 매우 크다(Lerman & Schmidt, 1999). 출산율, 이민, 그리고 위에서 언급한 생애경로 등을 감안해볼 때 이러한 감소는 현재보다 더 어린 근로자와 더 나이가 많은 근로자 모두가 존재하는 노동시장을 의미한다고 볼 수 있다. 이것은 미국이 최근 경험했던 변화와는 반대의 경향이라고 할 수 있다. 최근까지 청년층의 노동 참여는 감소하고 있었으며, 이보다 더 중요한 사실은 노동인구 중에서 가장 실질적인 이득을 보는 사람들은 적령기의 근로자들이었다. 현재 25~44세 사이의 적령기 근로자들은 상당히 감소하고 있으며, 45~54세 사이의 노동자들은 약간씩 증가하고 있다.

8장에서 고령화 시대의 평생학습 논의에서 이러한 사실이 의미하는 바를 다룰 때까지, 여기서는 이에 관한 논의를 더 이상 전개하지 않을 것이다. 다만 현재 중요한 점은 고령화되고 있는 노동자들이 가족 구조와 행동에 있어서의 변화를 따라 부양률dependency ratio에 있어서도 변화를 보이고 있다는 사실이다. 부양률은 "해외 주둔 군인과 아이들을 포함해서 전체 인구 중에 노동인구 100명당 노동인구에 참가하고 있지 않은 사람들의 수"(Fullerton, 1997)를 의미한다. 단순화시킨다면, 이 비율은 근로인구가 비근로 인구를 부양하고 있는 정도를 나타낸다고 할 수 있다.

우리는 현재 이 부양률의 변화를 목격하고 있다. 인구의 고령화, 여성들의 노동활동 참여 증가, 그리고 출생률의 감소로 인해 미국의 부양률은 1975년에서 1996년 사이에 31% 포인트 감소했다. 부양률은 앞으로도 당분간은 감소할 것으로 보인다. 향후에는 적은 수의 근로자들이 더 많은 수의 청소년층과 노년층을 부양할 것이다.

이러한 모든 현실은 노년층의 필요와 젊은 층, 인종적으로 다양해지는 집단 간의 압력을 증가시킬 것으로 예측된다. 이러한 압박은 베이비붐 세대들이 사회의 장년층이 되면서 더욱 구체화 될 것이다. 그 때에는 베이비붐 세대에 의한 강력한 정치 세력이 형성될 것이다. 이는 높은 투표율과 복잡다난한 정치적 이동성으로 대변된다. 따라서 앞으로 미국에서는 노년층과 관련된 사회적 이슈가 관심을 끌게 될 것이다. 이는 수적으로 우세한 학령기 인구의 인적자본을 개발하기 위한 장기적인 투자에 대한 의지를 약화시킬 수 있다. 미국 역사에서 지난 20년간의 경험에서 자신들의 자녀가 현재 학교에 다니고 있는 현재의 납세자들과는 달리 대부분의 지역에서 자녀가 학교에 다니고 있을 확률이 적은 미래의 납세자들이 다음 세대를 교육하기 위해 지불한 투자의 범위는 대단히 우려할 만하다(Ladd & Murray, 2001).

여러 세대에 걸친 인적자본 개발에 대한 투자가 다음 수 십 년 동안 유소년층이 노동력에 진입할 때에 적절한 지원이었다고 확실하게 판단할 수는 없다. 폴라드Pollard와 오헤어O'Hare(1999)가 솔직하게 언급한 것처럼 미래에는 "백인들이 나이가 더 많은 인력층에 집중되어 있는데다가 고용과 승진에 있어서 소수민족에 대한 차별의 역사가 있었기 때문에, 대부분 백인들로 구성되는 관리자 집단들이 더욱 다문화적이고 다인종적인 인력들을 관리하게 될 것이다." 또한 후기 산업사회에서는 기술과 역량의 수준을 지속적으로 향상시키는 것이 요구된다. 베이비붐 초기에 시작된 인구통계적 변화들이 인적자본 개발의 필요에 부합하도록 만드는 것은 현시대가 직면한 "교육과 일"에 관한 문제 중 중요한 정책적 과제이다.

여기서 언급할 만한 다른 사항은 노동공급의 적합성labor supply adequacy 수준이다. 이것은 "인구의 전체 소비 요구에 대해 적절한 대응 능력을 갖춘 인력의 비율"이다(Rogers et al., 1999, p.5). 이러한 척도는 유능한 노동인구가 전체 인구의 필요를 충당할 수 있을 지에 대한 지표를 제공한다. 쉽게 말해, 노동공급 적합지수가 높은 사회는 이 지수가 낮은 사회보다 더 잘 살게 되는 것이다. 노동공급 적합성은 2010년과 2040년 사이에 미국에서는 거의 확실하게 감소하게 될 것으로 보인다(Toder & Solanski, 1999; Rogers et al., 1999, 2000).

그러나 미국은 인력이 고령화되고 날이 갈수록 부적합한 노동공급이 이루어지는 유일한 국가는 아니며, 사실 다른 국가들보다는 사정이 더 나은 편이다. 맥도날드McDonald와 키펜kippen(2001)은 고령화되는 인구의 출산율 동향, 즉 노동력의 공급 규모를 16개 국가에서 조사했으며, 2000년에서 2050년까지 일어날 수 있는 여러 결과들을 예측하였다(Kinsella & Velkoff, 2001). 그들은 지난 25~30년간 대부분의 선진국에서 출산율과 사망률이 감소하고 있으며, 사회가 급격하게 고령화되고 있음을 보여주었다. 미국에서와 같은 고령화는 베이비붐 세대들이 나이가 들면서 가속화될 것이다. 이에 따라 제기되는 문제는 미래의 인력들이 예전보다 현저히 고령화된 인구를 부양할 수 있는가 하는 여부이다. 더욱이 현재의 장년층들은 더 많은 건강 서비스와 레저 생활을 요구할 것이기에 젊은 노동자층의 일자리가 만들어 질 것이며, 이들의 자원은 큰 압박을 받을 것이다.

가장 선진화된 국가들도 노동력 규모의 절대치에 있어 침체 또는 감소에 직면하게 될 가능성이 있다. 이는 사람들이 학교를 다니는 기간이 길어지고(후기 산업사회 경제의 급박성에 의해 이에 대한 요구가 증가하고 있다) 더 일찍 은퇴하기 때문에(부양률이 변화함에 따라 그렇지 않을 가능성도 크다) 훨씬 더 복잡한 양상을 띤다. 미국의 상황은 다른 국가보다는 낫다. 다른 국가들이 인구통계학적 변화로 인해 유발된 압박의 수준이 다양한 반면, 일본은 가장 불리한 전망을 보이고 있다. 소메스타드Sommestad(2000)는 이러한 모든 상황이 가져오는 치명적인 결과로 고령화 사회에서는 젊은 인구집단이 자신들의 교육에 투자할 동기가 적어지게 될 것이라고 덧붙인다. 그녀는 이러한 상황으로 인해 특히 과학과 공학 분야에서 젊은 인력을 양성하는 데 있어 심각한 문제가 대두될 것으로 보았으며, 다른 분석가들(예, Esping-Andersen, 1999)도 비슷한 결론에 도달했다.

결국 이 모든 논의는 무엇을 의미하는가?

나는 "일과 교육, 그리고 이들이 서로 연계된 형태에 인구통계가 미치는 영향은 정보폭발과 이론적 지식만큼 인상적이지는 않지만 그렇다고 그 영향에 있어서 극적인 면이 떨어지는 것도 아니다"라는 말로 이전 장을 마무리했다. 뒤늦게 생각해 보건데, 이는 아마도 잘못되었을 가능성 있다. 출생, 사망, 이민과 같은 간단한 인구통계학적 과정들은 학교교육과 일터가 서로에게 어떻게 연결되어 있는 지에 대해 방대한 개념적 통찰력을 제공한다. 후기 산업사회의 다른 모든 것들과 같이, 이것들의 효과는 결정적이라기보다는 불확정적이다. 사람들은 그들 앞에 놓인 인구통계학적 동향들을 놓고 무엇을 할 것인지에 대해 어떤 의미에서든 "선택"을 한다.

이 장에서 보여준 것처럼 하나의 "사회적 사실"로서 공학, 실력주의 혹은 학력주의적 경향, 그리고 생애경로에 있어서 변화는 다양한 연령대의 사회구성원들에게 각기 다른 방법으로 영향을 미친다. 다음 장에서는 지금까지 논의한 개념과 주제들을 사용하여 "청소년의 일"을 분석할 것이다.

고등학교의 변화,
고등교육의 대중화.

그리고
청소년 노동시장

고등학교의 변화, 고등교육의 대중화, 그리고 청소년 노동시장

교육과 일의 연계에 있어서의 변화

앞 장에서는 후기 산업주의, 실력주의, 그리고 인구통계 간의 단순하지만은 않은 관계에 대해 다루었다. 이러한 상호작용이 암시하는 바는 교육과 일의 연계가 청년 노동자들에게 있어서 과거 세대와는 다르게 진행될 것이라는 것이다. 이 장에서는 이러한 개념을 바탕으로 청소년 노동자를 대상으로 한 교육과 일의 관계를 살펴보기로 한다. 이와 관련해 세 가지 중요한 질문을 던질 수 있다. 첫 번째는 일을 위한 준비로서의 학업에 대한 것이다. 둘째는 학생 또는 학교를 다니지 않는 학령기 청소년의 일의 세계work lives에 대한 관심이다. 세 번째는 어떻게 학생들이 학교에서 일터로 이동하는가에 관한 것이다.

첫 번째 질문에 대한 것으로, 나는 학교가 청소년들을 선별하여 성인 노동자로서 역할을 부여하는데 무슨 도움을 주고, 주지 않는지를 묻게 된다. 이는 학생들이 접하는 과목이나 기술과 같은 공식적인 교육과정 뿐 아니라, 교육 경험을 형성하는 데 있어 표면적으로 드러나지 않는 '잠재적 교육과정hidden curriculum'도 포함한다.

두 번째 질문은 "청소년 노동시장"에 관한 것이다. 이와 관련하여 청소년을 주로 노동자로 사용하는 일터와 직무의 영역을 생각해 볼 수 있다. 이렇게 '분절화'된 노동시장은 종종 막다른 그리고 빈약한 보상이 주어지는 일자리로 간주된다. 실제로, "청소년 노동시장"이라는 용어는 오해의 소지가 있다. 분명히 어떤 노동시장의 영역은 주로 청소년 노동자들에게 한정되어 있다. 패스트푸드점, 잔디 깎기, 아이 돌보기 같은 일자리는 그러한 전형적인 예이며, 이는 많은 고등학생들로 충당된다. 그러나 이러한 비공식적이고 비구조화된 노동시장은 노년 노동자들이 일자리를 놓고 경쟁하기도 하고 이를 점유하기도 한다.

마지막으로, 학교에서 일로의 전환school-to-work transition 분석은 지난 십여 년간 크게 증가하였다. 미국의 노동시장은 구조화되어 ―좀 더 엄밀하게 말하자면 비구조화되었지만― 학생의 신분에서 노동자의 신분으로 이동한다는 것이 어떤 나라보다도 어렵다. 나는 미국 청소년들이 더 원활하게 노동시장으로 이동할 수 있도록 제안된 정책들을 검토할 것이다.

청소년 노동시장을 이해할 수 있는 가장 좋은 방법은 앞 장에서 소개했던 동향과 맥락을 같이한다. 일례로, 출산율 변동의 결과는 몇 년 후 학교와 직장에 참여할 수 있는 동일 연령집단의 절대 크기가 된다. 고용주의 입장에서 학력주의나 실력주의 양자 선택 과정의 변화는 청소년의 생애 기회를 결정하게 한다. 기술의 변화는 고용의 이동을 교섭할 수 있는 청소년들의 능력과 많은 관련이 있다. 서비스 제공이 주를 이루는 후기 산업화는 산업화 시기에 조부모 세대에게 초보직 일자리를 제공했던 것과는 상당히 다른 고용 전망을 제공한다.

또한, 고등학교 교육의 보편화로 중산계층의 고용과 노동계층의 안정적 고용의 통로였던 고등학교 졸업의 가치가 하락되었다. 미국은 고등교육의 "대중화"(Zemsky, 1998)를 지향하고 있어 이는 청소년층 고등교육학위의 경제적 가치도 위협하고 있다.

이러한 경제적 재구조화, 후기 산업주의, 그리고 다른 광범위한 동향으로 인해 청소년 노동자들은 특별한 영향을 받게 된 것이다. 이 장의 목적은 청소년 노동자의 교육과 일의 연계에 있어 이러한 영향을 살펴보는 데 있다.

고등학교의 취업 준비과정으로의 역할 변화: 학교교육과 사회화

직업세계를 위한 가장 적합한 교육기관은 초등학교라는 주장을 해 볼수 있다. 실제로 복잡하고 정교한 직업 기술은 궁극적으로는 읽기, 쓰기, 셈하기 같은 "단순한" 기술에 기초한다. 지역사회 형성, 공공 윤리와 가치 전수에 있어서 그 역할이 무엇이든 간에, 초등학교는 이전과 마찬가지로 후기 산업사회에 있어서도 한 사회의 인적자본을 축적하는데 많은 공헌을 하고 있다.

미국과 대부분의 나라에서 초등학교 입학은 보편적인 것이어서 여기에서의 논의와 크게 관련성이 없다. 우리는 초등학교에서 모든 사람에게 필요로 하는 기본적 기술의 기반을 제공한다는 점을 인정한다. 또한 초등학교가 학생을 분류하고 감별하여, 결과적으로 노동 계층구조가 시작되는 곳이라는 것을 인정하지 않을 수 없다(Kerckhoff, 1996). 사회 계층화는 어려서부터 시작되고 어린 시기에 나타나는 차이는 지속적인 효력을 갖는다. 초등학교 학생들은 이미 성인의 직업과 직장에 관해 많은 것들을 알고 있다. 심지어 어린이들은 아주 어린 나이에도 상당히 정교한 노동세계에 대한 정신적 지도mental map를 가지고 있다.

그러나 여전히 논의는 다른 곳에서 시작되어야 한다. 아이들의 노동력 준비에 대해 초등학교 시기의 근본적인 영향을 살펴보기는 매우 어려운 일이다. 대신 여기서는 일의 세계를 준비하는 기관이면서 10대들의 노력과 몰입을 위해 일터와 경쟁하는 장으로서 고등학교(어느 정도는 중학교도 포함)에 대해 논의를 시작한다.

고등학교는 교육과 일의 관계를 형성함에 있어 복잡하고 모순적인 역할을 수행한다. 이러한 역할은 시간에 따라 변화해 왔다. 근본적인 모순은 고등학교가 어떤 학생들에게는 종국terminal 교육기관이며, 또 다른 학생에게는 준비preparatory기관이 된다는 것이다. 이것이 암시하는 바는 수년 전 마틴 트로우Martin Trow의 고전적 분석서인 「미국 중등교육의 두 번째 전환The Second transformation of American secondary education」(1961)에서 제시되었다. 트로우는 몇 가지 근본적인 변화를 기초로 미국 교육 역사의 시기를 나누었다.

그의 관찰에 따르면, 우리가 알고 있는 대중화된 중등학교 체계는 경제 변화에 뿌리를 두고 있으며 남북전쟁 이후에 형성되었다(1961, p.106).● 이러한 전환은 앞에서 산업화 이전사회에서 산업사회로의 변화를 기술한 것과 같은 것이다. 미국에서는 도시화, 산업화에 따라 봉급생활자인 화이트칼라 계급이 지속적으로 성장해 왔고, 이들은 더 이상 토지나 소매 경제에 구속되지 않았다. 또한 적어도 1920년대까지는 육체노동자의 비중이 증가하였다. 이러한 직업 구조의 변화는 노동 조직에 큰 변화를 가져왔다. 수천 개의 소규모 농장과 상점에 기반한 경제가 대규모 관료주의에 기반한 경제로 변화되었고, 이는 중앙집권적 의사결정과 관리자와 사무직원을 통해 수행되는 관리 행정으로 특징지워졌다.

이 새로운 경제는 산업화 이전의 전(前) 관료주의 사회에서 일을 수행했던 사람들과는 다른 인력을 필요로 했다. 중앙집권적으로 통제되고 합리적으로 관리되는 관료주의는 읽고, 쓰고, 셈할 수 있는 근로자를 필요

● 이 책에서의 Trow 논문 쪽수는 Trow 논문 원작이 아니라 Karabel & Halsey (1977)에 재수록된 것에 의존한다.

교육과 일

로 했다. 트로우(1961, p.107)에 의하면, "1870년 이후의 중등교육의 성장은 초등교육 이상의 많은 화이트칼라 노동자를 필요로 하였던 경제적 필요에 대한 반응이었다."

미국 경제는 산업화가 진전되고 있었지만 교육체제는 여전히 산업화 이전 상태로 남아있었다. 1870년에 미국의 고등학생은 단지 8만 명뿐이었다. 1870년에 17세였던 사람들 중 단지 2%만이 고등학교 졸업자였다. 이들 대부분은 대학에 진학했다. 1870년 고등학생 중 공립고등학교에 있는 학생은 거의 없었고 그 수가 적었는데 이들은 주로 북동부지역에 거주하고 있었다. 대부분의 고등학생들은 사립학교 소속이었고, 이 학교들은 중등 이후 교육과 긴밀한 연관이 있었으나 실제로 어느 것도 관료주의 경제의 등장과는 연계되지 않았다. 1870년 미국의 중등교육 시스템은 고전적인 교양 교육을 소수의 중상류계층의 남학생에게 제공하였다.

이러한 상황은 단 40년이라는 기간 동안 뒤바뀌었다. 1910년까지 미국의 고등학생은 110만 명을 넘게 되었다. 대부분은 1만 개가 넘게 불어난 공립고등학교에 적을 둔 학생들이었다. 1870년의 고교 졸업생과는 달리, 1910년 졸업생 중 아주 적은 수의 학생만이 고등교육에 진입했다. 이러한 중등교육의 대중화는 계속되었고, 1957년까지 14세에서 17세 연령집단의 90%는 학교에 다녔다. 이런 상황이 전개됨에 따라, 고교 교육과정은 점점 실용교육, 직업교육화 되어 갔고, 화이트칼라 노동자에게 요구되는 기술을 제공하였다.

트로우는 이러한 직업구조 변화가 극적인 교육 팽창을 충분히 설명하기에는 부족하다는 점을 인정한다. 그는 기회의 평등이라는 국가적 노력을 덧붙인다. 이는 역사적으로 교육, 이민, 도시와 청소년 노동 폐지 등과 관련해 중요한 것이었다. 대중화된 중등교육 체제의 출현은 1870년 이후 대규모 경제 조직의 성장과 연계된 것이었고, 단순히 과거의 엘리트형 중등교육의 연장선이 될 수 없었다. 새로운 체계는 전과 다른 기능(준비 교육보다는 종국 교육)과 새로운 조직 형태(사립교육보다는 공립교육)를 갖게 되었다. 공립학교의 대중화로 학교는 교육과정을 개발하고 교사 훈련 프로그램을 제도화해야 했다. 게다가 학생 수가 급증하여 고등학생들의 특성도 달라졌다. 많은 학생들이 학교에 억지로 다니기도 하고, 빈곤한 가정 출신으로 직업을 얻으려는 학생, 또는 이민자의 자녀로 구성되었다. 한마디로 대중 종국교육 체계의 출현은 과거의 대학 준비 교육과는 다르게 고등학교 자체를 변화시켰을 뿐 아니라 중등교육의 기본적 가정을 변경시켰다.

트로우는 계속해서 미국의 고등교육 대중화의 성장을 주시하고 분석하였다. 학교, 교육과정, 대중적 종국교육 철학이 등장한 후 수십 년 동안 미국의 대학생 수는 급격히 증가하였다. 이로 인해 미국 중등교육은 대중적 종국교육에서 대중적 준비교육으로 바뀌게 된 것이다. 트로우는 고등교육의 대중화가 이전의 중등교육 대중화 요인과 기본적으로 동일하다고 주장한다. 후기 산업사회 경제가 성숙해지면서 새로운 고급기술 노동자를 요구했던 것이다.

두 번째 전환은 첫 번째 전환보다 사회적으로 더욱 고통스러운 것이었다. 첫 번째 전환이 필요한 기관을 출현하게 하였다면, 두 번째 전환은 이미 존재하는 방대한 기관을 전과는 다른 기관으로 변화시켰다. 두 번째 전환 이후 고등학교는 종국교육과 아울러 준비교육기관의 역할을 수행하게 되었다. 대학에 진학하지 않는다는 것의 사회적 의미는 완전히 다른 것이 되었다. 대부분의 고교생이 중등 이후 교육으로 이동할 때 진학하지 않는 학생은 교육의 실패자로 여겨졌다. 이는 심리적, 금전적으로 중요한 의미가 있는 것이었다. 이러한 전환은 앞 장에서 살펴보았던 동향, 즉 중등 이후 교육 졸업장이 없는 청년 노동자가 노동시장에서의 사회적 위치가 낮아졌다는 사실을 설명해준다.

트로우의 교육 팽창에 대한 설명은 조심스럽기는 하지만 설득력이 있다. 샤보트Chabbott와 라미레즈Ramirez(2000, p.171)가 언급한대로, "역사학자와 사회학자들은 점차로 대중교육의 등장이 산업화의 결과로 설명되는 것은 적절하지 않다고 인식하고 있다"(Meyer et al., 1979 참조). 그러나 아직도 이러한 논리는 대체로 보류되고 있다. 베이커Baker(1999) 같은 신중한 비평가는 전후 미국 대중교육의 팽창에 대한 트로우 이후의 문헌에 대해 "학교 팽창은 좀 더 기술적·기능적인 측면에서 재론의 여지가 있다"는 결론을 내리고 있다(1999, p.210). 세세한 부분에 대해서 동의할 수 없는 부분이 있기는 하지만, 중등교육과 고등교육 팽창은 많은 부분 일터의 급격한 변화에 의한 것이라는 관점에는 별다른 이견이 없다. 물론 다른 요인들도 존재한다. 예를 들어, 루빈슨Rubinson과 허스트Hurst(1997, p.62)는 "지위 경쟁의 가열, 학교에 대한 정치적 권위 부재, 그리고 교육과 경제의 느슨한 연계"를 지적한다. 기능주의 사회학자와 인적자본론자들과 마찬가지로 트로우에게 있어서 "일터의 절박한 사정"은 사실일 수도 있고, 아니면 지위 경쟁과 학력주의의 산물일 수도 있지만(Collins, 1979), 실제로 그 연계는 상당히 분명한 것 같다.

고등학교는 대부분의 졸업생들에게 고등교육을 대비하게 하는 준비 기관이 되고 있다. 물론 이는 미국 전체 고등학교의 일반적인 경향이다. 어떤 고등학교에서는 모든 학생이 대학에 진학하는 반면, 어떤 학교에서는 아무도 대학에 가지 않는다. 중등 이후 교육으로 진학하는 많은 학생들이 2년제 지역사회대학이나 상업학교에 들어가 직업교육을 받기도 하는 반면, 어떤 고등학교는 전적으로 졸업생들이 미국 최고의 엘리트 고등교육 기관에 들어가는 것을 기대하고 있기도 하다. 이러한 차이는 중요한 것이어서 어떻게 사회 계층화가 작동되는지를 이해하는 데 반드시 필요한 사항이다. 그렇지만 이것이 핵심은 아니며, 전형적인 고등학교가 전형적인 학생을 위해 하는 일은 더 높은 학업의 길로 그들을 인도하는 것이다.

이러한 진술에도 불구하고 실제로는 많은 고교 졸업생들이 중등 이후 교육으로 진입하지 못하고 있으며, 심지어 고등학교에도 진학하지 못하는 학생들도 있다. 이들은 "잊혀진 절반Forgotten Half"(Howe, 1988)이라고 일컬어진다. 이러한 양상은 큰 규모의 소수민족 학생들에 대한 관심을 불러일

으키는데, 이들은 주로 고등학교 졸업 후에 바로 일터로 나아간다. 이후에 살펴보겠지만, 이들은 종종 청소년들의 기술 개발을 촉진하기 위한 정책에서조차 배제되기도 한다.

비진학 학생은 반드시 자신을 비진학자로만 보지 않으며, 시간이 지나면서 자신들을 점점 더 그렇게 여기지 않는다는 자료도 있다. 슈나이더 Schneider와 스티븐슨Stevenson(1999)의 연구에 따르면, "고교 졸업반 90% 이상이 대학 진학을 기대하고, 70% 이상이 전문 직종에서 일하기를 기대한다"(1999, p.5). 놀랍게도 이러한 포부와 기대는 이를 위해 아무 것도 준비하고 있지 않는 학생들에게도 나타난다. 예를 들어, 대학 학위를 계획하는 고등학생들조차 상급학교에 효율적으로 진학하기 위해 요구되는 최소 교과과정을 수강하지 않고 있다. 슈나이더와 스티븐슨에 의하면, 이러한 준비와 포부의 "불합치misalignment"는 일의 세계로 성공적인 이동을 바라는 많은 고등학생에게 심각한 위협으로 나타나고 있다.

일의 세계를 위해 학교는 학생을 어떻게 준비시키는가?

마틴 트로우Martin Trow에 의하면, 남북전쟁 이후 시작된 고교 재학생의 급증은 점차로 산업화, 관료화되는 사회에 부응하기 위한 대응이었다. 고용주들은 특정한 기술을 필요로 했고, 고등학교는 그런 기술을 제공할 수 있는 장으로 등장했다. 이는 통찰력 있는 설명이지만 완전하다고는 할 수 없다. 더욱 중요한 것은 이런 설명이 높은 수준의 기술에 대한 사회적 요구 증가가 어떤 방식으로 교육 팽창을 가져왔는지 보여주지 못한다는 점이다(Walters, 2000). 즉, 교육에 대한 요구(좀 더 정확하게는 교육받은 노동자에 대한 요구)가 있었다면, 어떤 기제가 작동이 되어 학교, 교사, 교육과정, 교재가 공급되고 다른 교육 하부구조가 실제로 존재하였는가? 어떻게 고용주의 요구들이 학교와 결합될 수 있었는가? 그리고 학교는 일의 세계가 필요로 하는 것에 부합할 수 있도록 사람들을 대상으로 실제로 무엇을 했는가?

이런 질문에 대한 많은 부분을 설명할 수 있는 이론으로 인적자본론을 생각해 볼 수 있다. 인적자본론자들은 사회의 교육 투자와 생산성 증가 간의 분명한 연계를 제시한다. 이 모형에서 학교는 사람을 고용주의 가치에 따라 변화시킴으로써 기술과 소양을 갖게 하고, 직장에서 필요로 하는 사람에 근접하게 함으로써 고용주가 직업교육을 받지 않은 지원자보다 이들을 더 선호하는 것에 대한 이론적 기반을 제공한다. 열렬한 인적자본론자들에게 어떻게 교육 수요와 공급이 부합하게 되었는가라는 문제는 별 의미가 없다.

그렇지만 상황이 그렇게 단순하지만은 않다. 사회학자들은 종종 인적자본론을 비판한다. 이들은 고용주가 원하는 사람을 만들기 위해 학교가 하는 것이 정확히 무엇인지를 무시한다고 본다. 인적자본론에서 학교 학습의 특성과 범위는 본질적인 것이여야지만, 그들은 이것을 실제로 증명하기 보다는 훨씬 더 많은 부분을 그냥 가정해 버리는 경향이 있다(Baker & Le Tendre 2000; Wolniak, 2002). 실제로 경제학자들은 학교 내부 활동에 대해서는 거의 살펴보지 않는다(Bills, 1998).

기능주의 사회학자들의 경우도 더 나은 설명을 하지는 못했다. 기능주의자들에게 직업을 준비하게 하는 학교의 역할은 분명했다. 파슨스Parsons(1959)와 드리븐Dreeben(1968) 등은 학교가 인지적 기술뿐 아니라 현대 경제 제도에 참여하는데 필요로 되는 정의적 소양과 태도를 제공한다고 보았다. 한편 인켈레스Inkeles(1969)는 단적으로 학교를 "근대적 인간형성make men modern"을 위한 곳이라고 보았다. 인적자본론자와 같이 기능주의 사회학자들은 고용주가 원하는 것과 학교가 제공하는 것 간의 상대적으로 명확한 연계를 상정하였다.

이는 논쟁의 여지가 없는 것이다. 극단적인 학력주의자도 학교에서 읽고, 쓰고, 계산하는 법을 가르친다는 점을 의문시하지는 않을 것이다. 그러나 어떻게 학교가 일의 세계로 나가는 사람을 사회화하는가? 사회화에 대한 관심을 학교에 국한한다하더라도, "사회화"라는 용어는 사실 모호하다. 젊은이들은 학교와 학교 밖 모두에서 사회화되나, 어느 쪽에서 얼마나 사회화되는지는 알 수가 없다. 또한 우리는 학교 안이나 밖에서 우연적인 학습이 얼마나 의도적으로 일어나는지 알 수가 없다. 학교에서는 분명히 어떤 것을 가르치려하나, 동시에 외적으로는 분명하게 드러나지 않는 또 다른 어떤 것을 가르치게 되는데, 학교의 상황 그 자체가 그렇기 때문이다.

그렇다면, 고등학교에서의 사회화와 일의 세계에 관한 문헌들은 무엇을 보여주고 있는가? 이러한 질문에 유용한 답을 찾기 위해서 고등학교 사회화 과정의 이상형을 구상해볼 수 있다. 그런 다음에 이런 이상형과 문헌에서 말하는 것의 차이를 비교해 볼 수 있다.

학교가 학생들이 일의 세계에 들어가도록 하는 사회화 방법의 한 전형적 이상형은 로버트 드리븐Robert Dreeben의 「학교에서 무엇을 배우는가On What is Learned in School(1968)」라는 고전서에서 찾아볼 수 있다. 드리븐은 학교조직 ―즉, 권위 유형, 업무 부서, 그리고 공식적으로 허용된 규정, 역할, 관계― 이 학생들이 성인들의 제도에 참여할 수 있도록 공식적인 가르침과 교육과정 같은 강력한 방식을 활용하고 있다고 주장한다. 드리븐에게 있어 학교는 근본적으로 가족과 다르다. 이러한 차이는 뚜렷하기도 하고(학교는 가족 보다 큰 집단), 어떤 점은 덜 분명(학교는 가정보다 더 공적인 장소)하기도 하다. 학교는 아이들에게 독립, 성취, 그리고 일반성과 특수성의 규범을 가르친다. 다시 말해 학교는 아이들이 언제, 어떻게 스스로 알아서 행동할 수 있는지, 어느 정도의 능력을 갖추어야 하는지, 집단의 한 구성원이 아닌 개인으로서 대우받아야 하는지, 그리고 자신의 다른 점이 상황에 따라 주의 대상이 되는지 알 수 있도록 가르친다. 드리븐은 이러한 규범이 아무것도 모르는 아이들이 기능을 갖춘 성인으로 전환되는 과정에서 결정적 요소임을 주장한다.

학교와 직장의 "상응correspondence" 모형은 드리븐의 이상적 모형을 한 층 확장한 유용한 개념이다. 이 모형은 사무엘 보울스Samuel Bowles와 허버트 긴티스Herbert Gintis의 「자본주의 미국의 학교제도: 교육 개혁과 경제 활동의 모순Schooling in Capitalist America: Educational Reform and the Contradictions of Economic Life」(1976)이라는 저서에 잘 나타나 있다. 이들은 드리븐이 논의한 사회 계층화 과정의 특성에 관심을 두었다. 이들에 따르면, 미국 사회에서 학교는 부차적인 역할을 담당하는데, 이는 학교가 경제적 공동체의 "요구"(Anyon, 1980)에 맞추어 형성되어 왔기 때문이다. 드리븐처럼, 보울스와 긴티스는 학교 구조가 일터의 구조에 상응, 부합하는 것으로 본다. 그러나 그들은 이에 덧붙여 학교가 불평등 유형을 재생산하는 방식으로 다양한 경제적 계층을 다르게 구조화시킨다고 주장한다. 노동계층 학교는 다루기 쉬운 순종적인 학생을 길러 내는 반면, 엘리트 학교는 지배, 분석 능력, 규준을 전수시키는 방식으로 조직화된다.

드리븐 모형에 반론을 제기하기는 하지만 "상응" 모형은 그의 모형에 도전을 하기보다는 모형을 더욱 풍부하게 한다. 양자의 경우 학교는 학생이 결과적으로 성인 역할을 할 수 있도록 사회화시키는 방식으로 조직화된다. 다만 중요한 차이는 드리븐에 의하면 "사회"가 일반적으로 이러한 조정으로부터 이득을 얻는다는 것이고, 보울스와 긴티스에 의하면 특정 경제적 계층이 다른 사람의 비용으로부터 이득을 얻는다는 것이다. 학교가 기업의 가치에 따라 사람을 변화시킨다는 논리는 양쪽 모두에서 인정된다.

일을 위한 사회화의 실제

이런 모형을 바탕으로 미국 고등학교가 학생들이 일의 세계를 준비하게 하는 방식에 대해 무엇을 말할 수 있을까? 이에 대한 몇 가지 질문을 던짐으로써 많은 핵심적인 사항들을 밝혀낼 수 있을 것이다.

첫째, 학생들은 성인들의 일의 세계에 관해 무엇을 알고 있을까? 앞에서 언급된 바 있지만, 학생들은 성인들의 일의 세계에 대한 복잡한 정신적 지도를 합리적으로 가지고 있다. 그러나 이를 자세히 들여다보면, 이 지도가 방향 제시를 제대로 하지 못하는 것으로 나타난다. 고등학생은 생각보다 별로 알고 있는 것이 없으며, 그들이 "알고 있는" 많은 부분은 잘못된 것이고, 시간이 흐르면서 인식의 정확성도 실제로 낮아졌다. 디플러Defleur와 멘케Menke(1975)는 몇 년 전 이러한 주장의 유용한 근거를 제시하였다. 이들은 남학생들의 성인 직업세계에 대한 이해는 피상적이었고, 그들의 이해 정도는 고등학교 기간 동안 별로 향상되지 않았다고 결론을 내렸다. 높은 사회경제적 계층의 학생들은 낮은 계층의 학생보다 인식이 뚜렷하지 않았고, 학업에서 성공적인 학생이 그렇지 않은 학생보다 직업세계에 대해 아는 게 더 많은 것도 아니었다.

슈나이더Schneider와 스티븐슨Stevenson(1999)은 최근에 고등학생이 일에 대해 "알고 있는"(또는 믿고 있는) 것이 거의 잘못되었다는 증거를 제시하였다. 놀라울 정도로 많은 고등학생이 일의 세계가 자신의 준비 정도보다 더 많은 기회를 보장할 것이라는 기대를 하고 있다. 또한 일부 학생들은 자신들이 원하는 일자리를 얻는 데 필요하게 될 교육비용을 지나치게 과대평가하고 있었다. 전반적으로 고등학생들은 현재 자신들이 차지하고 있는 청년 노동시장에 대해서 분명하게 지각하고 있었으나, 성인 노동세계가 내포하고 있는 의미에 대해서는 명확하지 않은 시각을 보였다(Wilson, 2001 참조).

두 번째 중요한 질문은 "사회화 과정에서의 제약은 무엇인가?"라는 것이다. 보울스와 긴티스가 인식하였듯이 모든 학생이 동일한 사회화 경험을 갖는 것은 아니다. 그렇다면 어떻게 사회화 과정이 사람들로 하여금 직업을 준비하는 방식을 다르게 하는가?

우리는 차별적인 사회화에 관해 공식 교육과정formal curriculum과 잠재적 교육과정hidden curriculum의 양면을 살펴볼 수 있다. 공식 교육과정이란 학생들에게 제공되는 다양한 과목 배열의 문제를 의미한다. 이는 학교교육의 내용과 맥락에 대한 변화로 단순히 사람들이 받게 되는 학교교육의 양의 증가에 대한 사항을 넘어서는 문제이다. 이 공식 교육과정은 과목 선택, 전공 학문과 같은 문제와 관련되어 있다. 좀 더 확실하게 말하자면, 학생들이 학교에서 무엇을 하는지 ―그들이 무엇을 공부하고, 무엇을 배우고, 누가 이런 것을 결정하고, 어떻게 이런 결정이 나게 되는지 등― 에 대해 질문을 던질 필요가 있다.

이러한 것들은 매우 중요한 질문이지만, 미국 데이터에 근거한 어떤 해답도 선뜻 다른 사회에 적용할 수 있는 것 같지는 않다. 미국의 교육과 일의 관계를 세계 다른 곳에 일반화시키는 것은 위험하다. 공식 교육과정에 있어서는 더욱 그러하다. 커크호프kerckhoff(2000, p.457)는 미국의 공립 초등학교와 중등종합학교의 역사에 주목하면서, "유럽 국가들과 비교해서 미국 교육 체계의 독특한 특징은 계층화를 향한 차별적 교육과정과 계열화의 정도가 낮다"는 점을 발견하였다. 미국 고등학교는 상대적으로 노동 시장 정보를 거의 포함하지 않는 아주 일반적인 졸업장을 수여한다(이는 많은 대학 학사학위, 특별히 2년제 학위에도 적용되는 상황이다). 요약하자면 미국 고등학교의 공식 교육과정은 다른 나라들과는 다르게 일의 세계와 연계를 갖는 것 같다.

공개적으로 드러나는 공식 교육과정과 달리, 잠재적 교육과정은 "기저 underground"에서 운영된다. 잠재적 교육과정의 개념은 광범위하여 사회학자들 간에도 용어의 의미가 합의되지 않고 있다. 여기에서는 잠재적 교육과정을 발란스Vallance(1973)가 제시한 개념에 근거하여 "학업 그 자체는 아니면서 체계적으로 학교교육에 중요한 교육적 영향을 미치지만 공식적으로는 겉으로 드러나지 않는 과정(p.7)"으로 간주하기로 한다. 다시 말해, 잠재적 교육과정은 적어도 어느 정도는 비의도적으로 학교에서 가르쳐지는 것들을 가리킨다(Jackson, 1968 참조).

몇몇 예외를 제외하고는(Gamoran, 1989; Benavot, 1992), 사회학자들의 공식 교육과정에 대한 이해는 놀라우리만치 희박하다. 맥에니니McEneaney와 마이어Myer(2000)에 따르면, "교육사회학에서 최근의 연구는 교육과정에 대한 본질적인 내용에 대해 거의 관심을 기울이지 않고 있다." 한편 그들은 사회학자들이 교육과정을 연구할 때, 계열화tracking나 잠재적 교육과정을 다루기는 하지만, 교육과정의 내용에 대해서는 거의 언급하지 않는다고 지적하였다. 여기에서는 직업교육에 대한 평가를 통해 이러한 질문에 접근하려고 한다. 하지만, 맥에니니와 마이어의 관찰은 교육내용과 배분과정의 관계에 대해 광범위한 질문을 제기한다.

어느 부분에서 공식 교육과정이 끝나고 잠재적 교육과정이 시작되는지 항상 분명한 것은 아니다. 그러나 여전히 이러한 개념은 이상적 모형의 타당성에 문제를 제기하는 여러 가지 요인들을 밝혀내는 수단을 제공한다.

공식 교육과정

역사적 측면을 잠시 살펴보고 시작하자. 산업화의 진전에 따라 미국의 고등학교는 점진적으로 직업 준비기관이 되었다. 또한 "노동hand"보다는 "지식head"이 강조되면서, 그동안 "직업교육"으로 간주되어왔던 기계적 기술보다는 읽기, 쓰기, 셈하기 능력이 더 중요해졌다. 라바리Lavaree(1997, p.47)의 직업화된 인문교육 과정에 대한 언급에 의하면, "직업교육주의의 진정한 중요성은 그 철학적 변화에서 분명하게 드러나는데, 이는 1890년 이후 미국 학교교육의 일반적 교육 목표에서 발견할 수 있다." 이것은 시민 교육으로부터 인적자본 개발을 위한 교육으로의 전환과 관련이 있다. 이 시기에 화이트칼라 직업으로 진출했던 사람들은 고등학교에 다닌 사람들이었다.

교육과 일

이와 유사하게 블루칼라 노동자들이 기술을 습득하기 위한 장소 역시 일터에서 공식 교육기관으로 이동하였다. 아주 단순화하면, 젊은이들의 직업준비는 견습제도에서 직업 고등학교로, 그리고 지역사회대학으로 이동하였다. 견습제도apperenticeship는 산업화 초기에 숙련 기능과 산업 분야로 진입하는 대부분의 청년들에게 입문 과정을 제공하였다. 장인과 기능공, 그리고 견습생으로 이어지는 계층에 따라 구조화된 과거의 길드 모형에 기초하여, 견습제도는 개인에게 복잡한 기술을 개발하고 독립적인 실습 기회를 제공하였다(Krause, 1996).

일반적으로 견습제도는 블루칼라 직업의 특성으로 생각되지만, 이 제도는 미국에서 오래 전에 생겨났다. 공학은 처음에는 견습제도를 통해 훈련을 제공하였지만, 고등교육 프로그램에 그 역할을 양도하게 되었다(Collins, 1979; Lipartito & Miranti, 1998). 이러한 견습제도는 후에 법, 의료, 경영에서도 도입되었다. 오늘날 우리가 전문직으로 생각하는 대부분의 분야에서 기반 지식은 견습제도를 통해 전수되었지만, 이제는 대학으로 옮겨졌다. 대학들은 규모가 크기 때문에 견습제도에 비해 상당한 경쟁 우위를 가졌다(Lipartito & Miranti, 1998).

시간이 지남에 따라 산업기능 훈련과 숙련 노동 견습제도는 직업 고등학교로 이동해 갔다(DeYoung, 1989; Kliebard, 1999). 그러나 고등학교가 과거 견습제도를 통해 실행된 훈련 기능을 탈취한 것은 아니었다. 실제로 산업 훈련의 한 형태로서의 견습제도는 미국의 대중적 중등교육의 성장에 앞서 이미 중대한 하락세에 있었다(Elbaum, 1989). 기업이 더 이상 견습제도를 유지하려 하지 않았기 때문에 학교가 훈련의 역할을 하도록 기대되어졌던 것이다. 산업화와 함께 더욱더 많은 청년들을 위한 훈련이 교육기관에서 시행되었다.

도슨Dawson(1999)은 기술 습득의 장소가 직업환경에서 학교로 어떻게 전환하게 되었는지에 대해 설득력 있게 역사적 설명을 해주고 있다. 필라델피아에 소재한 스프링 가든 연구소Spring Garden Institute 연구에 기초하여 그는 "1878년에 스프링 가든 연구소와 볼드윈 자동차 공장은 19세기 견습제도와는 확연히 다른 새로운 체제의 산업 훈련을 시작하였다"(1999, p.143)고 말한다. 도슨(1999, p.144)은 역사가들이 진보적 시기 이전의 노동훈련운동manual training movement을 간과했다고 지적하면서, 다음과 같이 주장하였다. 즉, "브레이버만Braverman은 산업 자본주의 하에는 분업이 기술공의 작업에서 구상과 실행을 분리시켰다고 보았다. 교육 영역에서도 이와 같은 맥락에서 견습제도가 소멸되고 산업 훈련이 우세해졌다. 교실이 작업장을 정복하였다.

도슨의 설명은 여기에서 말할 수 있는 것 이상으로 풍부하다. 도슨은 학교와 일의 연계 강화에 대해 다시 주목하였다. 그의 설명처럼, 길드시대의 부유하고 권력을 가진 소수의 경영자 집단은 교육 개혁의 최전선에 섰다. 개혁은 노동자들의 삶을 간섭하려는 충동의 산물이 아니라, 자신들의 사업의 일상적인 수행과정에서 많은 일터의 소유자들이 당면하게 된 조건으로부터 비롯되었다(Dawson, 1999, p.144). 스프링 가든은 직접 필라델피아의 직업 고등학교를 설립하였다.

견습제도는 훈련 기능이 고등학교로 옮겨가자 상당히 달라졌다. 이 장 후반부에 "청년 견습제도"를 언급하며 다양하게 논의하겠지만, 전통적인 견습제도는 청년 노동자의 기술적 요구를 충족시키는데 있어서 그 중요성을 잃어갔다. 1989년에 미국에는 약 30만 명의 견습생이 있었고, 그들의 평균 연령은 29세였다(Bailey, 1993). 이는 민간 부문 고용에서 약 0.3%에 이르는 수준이고, 주로 건축업 분야에 집중해 있다(Elbaum, 1989). 미국의 견습제도는 실제로 신규 취업자보다는 이미 고용된 성인을 위한 향상 훈련의 수단이 되었다(Bailey 1993; Smith & Rowjewski, 1993).

그 후 직업 고등학교가 맡았던 기능은 지역사회대학으로 옮겨갔다. 지역사회대학에 대해서는 다음 장에서 자세히 논의하고자 한다. 이제까지의 논의를 다시 정리하면, 학교와 일터 사이의 연계가 역사적으로 강화되었다는 점이다.

직업교육

최근 부활의 조짐이 있지만 직업 고등학교는 전보다 줄어들었다. 또한, 직업교육에서의 교육과정보다는 고등학교 교육과정에서 약간의 논쟁거리가 있다. 지지자들은 직업교육이 진학을 원치 않는 젊은이들에게는 최고의 희망이라고 본다. 반면 비판자들은 기회의 차단과 계급적 특권의 문제를 제기한다. 심지어 "직업교육vocational education"이라는 용어는 눈살을 찡그리게 하는 동시에 직업vocation의 고상한 의미를 가치 없고 품위가 떨어지는 노동으로서의 의미로 격하시킨다고 주장한다.

미국 고등학교 교육과정의 역사는 상당 부분 직업주의vocationalism로의 표류로 특징지워진다. 미국 고등학교의 초기 직업화를 분석한 핑켈스타인 Finkelstein(1991)에 의하면, 많은 교육개혁가들이 공립학교를 산업을 위한 서비스로 구상했다. 교육과정 분석가인 허버트 클리바드Herbert Kliebard (1999)는 미국 교육 체계가 제2차 세계대전 종전까지 직업화되었다고 본다(Perkinson, 1991의 4장 참조).

직업화 경향의 한 가지 효과는 직업교육의 트랙이 다양하게 구축되었다는 것이다. 정확한 명칭은 지역에 따라 다르긴 하지만 대학 준비과정, 상업과정, 공업과정, 가사과정의 네 가지 트랙이 주류를 이루었다(Finkelstein, 1991 p.184). 당연히 이러한 영역에의 진입은 사회경제적 위계와 맥을 같이 했다. 특히 노동 훈련은 아프리카계 미국인과 인디언들의 학교에서 두드러졌다. 또한 여성과 노동 계급의 자녀들이 크게 증가한 공장의 일자리에 배치되었다.

교육과정의 직업화는 교육적으로나 정치적으로 대단한 논쟁거리가 되었다. 핑켈스타인(1991 pp.484-5)은 직업교육에 두 "거장"이 있다고 보았다. 첫 번째는 교육철학자인 존 듀이John Dewey를 따르는 "문화적 소수집단으로, 학교를 민주적 자활력의 도구로 변형시키고자"하였다. 다른 하나는

"효율을 신봉하는 교육자"인 데이비드 스네든David Snedden으로, "이들은 이익과 효율성을 추구하는 자본가와 기업의 선봉자로, 학교를 통해 노동자를 분류하고 노동자 집단 간의 불평등을 합법화한다."

　직업교육 논쟁에는 교육자들만 가담한 것이 아니었다. 예를 들어, 1917년의 스미스—휴즈법Smith-Hughes Act은 직업교육에 대한 연방 정부의 지원 근거를 마련했다. 이 법령은 직업교육 프로그램을 지원하기 위한 지속적 재원을 마련하기 위한 도구였다. 한참 후인 1984년 퍼킨스 직업교육법Carl D. Perkins Vocational Education Act은 4년제 대학 학위를 취득하지 않을 학생들을 대상으로 했다. 퍼킨스 법은 특정한 집단에 초점을 맞추었는데, 이들은 여성, 소수인종, 장애인, 영어능력제한자와 같이 전통적으로 직업교육에서 소외되었던 대상들이었다.

　1984년 제정된 퍼킨스 법과 더불어 1990년도의 개정법도 중요하다. 퍼킨스 직업 및 응용 기술 교육법Carl D. Perkins Vocational and Applied Technology Education Act으로 알려진 이 개정법에서 중요한 점은, 이 법이 직업 기술뿐 아니라 학문도 중시했다는 데 있다. 이 1990년 법은 중등교육과 중등 이후 교육 간의 연계를 명확하게 요청하였다. 그 기제는 "기술—준비과정tech- prep"으로, 이는 고등학교 직업교육을 미래 학습의 준비과정으로 제도화하자는 것이었다(Urquiola et al. 1997).

　중등 직업교육을 위한 재원은 1960~1970년대에 마련하기 시작하였다. 1960년대에는 공교육 재정의 1%로 시작해서 1980년에는 5%까지 증가하였다(Arum, 1998). 또한 중등 직업학교 입학은 이 기간 동안 매년 증가했다. 그러나 스미스—휴즈법과 그 이후의 법들이 직업교육을 너무 협소하게 정의하였고, 공립학교에서 인문계와 직업계 교육과정을 분리시켰다는 견해가 많아졌다(Urguiola et al., 1997). 따라서 1998년 퍼킨스 개정법은 학문적 기준을 더욱 강조하였다. 이 개정법의 핵심이었던 "학교와 일의 연계School-To-Work" 프로그램의 목적은 다른 교육과정과 분리되었던 과거 직업교육의 모형을 재편하는 것이었다. 적어도 공식적 수준에서는 고등학교 직업교육이 더이상 단순히 대학 비진학자들을 위한 것으로만 국한된 것은 아니었다.

직업교육과정의 불안정성

미국 직업교육은 이렇게 복잡한 과정을 거쳐 성장해왔다. 하지만 그동안 직업교육에 관해 우리가 간과하고 있는 것은 놀랄 정도로 많다. 미국 교육 통계국의 허스트Hurst와 허드슨Hudson(2001)은 직업교육에 관한 자료에서 누락되어온 많은 정보에 주목하여 다음과 같이 보고하였다.

우리가 모르는 것이 아직 많이 있다. 가장 중요하게 학생들이 직업교육에 참가해서 무엇을 배우는지, 직업과정에만 있었는지, 또는 인문계 과정과 병행해서 있었는지, 아니면 청년 견습제도, 산학협동 같은 다른 학습형태도 있었는지 등에 대한 정보를 가지고 있지 않다. 또한, 직업교육 과정을 이수한 학생들의 노동시장 참여에 관한 종단연구가 좋은 자료를 제공하기는 하지만 —직업교육을 받기 전과 받은 후의 수입 등과 같은— 아직도 정확하고 일관성있게 측정되지 않고 있다. 끝으로, 기술 향상을 위해 단기간 중등 이후 직업교육을 받은 많은 고연령층의 성인학습자들이 실제로 고용과 소득에서 학습 효과를 얻었는지 아는 바가 없다. 요약하자면, 오늘날 직업교육 참여자에 대한 정보는 많이 있지만, 그 성취 결과에 대해서는 거의 알지 못한다.

우리가 확실히 알고 있는 바에 의하면 1980년대 이후 직업교육이 하락하면서 고등학교의 인문 과정은 상당히 증가하였다(Zemsky et al., 1998; Levesque et al., 2000; Hurst & Hudson, 2001). 이것은 부분적으로 「위기에 처한 국가A Nation At Risk」(1983)와 이와 관련한 보고서에 의해 고등학교 졸업 자격이 엄격해지면서 나타났다. 또한 어느 정도는 직업 시장의 요구가 많아진 탓이라고 풀이할 수도 있다. 게다가 1980년대 경제가 침체되면서 정부 지원이 줄어들고 이에 따라 직업교육 비용이 상승하게 되었다(Arum, 1998).

고등학교 과목 선택의 변화는 아주 극적이고, 빠르게 일어났다. 예를 들어, 1982년의 직업교육 등록자 수는 전체 등록자 수의 33.7%였으나 1998에는 25.0%로 줄어들었다. 같은 기간 동안 "일반general" 과정 등록은 58.2%에서 42.6%로 떨어진 반면, "대학" 준비과정 등록자 수는 8.7%에서 39.9%로 급상승하였다. 이러한 수치는 주의 깊게 해석되어야 한다. 허스트와 허드슨은 인문계 과정 등록의 증가가 직업교육 등록 감소에 따른 반대급부는 아니라고 보았다. 오히려 많은 학생들이 단순히 고등학교에서 수강 시간 수를 늘렸다. 중요한 변화는 일반교육으로부터 대학준비 교육 과정으로의 이동이었다.

모든 직업 중심 교육이 쇠퇴한 것은 아니었다. 과거에 가장 많이 등록하였던 두 영역에서 현저한 감소현상이 나타났는데, 이는 공업과 상업 분야였다. "개인 서비스" 분야의 인원 수도 줄어들었지만, 이 영역은 원래 적은 수만이 등록을 한 분야였다. 건강관리, 통신기술, 식품과 접객업, 그리고 유아교육 등의 영역 역시 처음에는 적은 수로 시작했지만, 등록 학생수가 증가하였다. 농업, 유통영역도 적은 인원 수로 시작한 분야였는데, 크게 변화하지 않았다. 이러한 경향은 대체로 노동시장의 동향을 반영하는 것이었다(Hurst & Hudson, 2001).

허스트와 허드슨에 의하면 대학에 등록하는 학생 수가 왜 증가했는지는 쉽게 알 수 있지만, 직업교육에 참여하는 학생 수가 왜 줄어들었는지는 분명하지 않다. 직업교육에 등록하는 학생 수의 하락세는 일반교육이나 인문교육 영역의 변화보다는 덜 극적이다. 여전히 왜 고등학교 학생들이 일의 세계와 직접적으로 연계된 교육과정을 도외시하고 더 힘든 직업 시장에 반응하고 있는지는 명확하지 않다.

역설적으로 많은 고교생들에게 직업교육이 훌륭한 투자라는 증거는 곳곳에서 발견된다. 한 때 직업교육은 교육과정이 약화되면서 학생들을 막다른 직업으로 내몰았고 중등 이후 교육과 전문직 고용 전망을 가로막는다고 여겨졌다. 1970년대와 1980년대 들어서까지 이러한 생각이 일반적이었으나 오늘날에는 상황이 분명히 다르다.

최근 분석가들은 여러 자료를 활용해 고등학교 직업교육의 장점을 재조사하였다. 메인Mane(1999)은 철저한 분석을 위해 세 종류의 자료(1972년 고등학교 학생에 대한 종단적 연구, 고등학교와 그 이후, 국가 교육에 대한 종단적 연구)를 활용하였다. 그는 분명한 연구 결과를 얻었는데, 그것은 대학 진학을 포기한 학생들에게 고등학교 직업교육과정은 유의미한 단기적, 중기적 이득을 준다는 점이다. 실제로 직업 과정은 인문 과정보다 진학을 하지 않는 학생들의 노동시장 전망을 밝게 했다. 더 나아가, 직업교육의 가치는 1970년대와 1980년대에 걸쳐 증가하였다. 메인의 연구 결과는 과거 존 비숍John Bishop의 연구를 재확인하고 확장하였는데(Bishop & Kang, 1989), 비숍은 직업교육을 받는 학생들이 자신들의 전공영역에 취업하게 될 때 큰 수익이 있다는 점을 발견했었다(Rosenbaum & Jones, 2000 참조).

이러한 연구 결과는 주 정부가 직업교육 프로그램에 투자하는 것이 바람직하다는 점을 상기시켰으며, 과거 몇 십년 동안 비진학자에게 불균등하게 제공된 직업교육 투자 감축의 문제를 제기하고 있다. 학생들은 자신이 살고 있는 주에서 직업교육 프로그램을 위한 자원을 제공받음으로써, 많은 수혜를 얻을 수 있다(Arum, 1998). 대부분의 직업교육 조치가 실제로 연방보다는 주 정부에서 이루어지기 때문에 주 정부의 투자가 중요하다. 애럼Arum의 연구 결과는 직업교육이 단지 학생들을 "무력화cools out"하거나 "잘못된 약속" 또는 "왜곡된 꿈"을 제공한다는 많은 사회학자나 정책입안가들의 생각에 도전하는 것이다. 실제로 직업교육은 직업적 성공뿐 아니라 계속교육에도 좋은 영향을 미칠 수 있다(Arum & Shavit, 1995 참조).

잠재적 교육과정과 학교 사회화

학교가 학생들을 어떻게 다르게 사회화시키는지 자세히 설명하기 위해서는, 그들이 다양한 분야의 일의 세계에 어떻게 진출하는지를 추적해야 하므로 이 책 두 배 분량을 가지고도 부족할 것이다. 이제 좀 더 분명한 부분들을 몇 가지 살펴본 후, 그렇지 않은 부분도 다루어 보겠다. 즉, 명확한 공식 교육과정 영역에서부터 명확하게 드러나지 않는 잠재적 교육과정 영역까지 흐름을 살펴보겠다.

계열화Tracking는 고등학교에서 사회화가 어떤 방식으로 계층화되는지 가장 잘 보여주는 개념이다. 계열화는 우리가 생각했던 것보다 훨씬 복잡하다(Lucas, 1999; Rosenbaum, 1976). 교육을 세분화하려는 학교의 노력에는 많은 변화가 있었다(Lucas & Good 2001). 그러나 그 기저에 있어서는 대부분 계열화 체제가 학생들이 미래를 대응할 수 있도록 하는 학습의 과정을 제공했다. 계열화의 과정과 결정은 의도적인 것도, 명시적인 것도 아니었을지 모른다. 그러나 결국 어떤 학생들은 대학 준비과정으로 가서 중상층 직업 분야로 진출하기 위한 교육과정을 이수하는 반면, 또 다른 학생들은 그저 그런 일의 세계로 진출하게 되는 교육과정을 이수한다. 학자들은 대체로 계열화가 학교에서의 성취수준을 제고하는 데는 별로 기여하지 않지만, 졸업 후 평등하지 않게 진출되는 결과를 초래했다고 보고 있다(Gamoran & Kelly, 2001).

고등학교 계열을 대학 준비과정, 일반과정, 직업과정으로 분류할 수 있다면, 학교의 계열 배치에 있어서의 일관성은 명백해진다. 젬스키Zemsky 등(1998)의 연구에 의하면, 1992년도 고교 졸업반은 대학 준비과정(43%)과 일반과정(45%)에 절반씩 배치되어 있었으며, 12%의 학생이 직업과정에 있는 것으로 보고되었다(약 10년 후에는 직업과정은 줄고, 일반과정은 증가하게 되었다). 여성, 남성의 수는 거의 비슷했으나, 인종, 민족, 사회경제적 계층에 따라서는 큰 차이가 있었다. 이런 차이는 놀라운 것은 아니었다. 백인과 아시아계 미국인은 대부분 대학 준비과정으로 갔고, 직업과정에는 별로 없었다. 아프리카계, 남미계, 인디언의 경우는 그 반대이다. 성적이 좋은 학생들과 사회경제적으로 부유한 가정의 학생들은 대학 준비과정으로 모여들고, 직업교육에서 떠난다.

고등학교 진로 상담사는 학교와 일의 연계에 있어서의 또다른 기제를 설명해준다. 시코럴Cicourel과 키추스Kitsuse의 「교육의 의사 결정자The Educational Decision-Maker」(1963)라는 고전적 연구를 보자. 저자들은 어떻게 진로 상담사들이 특정 학생들을 조직적으로 후원하는지 관심을 가졌다. 그들 연구에 의하면 상담사들이 꼭 의도한 것은 아니지만 일상적으로 우수 학생들에게 졸업 이후에 관한 양질의 정보를 제공하였다. 그것은 다른 비주류 학생들의 희생의 대가로 이루어졌다.

시코럴과 키추스의 연구는 40여년 전에 나온 것이어서, 어떤 면에 있어 진로 상담사의 조직적 역할은 그 이후 줄어들었다(Lucas, 2001). 학교 조직의 특성은 새로운 잠재적 교육과정의 예를 보여준다. 포웰Powell 등(1985)은 몇 년 전 「쇼핑몰 고등학교The Shopping Mall High School」에서 학교 조직을 이해하기 위한 강력한 은유를 사용하였다. 포웰과 그의 동료들에 의하면, 현대의 고등학교는 쇼핑몰과 같아서 많은 학생들의 교육적 가능성을 제한한다. 즉, 학교는 학생들로 하여금 개설 과목 가운데서 광범위하지만 깊이가 없는 선택을 하도록 한다는 것이다. 쇼핑몰에 있는 많은 상품을 선택할 때와 같이 학생들은 혼란스런 종류와 가능성 중에 "부티크" 과정과 "패스트푸드" 과정을 골라서 선택할 수 있다. 불행하게도 학교는 학생들이 과목 선택에 따라 어떻게 직업 경로가 달라지는지 배울 수 있도록 지도하지는 않는다. 학교는 재정적 여유와 사회적 자본이 풍부한 부모를 가진 학생들이 다양한 선택을 통한 이익을 얻도록 하였다. 그 밖의 학생들은 스스로 알아서 하도록 내버려 두었다.

경제학자인 존 비숍John Bishop(1999)은 어떻게 잠재적 교육과정이 학생들을 차별적으로 사회화할 수 있는지에 대한 다른 해석을 하고 있다. 그의 "바보취급과 학력상승nerd harassment and grade inflation"이라는 혁신적인 분석에 따르면, 고교생들이 열심히 공부하는 큰 이유는 대학에 들어가기 위한 것이다. 학생들은 졸업 후 취업 가능성과는 별로 관련이 없는 학업 성적을 따진다. 학교에서 열심히 공부하는 것과 학교를 떠난 후의 일의 세계는 연관성이 별로 없다. 그의 조사에 의하면, 고교 졸업생 79%는 대학 진학을 위한 성적을 따려고 공부했지만, 단지 58%의 학생만이 더 좋은 직장을 얻으려고 공부했다. 공부를 열심히 하는 것은 부모의 영향, 내부적 동기화, 교사나 친구들의 영향과 같은 요인과는 크게 관련이 없었다.

비숍은 학교가 학생의 동기에 기능적으로 대응하지 못한다고 지적한다. 학생들은 학습 그 자체 보다는 성적과 증명서를 추구하기 때문에, 학교와 학생은 힘든 공부에 대응하는 방법을 함께 개발해서 학생들이 쉬운 과목을 선택하게 하고, 수업의 수준을 낮춘다. 실제로 대학 선택 결정이 SAT나 ACT, 학교 성적 같은 지표에 너무 의존하고 있어, 이런 상황은 더욱 악화되고 있다. 비숍에 의하면 SAT나 ACT로는 고교생의 전체적인 학습 역량을 평가할 수 없다. 예를 들어, 이 시험들에서는 작문, 기술, 문학, 외국어가 빠져있다. 교사들은 교육자나 코치보다는 심판자가 되고 있다. 비숍의 해법은 교육과정에 기초한 외부 시험을 활용하는 것인데, 그는 이를 통해 낮은 동기화와 성적 문제를 해결하는 데 도움이 될 수 있다고 보았다.

중간 요약, 그리고 해결되지 않은 문제

고등학교에서의 공식 교육과정과 잠재적 교육과정은 모두 다양한 방식으로 일의 세계와 연결되어 있다. 지나친 일반화가 될 수도 있겠지만, 공식 교육과정의 계층구조는 계층화된 직업 구조로 학생들을 배출하며,

교육과 일

만연한 잠재적 교육과정은 체계적으로 특정 학생에게만 유리하게 작용한다.

사회학자들은 고등학교 교육과정의 본질, 즉 사회, 과학, 영어, 수학, 미술, 도덕같은 과목에 대해 잘 알고 있지 못하다고 맥에니니McEneaney와 메이어Meyer(2000)는 지적한다. 학습내용은 분명히 젊은이들과 성인 노동의 역할배분 문제와 관련이 있다. 그러나 실제로, 이런 것이 어떻게 이루어지는지 잘 파악되지 않고 있으며, 고교 교육과정이 노동시장에서의 성공과 고등교육에 어떤 영향을 끼치는지는 확실히 밝혀지지 않았다(Altonji, 1994).

메이어 등의 제도화 이론은 학생들이 학교에서 배운 것이 그들이 학교를 다녔다는 사실을 증명하는 것보다 덜 중요하다고 본다. 이 이론은 확실히 학교에서 사회화가 일어나지만, 이런 사회화 분석에 전적으로 의존하지 않고도 학교교육과 일의 연계를 이해할 수 있다고 설명한다. 오히려, 학교를 "공인"된 기관 ―즉 학교를 거쳐간 사람(예를 들어, 퇴학, 졸업, AP 학생)에게 공식적인 명칭을 부여하기 위해 사회에서 공인한 기관― 으로 본다면 인적자본, 기능주의 같은 어려운 설명을 하지 않고도 교육과 일의 관계를 어떤 식으로든 설명할 수도 있을 것이다.

그럼에도 불구하고 학교에서 일로 이동하는 사람들은 과거와는 다른 상황에 직면한다. 일의 세계에 들어갈 때 수학을 알고 있으면 유리한 점이 더욱 많아질 것이고, 다른 구체적인 기술에도 역시 보상이 증가하고 있다. 이와 동시에, 전통적인 교양교육과정은 대부분 직업적 보상이 별로 없다는 비판이 늘고 있다. 사회학자들은 고등학교 교육과정의 구체적 내용 ―어떻게 내용이 선정, 전달, 평가, 인증되는지― 과 젊은이들이 학생 역할을 벗고 노동자 역할을 취하는 복잡한 과정 사이의 관계에 대해서는 거의 연구를 수행하지 못해왔다.

청소년 노동시장의 출현

고등학교가 직업준비 교육을 실패 없이 잘 하든지 그렇지 않든지 간에, 첫 직장에 고용될 때까지 고등학교에 머무르며 기다리는 학생은 거의 없다. 이러한 사실이 우리를 청소년 노동시장에 대한 분석으로 데려간다. 이 책 대부분의 주제가 그랬듯이, 분석가들은 아주 다양한 관점과 가치를 가지고 청소년 노동시장에 대해 질문하고 있다. 어떤 사람은 고상하지는 않지만 많이 사용되는 용어인 "청소년 노동"을 성인 고용으로 잘 옮겨가기 위해 필요한 직업윤리와 태도를 제공하는 것으로 본다(Barton, 1989). 한 예로, 전 미국 노동부 장관 알렉스 허먼Alexis Herman은 자신을 "청소년 노동자를 위한 열성 지원자"라고 표현했다(U.S. Department of Labor, 2000). 또 다른 사람들은 청소년 노동을 젊은이의 시간과 노력을 착취하고 낭비하는 것으로 보기도 한다(Greenberger & Steinberg, 1986). 양쪽 모두 자신들의 주장을 입증하기 위해 종종 같은 데이터를 이용한다.

청소년 노동은 새로운 것이 아니다. 미국 10대들은 항상 일을 해왔고, 어떤 경우에는 노동시장 참여 비율이 학교에 있는 비율보다 높았다. 미국 역사에서 청소년 노동이 가장 큰 역할을 한 것은 가족 농장에서였다. 실제로 학교들은 학사일정을 농장의 활동 주기에 맞추어 조정하기도 했다. 농장에서 일하는 미국 노동자의 비율이 3%로 떨어진 때조차 대부분 학교는 그에 따라 일정을 운영하였다.

산업화 시기는 청소년 노동시장에 변화를 가져왔다. 값싼 비숙련 노동자를 찾는 요구는 폭발적으로 증가하였다. 이에 따라 이민자의 어린 자녀들은 그들의 부모만큼이나 고용주에게 매력적이었다. 종종 아주 어린 나이에도 아동들은 공장에서 어른과 같이 고되고, 더럽고, 위험한 일을 하였다.

이런 상황은 점차 바뀌었다. 프랭클린 루즈벨트 대통령 2기 후반인

1938년에 고용기준평등법Fair Labor Standard Act으로 아동 노동에 대해 심각한 제한이 가해졌다. 이전에도 여러 주에서 의무교육을 법제화했다. 이것은 어떤 경우에는 증가하는 학령인구를 교육하기 위해 적용되었다기보다는 젊은이들을 노동으로부터 배제시키기 위함이었다. 그 결과, 젊은이들은 흔치 않은 일자리를 위해 성인들과 경쟁하게 되었고 낮은 임금의 노동력이 되었다.

아동 노동은 전 세계적으로 중요한 문제로 남아있다. 미국에서는 그렇게 절박한 문제는 아니라 해도 전혀 문제가 없는 것은 아니다. 주 정부와 연방 차원에서 아동 노동을 다루는 광범위한 제재조치가 있는 것이 사실이다. 이 제약은 16~17세보다는 14~15세 아동들에게 더욱 강력하다. 예를 들어, 14~15세 아동들은 학교 수업 시간에 외부에서 일하는 것이 전국적으로 금지된다. 또한 직업에 따른 제약도 있어서, 농업 부문과 비농업 부문에 따라 다르게 규제된다. 그럼에도 불구하고, 아동 노동법 위반 사례가 많이 적발되고 있다. 특히 노동시장이 어려워 질 때(즉 사람보다 일자리가 더 많을 때), 위반하는 경우가 많다. 많은 미국 고용주와 많은 10대 청소년들은 노동자를 구하기 어려울 때 기꺼이 처벌을 감수하려고 한다.

연방 정부와 주 정부의 아동 노동 법제화 노력에 내재된 일관성이 있다면, 그것은 학교가 우선이라는 것이다. 그럼에도 불구하고 젊은이들의 노동에 대해 학교와 고용 사이에는 종종 긴장감이 있다. 고등학교는 직장과 관련된 기술과 소양을 준비시키지만, 학생들이 패배적인 노동 생활을 하도록 조장하기도 한다. 많은 고교생들이 학교보다는 일에 더 몰두하기도 한다. 미국 고교생의 많은 숫자가 노동에 참여하고 있으며 이는 비교할 수 있는 다른 국가들보다 더 높은 수치이다. 그들은 어려서부터 일을 시작하고 많은 시간을 일한다.

고교 재학 시기의 노동

정치인, 개혁가, 유명 신문사, 그리고 많은 사회과학자들이 결론내리는 것 중의 하나는 고등학교 연령 인구의 유급 고용이 상당하게 증가하고 있다는 점이다. 그러나 사실 학생들은 1980년대와 비슷한 수준의 임금과 강도로 일을 하고 있다(Warren & Forrest, 2001). 이러한 안정성이 누가, 얼마나 일하는지에 대한 인구학적 변화가 있다는 사실을 오도해서는 안 된다. 사실 고교생이 일터에 진입하는 동향을 제대로 진단하고 있지 못하다.

청소년 노동에 대해 전반적으로 말하는 것은 너무 광범위하다. 미국 노동부(2000)의 "청소년 노동력"이라는 보고서에 따르면, 청소년 노동시장은 아동층(12~15세)과 청년층(15~17세) 둘로 나뉜다. 첫 번째 그룹은 아동 노동까지를 포함하며, 두 번째 그룹은 성인초기까지 포함한다. 이 보고서의 저자는 자유직과 고용직을 구분한다. 자유직은 풀 깎기, 아이 돌보기와 같은 일을 말한다. 대조적으로, 고용직은 고용주와 지속적인 관계가 있는 직무를 말한다. 미국에서는 다른 비교 가능한 국가보다 자유직과 고용직 모두 그 자체로 끝나게 되는 경향이 많고 장래의 직업기회와 연계되지 않는다. 이런 일자리는 일의 세계로의 생산적인 진입이 되지 못한다. 즉, 경력 사다리의 첫 번째 단계도 되지 않으며, 경력 경로를 세울 수 있는 수단도 되지 못한다. 미국 노동부는 다음과 같이 보고한다.

대부분의 경우, 미국 10대들이 갖는 일자리는 인생의 경력 경로에 징검다리가 되지 못한다. 반면 독일, 덴마크, 스위스 같은 다른 선진 국가는 오랫동안 공식적인 견습제도, 학교와 일의 연계, 그리고 직장 체험, 직장 탐험 프로그램과 같은 것을 청소년 고용으로 포함해 왔고, 이 프로그램들은 교육과정과 밀접하게 연계되어 구체적인 성인 직업으로 이르게 한다.

청소년 노동시장은 성인 노동시장과의 느슨한 연계를 가지고 있으며, 변동도 심한 시장이다. 청소년 노동자는 직장을 늘 바꾸면서 여기 저기 옮겨 다닌다. 이러한 높은 이직률에 대해 분석가들의 입장은 구분된다. 이러한 이직은 "휘젓기churning"라고 불리운다(Osterman & Iannozzi, 1993). 사회학자 크리스난 남부르디리krishnan Namboordiri(1987)는 이를 인생에 있어 "헤매는 시기foundering phase"로 말한다. 베움Veum과 웨이스weiss(1993)는 18세와 27세 사이에 진학하지 않는 평균적인 고교 졸업생은 약 여섯 번의 다른 일을 하고, 네 번 이상의 실업기간을 경험한다는 사실을 발견했다. 학교를 더 다닌 사람들은 직업생활 초기에 보다 안정적인 경향이 있었던 반면에, 많은 청소년들에게 직업생활 초기는 대단히 무질서한 시간이 된다(Cooksey & Rindfuss, 2001).

아주 대조적으로, 어떤 학자들(Heckman, 1994)은 높은 이직율을 합리적이고 생산적인 일자리 모색의 과정으로 생각한다. 이러한 개념에서 보면 일자리를 옮기는 것은 무질서하거나, 노동시장의 비효율적 기능때문이 아니고, 오히려 자신의 관심과 기술, 그리고 고용주의 요구를 가장 잘 대응시키고자 하는 과정이 된다. 이것이 사실이라면, 청소년의 구직활동은 청소년 견습제도만큼이나 유용한 것이다. 사실 안정된 고용을 1년에서 3년간 일자리를 바꾸지 않는 것이라고 한다면, 대부분의 젊은이는 20대 초가 되어야 비로소 안정적 고용에 들어가게 된다(Kerman & Karoly, 1995).

청소년 노동은 어려서부터 시작된다. 12세에서 15세 미국인은 이미 노동시장에 적극적인 참여를 해왔다(U.S. Department of Labor, 2000). 14세가 되면 57%가 어떤 종류이든 일을 갖게 된다. 약 43%는 자유직이고, 24%는 고용직이며, 9%는 이 두 가지 종류의 일을 모두 한다. 노동 참여 비율은 15세에 훨씬 더 높지만, 일자리의 성격은 이미 바뀌기 시작한다. 15세의 64%가 일자리를 갖고 있는 데, 자유직(40%)과 고용직(38%)의 비율이 거의 비슷해진다. 둘 다 가지는 경우는 약 14%이다.

14세에서 15세가 된 청소년들은 노동시장 참여 가능성이 현저히 달라진다. 백인 청소년은 아프리카계나 남미계 학생보다 더 쉽게 일을 구한다. 15세에는 남성과 여성이 비슷하게 일하지만, 남성은 고용직, 여성은 자유직(대개 아기 돌보기)이 많다. 사회경제적 수준이 낮은 청소년은 수입 수준에 있는 청소년들보다 덜 일한다(US Department of Labor, 2000).

이와 같은 일반적인 패턴은 14~15세들의 고용강도에서도 나타난다. 남자는 여자보다 더 많은 시간을 일하고, 백인은 흑인이나 남미계보다, 부유한 집안 청소년이 그렇지 않은 청소년보다 일하는 시간이 많다. 14~15세에 직업에서의 성별 정형화stereotype 징후도 나타난다. 이는 특히 자유직에서 현저히 드러나는 데, 여학생들은 아이 돌보기, 남학생들은 정원 일을 많이 한다. 백인은 타 인종보다 자유직에 더 많이 진입한다.

사회경제적으로 더 혜택이 많은 학생이 그렇지 않은 학생보다 더 많이 일을 한다는 연구 결과는 관심을 끈다. 추가적 수입원을 필요로 하는 가정에서 아이들을 일터로 보내게 될 가능성이 높을 것이라는 것이 일반적인 기대이다. 그러나 약간 과장되긴 했지만 실제로 커Carr 등에 의하면, 현재 일하고 있는 학생들은 "백인 고교생으로 대학진학 준비과정에 있으며, 평균성적 이상으로 건전하고 상대적으로 잘 교육받은 중산층 가정출신이다"(Carr, 1996; Lillydahl, 1990; Schill et al., 1985).

사회계층과 노동 가능성 사이의 정적인 상관관계는 부유하지 않은 학생들이 부유한 학생들보다 고용 기회가 적다는 것을 말한다. 이는 그들이 경제적 기회가 적은 지역에서 살고 있기 때문이기도 하고, 고용주가 그런 학생들을 고용하기를 꺼리기 때문이기도 하다(Neckerman & Kirshenman, 1991). 이런 시각에서 본다면, 이같은 정적인 관계는 10대들이 성인이 되어 접하게 될 계층화된 일자리를 반영하는 것이다. 청소년 노동에서 배제된 사람은 일반적으로 사회의 거시경제 흐름에서도 뒤쳐질 위험이 가장 많은 자들이다.

15세에서 17세의 나이가 그만그만하게 똑같은 것이 아니라면, 그들은 청소년 노동의 계층화에 있어 좋은 출발점이 아님을 보여준다. 나이가 많아짐에 따라 노동시장에 참여하는 청소년들은 많아진다. 예를 들어, 15세의 9%만이 1996~1998년도의 학기 중에 일을 했지만, 16세는 26%, 17세는 38%로 늘어난다. 이 비율은 특정한 달에 일했던 학생의 수로, 연중 일했던 비율보다 낮게 나타난다. 남성과 여성은 이 연령대에 비슷한 비율로 참여했으나, 아프리카계와 남미계에 비해 백인이 가지는 이점은 10대 중·후반이 되면서 확대된다. 어린 학생들과 함께 윤택한 가정의 15~17세 청소년들은 가난한 가정의 청소년들보다 더 많이 일자리를 가졌다.

10대들은 나이가 들면서 더 많이 일터에 나갈 뿐 아니라, 더 많은 시간 동안 일한다. 다시 말하지만 인종, 민족, 사회계층, 그리고 성별에 따른 불평등은 여전히 존재한다. 워렌Warren과 포레스트Forrest(2001)는 1970년대, 1980년대, 그리고 1990년대를 통해 청소년의 노동시장 참여수준은 안정적이지만, 이러한 요인들의 역할은 더 커졌음을 보여주었다. 청소년 노동시장에 대한 면밀한 조사를 통해 그들은 다음과 같은 결론을 내렸다.

> 고교 졸업반 학생의 경우 흑인-백인 간 고용비율의 차이는 시간이 흐르면서 점차 커진 한편, 남성-여성의 차이는 거의 없어졌다. 고용된 학생들만을 대상으로 할 때 졸업반 여학생은 남학생보다 주당 훨씬 더 많은 시간 동안 일하는 경향이 있었다. 다시 말해, 고교생 -특별히 졸업반 학생- 에 있어 고용 행동에서 인종/민족과 성별 차이는 시간이 흐르면서 변화되었다.

"청소년 노동"의 결과

미국 청소년들은 분명히 노동에 대한 강한 참여의식을 갖고 있다. 하지만, 이것이 그들에게 좋은 것인가? 이런 것이 거센 후기 산업사회에서의 노동시장에 진입하는 데 이득이 되는가, 아니면 장기적으로 시간을 잘 활용하는데 방해가 되는가? 시간제 또는 전일제 근로를 하는 고등학생의 비용과 이익 간의 균형문제는 많은 연구자들의 관심이 되었다. 그 연구 결과들은 무엇을 보여주는가?

청소년 노동이 좋은지 나쁜지에 대한 답은 쉽지 않다. 무엇보다 먼저, 여러 종류의 효과들을 구분해야 한다. 가장 직접적인 것은 학교 성적과 관련된다. 일하는 것이 학업성취에 도움이 될까 아니면 방해가 될까? 둘째, 청소년 노동이 개인 발달과 사회적 관계에 어떤 영향을 주는지 질문해 볼 수 있다. 하지만 여기에서 이를 심도 있게 다루는 데는 한계가 있다. 세 번째 질문은 고용과 관련된 것으로 임금, 직무 안정성, 실업 위험 등에 관한 것이다. 마지막으로, 청소년 노동이 학업 성적과 학교생활에 영향을 미침을 통해서 간접적으로 성인이 되었을 때의 고용결과에 어떤 효과를 나타내는지를 살펴볼 필요가 있다.

이러한 질문들에 대답하기에는 아직 방법론적으로 그리고 개념적으로 제한이 많다(Marsh, 1991; Bills, 1997). 중요한 것은 앞에서도 거론한 "선택"이라는 문제이다. 즉, 일을 선택한 학생, 또는 정해진 시간보다 많이 일하는 학생은 그런 결정을 하지 않은 학생과는 다른 중요하고 확실한 무엇이 있을 것이다. 많은 시간 일하는 학생은 일하는데 힘들어서 성적이 나쁜가, 아니면 나쁜 성적을 받게 될 만한 학생이 많은 시간 일을 하는가? 적정시간 일하는 학생은 일에 대한 현명한 판단을 하기 때문에 성적이 더 좋은가, 아니면 성적이 좋은 학생들이 이런 결정을 하는가? 극단적이기는 하지만 고등학교 시절에 일을 한 모든 학생들이 CEO가 된다 해도, 그들의 노동 경험이 그것을 가능하게 한 이유가 되는지는 확실히 말할 수 없다. 오히려 이런 사람들이 청소년 노동시장에 들어가기 이전에 이미 CEO가 될 만한 자질이 있었다면 그것 또한 이유가 될 수 있다. 청소년 노동에 대한 좀 더 현대적 기법의 연구를 하더라도 이러한 설명되지 않는 부분에 세심한 주의를 기울일 필요가 있다.

다른 문제들도 청소년 노동에 관한 연구를 어렵게 하였다. 그동안 성적과 고용 결과에 대한 일의 영향을 평가한 연구자들의 연구대상은 소규모이고 대표성이 없었다. 중요한 변인을 개념화하고 측정한다는 것은 원래 어려운 작업이다. 그렇기 때문에 청소년 노동의 다면적인 특성은 잘 감지되지 않았다. 여기에는 노동 참여 문제 뿐 아니라 강도, 시간(주말/야간, 방학/학기 중), 업무 성격, 의미있는 현직 학습과 장학의 기회 등이 포함된다.

이런 모든 것으로 인해 청소년 노동 관련 연구와 정책에서 인과관계를 파악해 내기는 어렵다. 그러나 최근에는 종단적인 자료를 가지고 아주 정교한 통계 기법을 적용한 연구가 발표되고 있다. 지금까지 가장 가치 있는 자료원은 노동부의 전국종단 설문조사 프로그램에 의해 시행된 설문 자료이다. 이 자료를 통해 다음과 같은 점들을 알 수 있었다.

학생이 적정시간 일을 할 때는 학업상의 장점도 갖게 되겠지만, 노동의 참여가 과다할 때는 학업에서 그 댓가를 지불해야 한다. 어느 정도가 "과다한" 것인 지는 논쟁여지가 있지만 대체로 주당 14~20시간 사이이다. 이는 1학년과 2학년생에게는 좀 적고, 3학년과 4학년생에게는 좀 많은 시간이다. 그렇게 크지는 않지만 그 효과는 지속적이고 누적적이어서 대학까지 이어진다. 대학입학과 졸업같은 학업결과들이 과다한 청소년 노동에 의해 강하게 영향을 받는다.

청소년 노동 반대자는 과거에 비해 노동이 학업성취에 더욱더 많은 영향을 준다고 주장한다. 이에 대한 자료는 별로 없다. 오히려 워렌Warren과 포레스트Forrest(2001)는 많은 노동으로 인해 고등학교를 중퇴하는 사례가 1980년 이후 다소 감소했다고 밝힌다.

청소년 노동으로 인한 고용성과는 학업성취에 미치는 영향과는 좀 다르다. 이 결과는 대체로 바람직한 방향으로 나타난다. 어린 나이에 일을 하는 것은 대체로 고교 졸업 후의 고용 성과를 높인다. 이런 효과는 지속적으로 나타나 고등학교 졸업 후 12년 동안이나 유지된다. 청소년 노동은 고교 졸업 후의 고용 가능성을 증가시키기는 하지만, 수입에 있어서는 그보다는 훨씬 더 적은 영향을 줄 뿐이다.

너무 많은 노동은 학업 성취에 불리한 영향을 주지만, 고용의 성과에 있어서는 유리하다. 물론 모든 청소년들이 대학에 진학하려고 하는 것은 아니다. 또한 대부분이 이런 이유로 청소년 노동을 선호한다. 그런 학생들은 일찍 일터에 나감으로써 생기는 장기적 또는 단기적 이익과 대학에 진학의 가능성을 기꺼이 맞바꿀 것이다. 그들의 열망이 적합한 정보에 기초한다면, 가장 최선의 조언과 정책은 그들이 고교시절 자신의 일에 대한 몰입을 높이도록 격려하는 것이다.

어떤 시점에서 청소년 노동의 이익이 비용을 능가하고 일하지 않는 학생들과 구분되는지를 살펴볼 필요가 있다. 사실 어떤 고등학생이 대학에 가려하지 않는지, 그리고 고등학교만 마치고 일찍 일터에 들어가려는 것이 그들에게 미래 선택권을 차단하게 되는 것인지 어떤지를 확실하게 알 수는 없다. 그러나 분명한 것은 일찍 많은 일을 한 학생들이 대학 졸업장을 딴 친구들이 갖게 되는 제공되는 것만큼 보장된 성인기 일자리를 가질 수 있다는 것이다.

이러한 상황은 인종에 따라 복잡하게 나타난다. 일반적으로 소수민족 청소년은 백인 청소년보다 일로 인한 이익이 적다(Leventhal et al., 2001). 교육과 고용성과 모두 다 그렇다. 아프리카계 청소년과 남미계 청소년은 청소년 노동시장에 접근할 가능성이 낮으며, 참여한다 하더라도 백인보다 적은 이익을 얻는다. 스틸Steel(1991)은 1979년 자료를 바탕으로 백인, 흑인, 남미계 청소년 노동자들 간에 주당 노동시간, 직급, 직장에서의 인지된 기회 등에 있어서 의미 있는 차이가 없다고 보고하였다(Steinberg & Dornbusch, 1991). 그러나 백인은 흑인이나 남미계보다 훨씬 더 많은 임금을 받았고 기업에 고용될 가능성도 높았다. 정부에 신규취업자로 들어가는 것도 소수 인종에게는 불리하게 작용했다. 스틸은 "고용주들은 다른 인종과는 달리 흑인청소년들이 가진 이른 직장 경험을 잠재적 생산성이나 훈련가능성으로 보지 않는다"(1991, p.443)고 지적하였다.

성별에 있어서는 어느 쪽에도 차별화 된 이익은 없는 것 같다. 10대

여학생들은 성고정적 직업으로 진출하는 비율이 높다(Warren, 2001). 특정한 일자리에 이런 경우가 있다. 빌스Bills(1999)는 패스트푸드점의 고용주가 소녀에게는 고객을 대면하는 업무를 주고, 소년에는 육체적 힘이 필요한 일을 배정한다는 사실을 밝혔다. 이에 덧붙여 과다한 청소년 노동으로 인한 부정적인 영향은 남성에게 더 컸다.

종합해 볼 때, 고용 측면에 있어서는 교육 측면보다 청소년 노동이 선호되기는 하지만, 그것이 그렇게 긍정적인 것만은 아니다(Ruhm, 1997; Entwisle et al., 2000; Alon et al., 2001). 지난 몇 십 년간 고등학교를 다니면서 일했던 학생들은 신규 취업 시장에서 경쟁력을 쌓아갔다. 이러한 이점은 이후 경력 초기 단계인 30세까지도 영향을 미친다(이 이후의 영향에 대해서는 종단 연구 결과를 기다려야 한다). 이러한 사실은 중등 이후 교육으로 진학하지 않는 학생들에게 주로 적용된다.

고등학교에서 일로의 이동

고등학교에서는 교육이 잘 되든지, 안 되든지 어떤 식으로든 학생들이 사회화 과정을 통해 일의 세계를 준비하도록 한다. 이와 더불어 고등학교 연령의 청소년은 대부분 학생인 동시에 노동자이기도 하여 성인 노동에 대한 준비도 한다. 그러나 어떤 시기가 되면 고등학생의 역할은 전적으로 버리고, "학교에서 일로 이동"한다(Zemsky et al., 1998; Hughes et al., 2001).

"학교에서 일로의 이동"에서 중요하게 고려할 점은 그것이 단순히 하나의 분리된 사건이 아니라는 것이다. 오히려 이는 장기간에 걸쳐 개발할 수 있는 일련의 과정이다. 미국은 비교 가능한 다른 나라보다 학교에서 일로의 이동이 현저하게 비공식적이고 비구조화 되어 있어, "학교와 진로 간의 연계가 대부분 고등학생들에게 거의 방치되어 있다"(Lerman, 1996).

학교에서 일로의 이동이 모호하고 산만할 뿐 아니라, 미국 노동자의 초기 경력은 매우 유동적이다. 이런 시기를 "경력"으로 생각하는 것은 사실 그 의미를 확대하여 해석하는 것이다. 젊은이들은 자주 일자리를 옮긴다. 주로 "남성"이 차지하는 직업에서 주로 "여성"이 차지하는 직업으로 옮기거나 그 반대의 방향으로 옮겨다닌다(Rindfuss et al., 1999). 특히 여성의 경우는 노동시장에 들어왔다 나가는 과정을 반복한다.

젊은이들이 학교에서 일로 성공적으로 이동하는 것은 일정하지 않은 경향을 보인다. 초기 경력에 있어서의 이득은 아프리카계, 남미계보다는 백인에게 있다. 소수민족과 비교해 볼 때 백인은 더 이른 노동 경험, 더 이른 전일제 노동 경력을 갖고 있고, 시간제에서 전일제로 옮겨갈 수 있는 가능성이 더 크다(coleman, 1984; Klerman and Karoly, 1995). 또한 청소년 시장은 성별에 따라 계층화되어 있다. 여성은 남성보다 취업하기가 어려워서 "일자리 건너뛰기job hopping"를 더 많이 하고, 안정된 고용으로 옮겨가기가 어렵다.

미국 청소년 노동시장이 독일이나 일본에 비해 공식적인 제도가 부족하다는 사실은 일의 세계로 나가는데 있어서 개인적 접촉의 중요성을 강조하게 한다. 이러한 접촉은 결정적으로 중요하게 나타난다. 로젠바움Rosenbaum 등(1999)은 양적, 질적 자료를 활용하여 젊은이들이 친척 등을 통한 개인적 접촉이나 학교를 통해 일자리를 얻는다는 사실을 발견하였다. 그러나 이러한 일자리는 개인적으로 접촉하지 않고 얻은 일자리 보다 더 장기적 잠재력이 있고, 더 많은 개발 기회를 갖는 경향이 있다. 그러나 이러한 종류의 관계망networks —사회적 자본(Arum, 2000; Strathlee, 2001)이라고 말하기도 한다— 이 잘 활용된다 해도 구조적 제도만큼 공정하고 효과적으로 기능하지는 않는 것으로 보인다(Rosenbaum, 2001).

학교에서 일로의 이동에 대한 국제 비교

학교에서 일로의 이동은 국가에 따라 매우 다르게 나타난다. 사실상 전 세계의 모든 후기 산업국가들은 학교에서 일로의 이동 프로그램을 미국보다 더 많이 제도화하고 있다(Muller & Shvit, 1998; Heinz, 1999). 프랑스에는 청소년 고용과 실업을 겨냥한 아주 적극적인 노동시장 정책이 있다(Fougere et al., 2000). 이 정책에는 청소년 실업자와 저숙련 노동자를 위한 고용정책, 사내 훈련 프로그램, 그리고 최저임금노동자를 위한 세금 보조제도 같은 것들이 포함된다. 독일도 학교와 일터가 긴밀한 관계를 맺고 있다. 반면, 영국은 학교에서 일로의 이동에 대해 "무간섭주의적인" 접근을 취한다는 점에서 미국과 비슷하다(Scherer, 2001). 스페인, 이탈리아, 그리스 같은 남부 유럽 국가들은 독일이나 영국과는 또 다른 제도적 측면을 가지고 있다(Iannelli & Soro-Bonmati, 2001; Lazaridis & Koumandraki, 2001).

학교에서 일로의 이동을 사회별로 어떻게 비교할 수 있는가 하는 문제는 지난 몇 년간 특별히 활발하게 연구된 영역이다. 여러 나라의 사회학자들이 공동으로 연구를 추진하기도 했다. 그 중 알멘딩거Allmendinger(1989)의 연구는 매우 중요하다. 그의 주장에 의하면, 국가 교육 체계는 두 개의 중심 차원으로 구분될 수 있다. 먼저, 교육 체계는 학교수준과 교육과정 위계에 따라 "계층화"된다. 예를 들어, 스위스에서는 학생이 어려서부터 계열이 확정적으로 편성되는 반면, 아일랜드에서는 더 많은 유동성을 주기 위해 늦은 시기에 계열이 편성된다. 또한 교육 체계는 교육의 구성 요소(예: 교육과정, 교사 교육 등) 가운데 국가가 중요하게 인정하는 기준에 따라 "표준화"된다.

많은 학자들이 알멘딩거의 이러한 간단한 모형에 동조했다. 커크호프 kerckhoff는 여기에 교육 체계에 따라 달라지는 세 번째 차원을 추가했다. 그것은 "수여되는 졸업장이 일반 학문형인가 특수 직업형인가의 정도"이다. 미국, 프랑스, 독일, 그리고 영국의 자료를 이용해서 커크호프는 이러한 요인들이 학교에서 일로의 이동의 세 가지 측면에 미치는 영향을 보여주었다. 이는 첫째, 교육수준과 첫 번째 직업수준과의 상관성, 둘째, 노동자가 초기 경력시기에 학교로 돌아가서 그들의 교육수준을 변화시키는 정도, 셋째, 초기 경력시기에 일을 바꾸고 직업이동을 하는 횟수이다. 바꾸어 말하면, 국가의 교육 체계 조직 방식에 따라 젊은이들이 생산적인 노동자로 쉽게 자리매김하는지 그렇지 않은지가 결정된다.

사회학자 제임스 로젠바움James Rosenbaum 등은 학교에서 일로의 이동에서 나타나는 국가 간 차이를 좀 색다르게 연구했다.● 그들은 미국 교육 체계의 세 가지 수수께끼를 검토했다. 그것들은 "왜 대부분의 취업희망 학생들이 고등학교에서는 밝혀지지 않는가? 왜 고용주는 인력 채용 시 학교정보를 활용하지 않는가? 그리고 어떻게 학교가 학생들의 취업을 도와주는가?"이다(Rosenbaum & Jones, 2000). 간단히 말해, 로젠바움 등(1999)은 어떻게 미국이 일본이나 독일과는 달리 비구조화된 방법을 적용하는 지에 의문을 가졌다. 그들의 결론은 미국 노동시장에서 비공식적인 유대관계를 공식적 구조역할을 담당하는 체제로 발전시키는 것이었다. 그들은 비공식성이 결국 미국 청소년들에게 장기적으로 이득이 된다는 것에 회의적이었다.

끝으로, 워커 뮬러Water Muller와 요시 샤빗Yossi Shavit의 비교 연구는 학교에서 일로의 이동에 관해 더 많은 지식을 준다(Muller and Shavit, 1998). 이들은 교육과 일 사이의 제도적 연계에 관한 두 가지 이상형을 제안한다. 그 첫 번째는, 독일과 같은 자격형qualificational space이다. 이 유형에서는 고용주들이 질문을 조직하고 그 안에서 사람을 배정하기 위해 직업 자격을 활용한다. 이와 달리 조직형organizational space은 "교육이 일터와 밀접하게 관련되어 있지 않고 직업 기술이 주로 일터에서 습득"된다(Muller & Shavit, 1998, p. 4). 이는 프랑스 교육 체계를 본 딴 것이다. 자격형은 일반적으로 적용 가능한 기술을 강조하는 반면, 조직형은 해당 기업에 맞는

● 로젠바움은 이 연구들을 모아 「모든 이를 위한 대학진학을 넘어서(Beyond college for all)」(2001)를 출판하였다.

교육과 일

특수한 기술을 강조한다.

이러한 차이는 중요한 의미를 갖는다. 예를 들어, 조직형 모델을 지향하는 국가는 학력 인플레이션에 대한 부담을 경험한다. 이와 대조적으로, 자격형 정책 하에서는, 직업 관련 자격증이 더 기술수준을 잘 반영할 것이다. 학교에서 일로의 전환과정을 운영하는데 있어서 어떻게 이 사회들이 서로 닮아가는가에 대한 증거는 별로 없다.

커크호프, 로젠바움, 그리고 샤빗과 뮬러의 연구는 학교와 일의 관계에 대한 비교 연구에 있어 단지 빙산의 일각일 뿐이다(Gaskell, 1992; Genda & Kurosawa, 2000; Mortimer & Kruger, 2000). 더욱 훌륭한 연구를 가능케 하는 자료가 충분해 진다면 더 많은 것을 기대해 볼 수 있다. '유럽 공동체 가구종단조사(예, Russell and O'connell, 2001)'와 제3회 국제 수학/과학 시험(Lippman, 2001) 같은 자료는 학교에서 일로의 이동에 대한 지식을 확장시켜주는 좋은 기회를 제공한다.

그럼에도 불구하고, 계속된 관심을 필요로 하는 중요한 개념적 문제가 많이 있다. 커크호프(2000)의 연구는 특별히 이런 세 가지 문제를 밝히는 데 도움을 준다. 첫째, 학교에서 일로의 이동에서 "첫 번째 일"이 의미하는 바를 좀 더 명확하게 정의해야 한다. 둘째, 이동 기간 그 자체의 개념에 대한 좀 더 적절한 이해가 필요하다. 마지막으로 커크호프는 연구자들이 교육수준과 첫 번째 일의 직업수준을 더 정확하게 측정할 것을 제언한다.

학교와 일터의 연계 구축 전망

미국에서 학교에서 일로의 이동은 구조적이지 않다. 어떤 사람은 젊은 이가 자신의 기술이나 관심에 맞는 일자리를 찾는 데 별로 문제가 없다고 본다(Heckman, 1994). 그러나 연구자 대부분은 그다지 낙관적이지 않다. 학교와 일 사이의 명확한 연계의 부족은 분명히 학력이 낮은 젊은이들의 삶의 기회에 부정적 영향을 준다. 정부의 정책 결정자들은 다른 국가의 모형을 활용하여 새로운 제도를 설계하고자 한다. 동시에, 학교-일 이동에 수반된 고용 문제를 해결하기 위한 "자생적" 해결책을 고안하고 있다. 그 결과 미국 전역에 걸쳐 다양한 정책들이 마련되었다. 여기서 자세히 설명할 수는 없지만, 이에 대해서는 나중에 대략적인 소개를 하려고 한다.

학교와 일 사이의 긴밀한 제도적 연계를 위한 논리적 근거는 "고립된 청소년 구하기"라는 문서에서 시작되었다. 저자는 다음과 같이 말한다.

이 글의 주요 논점은 다음과 같다. 1) 고용주는 위기의 젊은이들에게 잠재적으로 유용한 많은 유형의 일자리를 위해 더욱 고도의 기술을 요구한다. 2) 위기에 처한 많은 젊은이들의 기술은 좋은 일자리에 필요한 고용주의 요구를 제대로 충족시키기 못한다. 3) 학업 능력 향상이 중요하지만, 학습 동기를 촉진하지 않고서는 학교에서 기술 개선을 위해 학업 수준을 높이기는 어려울 것이다. 4) 잘 구성된 일 기반 학습을 강조하는 일 기반 접근법으로 옮겨가는 것만이 위기에 처한 젊은이들의 삶의 기회에 큰 영향을 발휘할 수 있을 것이다(Lerman, 1996).

학교에서 일로의 이동School to Work, STW에 대한 지지자들은 "인문 교과목과 직업 교과목이 고등학교와 2년제 대학에서 더욱 밀접하게 통합되어야 한다. 일 기반 학습Work-based learning은 모든 학생들을 위한 교육과정의 한 부분이 되어야 한다. 그리고 고등학교에서부터 중등 이후 교육과 4년제 대학에 이르기까지 분명한 경로가 만들어져야 한다"고 믿는다(Urquiola et al., 1997). 옹호자들에 의하면, STW는 젊은이들이 사회경제적 불평등과 기회의 제약이라는 덫을 피해 의미 있는 일을 가질 수 있는 가능성을 제공한다. 이와는 반대로 STW가 실질적으로 이익을 약속하지 못한다는 의견도 있다. 이러한 비판은 대졸자의 직업을 직업과정 이수자의 직업보

교육과 일

다 가치로운 것으로 여기는 사회에서 STW 프로그램에 참여하는 것이 낙인효과를 가진다고 본다. 또한 일반적 기술과 구체적 기술의 역할, STW 프로그램에서 고용주의 역할과 참여, 그리고 중등 이후 교육기관의 참여 등의 문제를 지적한다.

미국에서 학교와 일 사이의 긴밀한 연계를 요구하는 많은 제안들은 독일 모델을 기초로 한다. 독일의 "이중제도dual system"는 일터에서의 직업훈련과 학교에서의 직업교육을 결합시킬 수 있는 모형으로 알려져 있다. 지지자들의 주장만큼 원만하게 작동하지는 않을지 모르지만, 독일식 제도는 미국에 매력적인 강력한 학교와 일의 통합 원리를 제공한다.

학교와 일의 연계에 관한 1994년 연방법

STW 운동에 대한 평가는 연방 정부의 1994년 학교-일 기회법School to Work Opportunities Act, STWOA과 함께 시작할 필요가 있다. 이 법은 후기 산업화 사회에서 증가되는 직업 중심적 교육의 역할을 정한 연방정책인 "목표 2000Goals 2000"의 일부로 만들어졌다. STWOA 지지자들은 퍼킨스 법보다 더 포괄적이고 광범위한 대상에 적용할 것을 의도하였다. 좀 더 구체적으로 말하자면, 이들은 STW가 대학 진학자들도 포함하기를 원했다. 퍼킨스 법이 이미 대학 비진학 학생을 대상으로 하고 있기 때문에 이 법은 기본적으로 대상 범위를 모든 사람으로 확대하기를 바랐다.

STWOA는 처음부터 기업이 학교와 산학협동의 관계, 즉 "동반적 관계 partnership"를 개발하고 제도화할 수 있도록 초기 자금과 시간을 주기 위한 의도를 가지고 있었다. STW 사무국은 2001년에 폐지되었다. 짧은 기간 동안 STWOA는 미국 교육부와 노동부가 공동으로 운영하였다(Levine, 1994). 이 법은 주와 지방 정부가 어떻게 할지에 대한 방향을 제시함으로써 주 정부에서 주도권을 가지고 STW 프로그램을 지속할 수 있도록 의도하였다(Recesso, 1999). STW 참여로 학생들이 고등학교 졸업장과 "기술자격증"을 가지고 취업과 중등 이후 훈련 프로그램, 그리고 2년제나 4년 제 대학에 들어갈 준비가 된다는 것을 확신시키고자 하였다(Medrick et al., 2000). 이는 아주 야심찬 것으로 "학생들의 직업과 관련된 기술을 인 증하는 국가 자격 체계"를 낳는 것이었다(Kerchhoff and Bell 1998). •

SWTOA는 STW 운동과 같이 아주 방대한 개념적 틀을 제공했다. 모 든 STW 프로그램을 실질적으로 분류하기는 어렵지만, 몇 가지 주요한 형 태는 보여줄 수 있다. 이런 프로그램에 관심 있는 독자는 젬스키Zemsky (1998)나 스미스Smith와 로제스키Rowjewski(1993)를 참조하기 바란다.

진로아카데미

STW 프로그램 중의 많이 알려진 형태로 진로아카데미가 있다. 이것 은 50여명의 학생이 2년여 동안 한 교사의 지도를 받는 고등학교 프로그 램이다. 이 교과과정은 학문적인 것이지만 일의 세계와 관련된 것으로 구 성되어 있다. 그 산업 또는 직업 분야는 건강, 금융, 그리고 컴퓨터를 포 함한다. 진로아카데미는 교사, 학부모, 그리고 기업체 간의 연계를 밀접 하게 개발하려 한다.

진로아카데미는 인문과 직업 교육과정 통합을 위한 노력으로 크게 성 장했다(Urquiola et al., 1997). 최근 경제학자 난 멕스웰Nan Maxwell과 빅터 루 빈Victor Rubin(2000)도 이와 같은 입장을 표명했다. 이들은 대도시 학군을 조사하였는데, 여기에는 특성이 다른 진로아카데미가 여러 개 있었다. 지 역에 따라 시행 과정에는 차이가 있었지만, 전반적으로 요구하는 것은

• 놀라운 사실은 아니지만 이러한 법제화에는 지지자뿐 아니라 비방자도 있었다. 일례로, 레빈(Levin, 1994)은 이런 종류의 프로그램과 관련된 모든 경험으로 보아 노동시장 동향 및 고용 정책이 어떤 교육 해결책 제안보다 우선된다는 것을 보여 준다고 믿고 있다. 그는 이 법안이 학교 내에서 계층과 인종에 따른 계열화를 심 화시키거나 영속시킬 수도 있으며, 이는 "직업주의"를 무비판적으로 받아들이는 것이라고 우려한다.

"학교 내 학교 만들기, 세부 분야별(건강, 컴퓨터 기술 등) 인문과 직업 학습 통합, 기업체의 참여 확대, 그리고 소수의 교사가 지도하는 주요 4과목을 3년간 함께 듣기" 같은 것들이었다.

멕스웰과 루빈은 진로아카데미가 대체로 성공했다고 보고하였다. 참여자들은 참여하지 않은 학생들에 비해 많은 지식과 기술을 습득했다. 이것은 중요한 의미를 갖는 데, 학생 대부분이 한계 상황에 처한 학생들이어서, 학교를 통해 이러한 한계를 극복할 수 있을 것이라는 믿음을 보장하였기 때문이다. 이들의 소득이 중등 이후 교육에 진학한 것보다 더 큰 경우도 있었다. 그렇지만 초기 경력에서의 성과가 차이 나는 효과는 별로 없었다(Linnehan, 1998; Kemple & Snipes, 2000).

청소년 견습제도

견습제도는 직업교육과 직업훈련의 중간 지점에 있으며, 청소년 견습제도youth apprenticeships 역시 마찬가지이다(Ryan, 1988). 청소년 견습제도에 단일한 모델은 없지만, 이 프로그램이 추구하는 바는 중등 또는 중등 이후 교육으로부터 받는 교육을 일터로 옮기는 것이다. 여기에는 일터와 학교에서의 학습을 조화시키려는 노력이 요구된다. 전통적 견습제도의 변형은 STW 개혁가들에게 오랫동안 관심의 대상이었다(Hamilton, 1990, 1993; Osterman & Iannozzi, 1993; Bremer & Madzar, 1995; Evanciew & Rojewski, 1999). 이와 관련하여 여러 측면에서 강력한 사례들이 제시되어졌다. 예를 들어, 베일리Bailey(1993)는 견습제도가 "대학 비진학 학생들을 경력직 고용으로 이동시키는 통합적이고 체계적인 제도"라고 보았다(p.s). 그는 STW의 어느 프로그램보다 청소년 견습제도가 레스닉Resnick(1987)과 같은 연구자들이 주창한 "교육과 학습 이론의 발달"을 효과적으로 구현한다고 보았다. 또한 견습제도는 특히 실제로 사람들의 학습 방법을 극대화시킬 수 있는 기법으로 적합하다(Mjelde & Daly, 2000).

스미스와 로제스키(1993)는 STW 지지자들의 관심을 끌고 있는 청소년 견습제도 모형은 1970년대에 유행했던 졸업 후 견습제도와는 상당히 다르다고 보았다. 졸업 후 견습제도는 1970년대 후반 노동부에 의해 시작되었다. 여기에는 1993년까지 400여 프로그램에 3,500명의 학생이 참가하였다. 이들 중 과반수 이상이 기계 관련 직종에서 일했다. 이 프로그램은 고등학교 졸업 후 2년에서 4년간 지속되었고, 어떤 경우는 산학협력co-op 프로그램과 비슷했다. 그러나 이 모형은 제대로 발전되지 않았다.

이와는 대조적으로, 청소년 견습제도 모형은 유럽의 모형에 기초한 것이다. 이것은 "중등과 중등 이후 학교에서의 인문교육을 업무에 필요한 기술수준을 갖춰 고용에 적합하도록 훈련시키는 과정과 결합"한 것이다 (Smith & Rowjewski, 1993).

이러한 노력을 예의 주시한 베일리는 이 프로그램 평가에 있어 공감을 표시하면서도 방어적이다. 그는 청소년 견습제도의 효능성을 확인하기에 앞서 세 가지 문제가 다루어져야 한다고 밝힌다. 이는 "기업 참여 확보, 현직 학습의 질 개선, 그리고 계층화된 일의 세계와 교육제도가 결합하는 공공 정책에서 발생하는 공정성 시비"이다(1993, p.4). 한편 칸토kantor(1994)는 청소년 견습제도의 개념에 매우 회의적이다. 칸토는 이러한 프로그램은 젊은이들을 의미있고 생산적인 고용으로 진출시키는 목적 달성에 효과가 없을 뿐 아니라, 오히려 유해한 것으로 본다. 그는 이전의 직업교육 운동과 관련된 연구를 바탕으로 청소년 견습제도가 실제로는 사회적 약자, 특히 소수 인종의 고용 전망에 해가 될 것이라고 주장한다.

기술-준비 과정

앞에서도 논의한 것처럼, 기술-준비 과정tech-prep 개념은 1990년 칼 퍼킨스 법 개정의 핵심에 있었다. 이것의 핵심 개념은 고교생이 중등 이후 교육에 들어갔을 때 고교 과정을 반복하지 않도록 하자는 것이다. 당연히 이는 지역사회대학 교육과정과도 직접적으로 관련이 있다. 이러한 조정으로 인해 고등학생들은 전문학사 학위, 2년 과정 수료증, 또는 전문 준비 과정 수료증을 동시에 획득하는 것이 가능해진다. 기술—준비 과정은 대체로 건강, 기술 관련 직업 분야와 관련된 것이다. 다시 말해서 이 것은 학생들이 고교 졸업장과 2년제 학위를 취득하도록 하기 위한 것이다(Smith& Rowjewski, 1993). 학교와 일터의 통합을 강조하는 청소년 견습제도와는 달리, 기술—준비 과정은 고등학교와 중등 이후 교육기관 간의 긴밀한 협약을 추구한다(Parnell, 1985; Bragg etal., 1997; Pucel & Sundre, 1999).

산학협력 프로그램

학교와 일터의 연계를 강화하기 위한 또 다른 노력은 산학협력 프로그램Co-op programs이다. 이는 청소년 견습제도처럼 집중적인 몰입은 아니지만, 그 기본적인 생각은 교사와 고용주가 서로에 대해 잘 알자는 것이다. 각자는 상대방의 환경을 이해하고 방문한다. 학교에서 개설되는 교과목과 기업의 요구는 긴밀하게 통합되도록 의도된다. 여기에서 논의한 모든 프로그램처럼, 이 프로그램은 1990년대에 생긴 것이 아니고 1900년대 초기로 그 기원이 거슬러 올라간다. 1990년에는 대략 40만 명의 고등학생이 이 프로그램에 참여했다.

미국 고등학생 대부분은 학교에 다니는 동안 일을 하지만, 이런 일의 대부분은 학업과 별로 상관없는 것들이다. 이런 종류의 일은 교육과 일 사이의 균열을 확대시켰다. 스턴Stern 등(1997)에 따르면, 산학협력 프로그램은 레스닉Resnick(1987)과 레이브Lave와 웽거Wenger(1991) 같은 학자에 의해 주창된 "실행 공동체Community of practice"의 개념을 구축하는 것이다. 산학협력 프로그램의 철학은 사람들은 행함을 통해 가장 잘 배운다는 생각을 포함하고 있다. 이 프로그램에서 중등학교 학생들은 하루에 몇 시간은 수업에, 몇 시간은 일터에 참가한다. 중등 이후 과정에서는 한 학기는 학교에서 공부하고, 한 학기는 일하게 된다(Smith & Rowjewski, 1993).

일 기반 학습

일 기반 학습Work-based learning, WBL은 STW의 또 다른 예가 된다(Urquiola et al., 1997, p.5). WBL은 산학협력을 넘어서 "일과 관련된 개인적, 사회적 능력 개발, 해당 산업의 모든 측면에 대한 학습, 그리고 학교 지식의 심층적 이해"를 강조한다. 러만Lerman(1996)은 취업 전망이 별로 없는 젊은이들을 북돋우는 수단으로서 WBL을 지지한다. 그러나 WBL은 학교와 일의 광범위한 통합을 요구하기 때문에 실행에 있어 성공적인 사례를 찾아보기는 힘들다.

STW의 효과는?

이러한 다양한 STW 프로그램들이 어떻게 작동되는가? 이는 대답하기 어려운 질문이다. 왜냐하면 교육과 고용 성과에 대한 고등학교 고용의 영향을 검토하기 어려운 것과 같은 이유 때문이다(Ryan, 1988). 학생들은 이러한 프로그램에 무분별하게 참여하지 않는다. 어떤 학생들은 산학협력, 기술—준비 과정, 또는 청소년 견습제도 등에 다른 학생들보다 더 많이 참여하고 싶어 한다. 이러한 점이 평가를 불가능하게 하는 것은 아니지만, 선발과 설명되지 않는 이질성의 문제는 분석을 대단히 복잡하게 만든다.

어떤 학생들에게 STW 프로그램이 혜택이 되는가에 관한 근거 자료도 있다. 스턴Stern 등(1997)은 산학협력 프로그램에 참여한 학생들을 학교 감독이 없는 직장 경험을 한 학생들과 비교하였다. 그들은 전자의 학생들이 후자의 학생들보다 공부를 덜 선호한다는 사실을 발견하였다. 그렇지만

교육과 일

시간이 지나면서 전자의 학생들이 후자의 학생들보다 기업체와 더 긴밀한 관계를 발전시켰다. 산학협력 참여 학생들은 또한 개별적 직장 경험 학생들보다 계속교육을 덜 받는 경향이 있는데, 이는 장기적으로 좋지 않은 결과를 나타낸다. 리안Ryan(1988)은 견습제도와 관련한 많은 문헌(예, Wieler & Bailey, 1997; Wentling & Waight, 2000)을 검토한 결과, 복합적인 결과들을 발견하였고, 따라서 결론이 불확정적임을 밝혔다.

결론: 청소년, 학교교육, 그리고 직업

이 장에서는 많은 내용을 살펴보았다. 단순하면서도 중요한 결론은 과거에는 미국 청소년들이 안정되고, 지속적이며, 보상받는 일을 제대로 찾아 갈 수 없는 채로 노동시장에 놓여진 시절이 있었지만, 이제는 그렇지 않다는 점이다. 상반되는 이야기이지만, 학교에서 일로 쉽게 옮겨 갈 수 있는 제도와 구조의 부족으로 대학졸업장이 없는 청소년들은 감당하기에 너무 비싼 대가를 치루었다. 한 편에는 증서와 기술, 그리고 다른 한 편에는 일터 사이의 관계가 너무 팽팽해져서 시장의 자유재량에 맡길 수가 없게 되었다.

다음 장에서는 성인 노동자의 교육과 일의 관계를 살펴볼 것이다. 이는 청소년이 직면했던 그것과는 다른 도전과 문제를 가져다준다. 하지만 누구나 똑같이 후기 산업사회의 특징, 인구통계, 그리고 실력주의와 학력주의의 문제에 영향을 받는다.

CHAPTER 08

학습사회의

가능성

학습사회의 가능성

　이 장에서는 계속교육 또는 의무교육 이후의 교육과 일터의 관계를 살펴본다. 후기 산업사회가 확대되고 삶의 과정이 복잡해지면서 교육은 더이상 반드시 일에 선행하는 것으로 보이지 않는다. 교육은 일로의 전환에 필요한 일반적인 기술을 준비하는 것일 뿐 아니라 생애 과정에서 일하는 동안 언제든지 이루어진다.

　"학습사회Learning Society"라는 개념은 교육과 일의 변화된 관계에 대응하는데 필요한 제도, 정책, 방향을 총체적으로 기술하기 위한 하나의 방법이 되었다(Belanger & Valdivielso, 1997). 정교한 용어는 아니지만, "학습사회"라는 개념은 성인이 "완전히" 공식적 제도교육을 마친 후에 자신의 기술을 제고하기 위한 방법에 직접적인 관심을 기울인다. 급속한 기술변화로 특징지워지는 사회에서 인적자본의 가치는 빠르게 감소되고 있다(Hage & Powers, 1992, p.39). 고용주이건 피고용인이든 간에 그들이 직장에 들어와서 일한다고 했을 때 기존에 비축하고 있던 기술에만 의존할 수는 없다. 간단히 말해 평생학습의 필요는 늘어나고 있고, 이는 지속적인 성장을 위한 지표가 된다. 학습사회 지지자들이 일반적으로 선호하는 대안은 전통적인 4년제 대학을 넘어서 지역사회대학, 기술학원, 직업훈련, 견습제도, 그리고 "원격학습"과 같은 다양한 형태의 대안 교육 방식들로 옮겨가는 것이다.

"학습사회" 또는 "평생학습"의 지지자들은 이러한 대안의 장점을 부각시킨다. 후기 산업사회와 노령화 사회의 병폐를 치유하는 방법으로 제시되고 있는 학습사회 논의는 영국(Coffield, 1998; Hillage et al., 2000), 홍콩(Suen & Tam, 2000) 등 많은 국가에서 크게 진전되어 있다. 학습사회 운동은 국경을 초월하여 이루어지지만 사실 미국에서는 이에 대한 논의가 그리 활발하지는 않았다.

학습사회의 개념은 새로운 것은 아니고 이상주의적인 문헌(Campanella, 1982)과 사회과학(Gorard et al., 1998) 모두에 기원을 두고 있다. 한 현대 사회과학자는 학습사회의 이상주의적 경향을 지적한다. 크로치Crouch(1997, p.367)에 의하면, 몇몇 지지자들은 학습사회를 "지적 작용이 없이 육체적으로만 하는 노동은 자동화되어 비숙련된 생산성이 낮은 사람이 거의 없고, 모든 노동 인구가 자신의 기술과 지식에 대해 직업적 자긍심을 갖고 있으며, 고숙련의 상대적 희소성을 감소시키는 시장 친화적인 장치를 통해 수입의 차이가 조정되는 사회"로 묘사하고 있다. 이러한 유토피아적인 비전은 벨Bell(1999)에 의해 제시된 후기 산업사회의 모순을 극복하기 위한 방안으로 인기를 구가하였다. 이와 동시에 크로치는 후기 산업사회가 이러한 비전을 향해 진보하고 있다고 평가하였다.

많은 이유에서 학습사회의 개념은 지난 십여 년 동안 부흥을 만끽하였다. 학습사회 개념의 지적 기반은 경제협력개발기구The Organization for Economic Co-operation and Development, OECD에 의해 발전되어 왔다. OECD는 세계 경제를 주도하는 30개 국가로 구성되어 있다. 이 기구는 세계 경제활동의 절반 이상을 포괄하고 있다. OECD의 임무는 본질적으로 경제발전을 진작시키는 데 있다. OECD가 광범위한 거시 경제 정책과 사회기반 구축을 위한 과거의 전통에서 평생학습을 강조하는 "학습 해법" 지향으로 선회하였다는 것은 놀랄만하다.

OECD의 의도는 실질적인 것이다. OECD는 일련의 야심찬 보고서들(1994; 1996, 이와 관련해서는 Carnoy & Castell, 1997을 참조)을 통해 개인 차원의 성장과 조직이나 집단 차원의 체계적 학습 프로그램이 오늘날 노동 시장에 참여하는 노동자에게 부과되는 급속한 기술변화와 세계화의 압력을 어떻게 경감시킬 수 있는가를 설명하였다. OECD에 의하면 평생학습을 촉진하는 것은 어떠한 경제개발 전략보다도 중요하다.

그러나 학습사회 해법에 대해 회의적 시각들이 제기되고 있다는 점 역시 놀라운 것은 아니다. 예를 들어, 스테판 고라드Stephen Gorard와 그의 동료들(1998)은 영국에서의 학습사회의 이상과 실제 간의 괴리를 지적한다. 그들은 "기술 부족skill shortage"의 문제를 제기한다(Livingstone, 1998을 참조). 고라드와 그의 동료들은 학력주의 이론과 같은 맥락에서 이런 기술 부족 현상이 많이 주장되기는 하지만, 증명되지는 못한 경향이 있다고 본다. 그들은 경제적 성과 향상을 위한 계속교육과 훈련의 효과에 대해 의문을 제기한다. 노동자의 복리에 대한 계속교육의 긍정적 효과는 훈련 자체의 효능에서 나온다기보다는 훈련 기회를 제공함으로써 노동자 또는 고용주가 자기 선택을 하는 것과 더 관련이 있다고 주장한다.

또한 고라드와 그의 동료들은 충분한 교육과 훈련에의 균등한 접근이 좋은 일자리와 높은 수준의 임금에 접근하는 것과는 매우 다를 것이라는 의문을 제기하였다. 그들은 "고용주들의 기술 부족에 대한 불만은 주의 깊게 살펴보아야 한다"고 언급하고 있다(1998, p.28). 그들은 "그러므로 더 많은 공식 교육이 실업, 사회 이동, 그리고 노동 조건과 같은 문제에 도움이 될 수 있다는 것은 망상"이라고 덧붙였다(p.31).

다른 학자들 역시 학습사회 모형의 단점에 대해 지적하고 있다. 프랭크 코필드Frank Coffield(1998)는 학습사회에 대해 동조적인 입장을 견지하면서 학습사회에 대한 지지자들은 기술 성장, 개인 개발, 그리고 사회적 학습과 공동의 행위라는 감탄할 만한 목표를 제시하지만, 이 모형은 강압적인 것이 될 수도 있다고 보았다. 코필드는 평생학습 모형이 사회적 통제라는 간섭적인 도구가 될 수 있다고 우려한다. 경제적 상황이 좋지 못하면 실업자들은 고용을 지원받는 조건으로 "학습"을 강요받을 수도 있다. 코필드에 의하면, 이러한 식으로 제약받는 학습은 학습사회의 기초를 이루는 많은 요인들을 훼손하는 것이 될 수도 있다.

미국의 평생학습과 성인교육

이제 시각을 미국으로 옮겨보자. 세계 곳곳에서 통용되었던 것만큼 학습사회의 개념이 미국에서도 매력적이었던 것은 아니다. 그럼에도 불구하고 미국의 고등교육과 정책을 통해서 볼 때 평생학습에 대한 관심이 증가하고 있다는 것은 명백하다(Carnevale & Desrochers, 2001). 이에 관한 대부분의 논의는 교육의 경제적 목적이라는 맥락에서 다루어지고 있다.

미국인들이 의무교육 이후의 교육 기회, 특히 공식적 제도 교육 밖의 학습영역에 무관심했던 적은 없었다. 역사적으로 볼 때 평생학습이나 학습사회라는 용어는 아니더라도 "성인교육"을 문화적 강박감으로 간주하는 것이 지나친 것은 아니다. 역사학자 죠셉 케트Josheph Kett가 참여한 「곤경 속에서의 지식 추구: 자기 성장에서 성인교육까지, 1750~1990The Pursuit of Knowledge Under Difficulties: From Self-Improvement to Adult Education in America, 1750~ 1990」 1994년 판에서는 미국인이 참여하는 다양한 프로그램, 즉 영어 교실, 대학 평생교육 프로그램, 하계문화학교Chautauquas(Johnson, 2001), 통신학습(Pittman, 1998), 노인학교, 문화교실, 도서관(Lewis et al., 2003), 그리고 누구나 상상할 수 있는 다양한 비공식적 학습에 대해 설명하고 있다. 분명한 것은 "성인교육"의 단계가 무수히 많은 영역들을 포함하고 있다는 것이다. 케트Kett(1994)는 다음과 같이 설명한다(1994, p. xi).

성인계속교육의 역사에 대한 탐구는 대단위의 통계학, 짜증나게 애매한 용어, 고상한 이상주의, 그리고 천박한 강매라는 의미를 포함하고 있다. … 이러한 어휘들은 교육의 확장과 최근에는 평생학습이라는 것뿐 아니라 계속, 성인, 심화, 순환, 민중, 그리고 두 번째 교육 기회라는 의미도 포함한다. 차이는 있지만, 이런 모든 용어는 전통적인 학교교육을 확실히 끝낸 이후에 이루어지는 교육을 말한다. 20세기에 이런 교육에 참여한 고객은 주로 21세가 넘는 법적 성인이었지만, 성인교육은 대상 연령층으로 보다는 그 기능으로 개념을 정의하는 것이 더 적합하다. 성인교육을 구분 짓는 특징은 그 교육적 역할에 있다. 즉, 자신이 원하고 필요로 하는 것을 찾아 교육을 이미 완료했다고 믿는 사람들에게 부가적인 학습을 제공하는 것이다.

위의 인용문이 보여주듯이, 성인교육 관련 문헌에는 정의와 측정에 있어서 많은 문제가 있다. 의무교육 이후 학교체제는 중등 이후 교육기관의 직업교육 또는 학술학위 프로그램 참가와 같이 쉽게 찾아볼 수 있고 측정되어 지지만, 그 밖의 다른 활동들은 아주 모호하다. 볼륨댄스 교습이 성인교육으로 인정된다면, 외국어 테이프를 듣고 역사 채널을 시청하는 것은 어떠한가? 교육기관에서 '개설'된 것만 인정되는가, 아니면 성공적으로 과정을 끝내어 어떤 종류의 증서로 인정되어야만 하는 것인가? 이러한 문제는 여전히 성인교육학자들이 갖고 있는 문제인식으로 남아있다.

국가교육통계국의 사회과학자들은 성인교육 활동을 개념화하기 위해 가장 진지한 노력을 해왔던 사람들이다. 이를 위한 수단의 하나로 사용된 것은 전국가구교육 조사National Household Education Survey, NHES에서의 성인교육에 대한 문항들이었다. 이 설문조사는 1991년 이후 여러 차례 이루어졌다. 이 조사에서는 성인교육을 6개 범주로 나누었다. 어떤 분야는 아주 구조화되고 제도화되었으나 반면 그렇지 않은 것도 있었다. 6개의 범주는 성인기초교육, 외국어로서 영어교육, 견습제도, 학위프로그램, 취업관련

교육, 그리고 개인개발 프로그램이다.

지난 20년에 걸쳐 아니 그보다 전부터 미국인들은 성인교육에 상당수가 참여하고 있었다(Creighton & Hudson, 2002). 1991년에는 성인의 1/3만이 성인교육에 참여했으나, 1999년에는 거의 절반(46%)이 참여하였다. 참여율에 있어서는 큰 차이가 있었지만, 대부분의 사회경제적 범주를 통틀어서 증가하였다. 좋은 일자리를 가지고 있고, 학력이 높으며, 가장 활동적인 연령대에 있는 사람들이 노동시장에서 불리한 조건을 가진 사람들보다 더 자주 성인교육에 참여하고 있었다.

국가교육통계국NCES에서 밝힌 대부분의 교육 범주는 일의 세계와 직접적으로 관련되어 있다. 교육통계국에서는 성인교육에 참여했던 사람들에게 참여 동기를 물어보았다. 크레이튼Creighton과 허드슨Hudson의 NHES 데이터를 요약한 〈그림 8.1〉은 성인교육에 있어서의 가장 큰 항목이 "취업 관련 과정"임을 보여준다. 그러나 이 수치는 직업능력을 제고하기 위한 성인의 교육욕구를 실제보다 낮게 보여주고 있다. 왜냐하면 많은 참여자들이 일과 관련된 이유로 학위 프로그램, 기초교육, ESL, 견습제도와 같은 다른 프로그램에도 참여하고 있기 때문이다. 즉, 많은 미국인들이 의무교육 이후의 교육에 이미 참여하고 있으며, 그 가장 큰 이유는 일과 관련된 것이다. 일터에서의 요구와 관련되지 않는 성인교육도 무수히 많다. 사람들은 경제적 이유가 아닌 자기계발을 위해 프로그램에 참여하기도 하고, 지역사회대학의 유료 프로그램에 등록해서 경제적 필요와 상관없이 학습에 참여한다. 그럼에도 불구하고, 의무교육 이후 교육의 팽창과 일터의 요구는 함께 가는 경향이 있다. 성인은 기꺼이, 심지어 더 열심히 학습하려고 하며 그 이유는 대부분 이러한 활동이 보장하는 경제적인 이득에 있다.

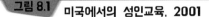

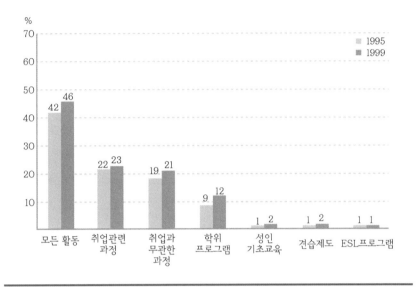

그림 8.1 미국에서의 성인교육, 2001

* 성인은 16세 이상의 시민으로 초등교육 또는 중등교육에 등록하지 않은 개인을 의미한다.
* 16~24세의 전일제 학위과정에 참여하고 있는 사람은 성인 교육활동에서 제외한다.
* 성인은 조사연도에 적어도 한 가지 이상의 활동에 참여하고 있는 사람들을 말한다.

출처: US Department of Education, National Center for Education Statistics, Adult Education Survey of the National Household Education Surveys Program, 1995 and 1999.

직업훈련의 반복되는 성쇠

분명히 성인교육의 가장 큰 영역은 인력개발 또는 기술 향상에 있다. 기술 향상은 직무 수행을 위해 습득해야 하는 광범위한 과정을 포함한다. 그들이 가지고 있는 어떤 것은 학교에서 배운 것이며, 또 어떤 것은 일을 하면서 알게 된 것이다. 사람들이 일터에서 습득하는 많은 지식은 비공식적이거나 우연히 얻어지는 것이기도 하고, 내부노동시장을 통해 공식적으로 구조화된 것이기도 하다. 이제 기술 향상에 대한 관심은 "어떻게 변화(주로 일터의 구조조정)가 공식적, 비공식적 직무 학습의 기회, 교육 제공자와의 연계와 활용, 그리고 더 일반적으로 인력개발에의 접근에 영향을 주는지"를 이해하는 방향으로 돌려져야 한다(Salzman et al., 1998).

인력개발 전략에서 중요한 측면은 직무훈련 또는 노동자 훈련이다. 이에 대한 연구는 상당히 진척되어 있다. 그러나 훈련과 관련된 연구는 다양한 학문분야들에 기초하고 있고 각각이 서로 적절히 의사소통하고 있지는 못하다. 산업심리학자들은 개인이 어떻게 학습하는지에 관심이 있고, 그런 지식을 응용하여 훈련상황에서 어떻게 학습을 촉진할지를 탐구한다. 경제학자들은 고용주가 제공하는 훈련에 관한 인센티브와 훈련에 참여하는 종업원의 임금 보상과 같은 문제에 경제학적 지식을 적용한다. 반면 훈련과 개발 전문가는 훈련이 어떻게 전체 조직 구조에 유용하게 내재화될 수 있는가에 관심을 둔다.

몇몇 예외가 있기는 하지만(예, Knoke & Janowiec-Kurle, 1999; Bills, 2003), 직업훈련에 관한 사회학 문헌들은 미국에서 특히 놀라울 정도로 적다. 게다가 훈련에 관해 사회학자들이 저술한 내용 대부분은 신고전주의 노동경제학의 인적자본 모델을 그대로 보여준다. 따라서 이제 직업훈련에 대한 순수한 사회학적 관점을 발전시키고자 한다.

여러 학자들이 미국의 훈련체제는 체계가 없으며, 좀 더 심하게 "중복, 복제, 낭비, 혼동으로 가득 찬 복잡하고 잘못 수립된 체계"라고 지적한다(Grubb, 1996). 훈련 프로그램은 서로 분절되어 있고, 훈련 사업을 지도하기 위한 국가, 주 수준의 일관된 정책이 없으며, 고용주, 노동자, 지역사회와 주 정부는 서로 다른 목적을 가지고 있는 것 같다. 정부의 직업훈련에 대한 노력은 이 절의 제목처럼 매우 유동적이다. 그리고 훈련을 빈곤과 실업 치유의 수단으로 바라보는 시각에서부터 훈련 사업을 무용한 것으로 거부하는 관점까지 광범위하게 펼쳐져 있다. 이 모든 것은 성인 노동자의 훈련체계를 정교하게 발전시켜온 다른 후기 산업국가들과 대조적인 것이다.

그럼에도 미국의 훈련체제를 체계가 없다고 말하는 것은 중요한 핵심을 놓치는 것이다. 미국에서의 훈련은 체계가 없다기보다는 현저하게 양

극화 되어 있다. 바틱Bartik과 홀렌벡Hollenbeck(2000)은 미국의 훈련체계를 두 개의 유형, 즉 공공 훈련과 민간 훈련으로 구분하면서 다음과 같이 설명한다.

"첫 번째 기회" 또는 전통적 제도는 개인이 공립 초등학교, 중등학교, 그리고 중등 이후 교육을 이수하고 기업에서 제공하는 직업훈련과 업무 경험을 갖게 한다. "두 번째 기회" 제도는 첫 번째 기회를 성공적으로 마치지 못한 사람들을 위한 것이다. 이 두 번째 기회에는 공공 직무훈련 프로그램, 공공 보조, 전과자 회생 프로그램, 그리고 교정교육 등이 포함된다.

이러한 두 제도의 효용성에 대한 비교 결과는 명확하지 않으며, 두 훈련 제도 모두 지지자들이 있다. 그럼에도 불구하고 많은 미국 노동자들이 다양하고 좋은 훈련 프로그램을 접하고 있다는 것에는 별다른 의문의 여지가 없다.

유럽의 사회과학자들은 국가 간 훈련제도의 차이점을 찾아내고자 했다. 에쉬톤Ashton 등(2000)에 의하면, 국가, 교육과 훈련제도, 기업, 노동자의 관계는 사회에 따라 다르고, 이는 여러 유형의 "국가 숙련 형성 체계 national system of skill formation"로 나타난다. 그 유형은 네 가지로 구분된다. 시장모형market model, 기업주의모형corporatist model, 국가개발모형developmental state model, 신시장모형neo-market model이 그것이다. 레지니Regini(1997)는 유럽 네 지역의 훈련체제를 조사하였는데, 그 결과 국가 내에서 문화적, 제도적 차이가 있는 것처럼 국가 간에도 서로 일치하지 않는 것으로 나타났다. 그 지역들은 유럽의 "네 개의 엔진"이라고 불리는 바덴−부템버그(독일), 론−알프스(이탈리아), 롬바르디(프랑스), 그리고 갈타로니아(스페인)이다. 레지니는 이런 훈련체계 분석을 통해 훈련제도를 "과잉형redundancy-oriented" 체제(독일, 이탈리아)와 "적정형appropriateness-oriented" 체제(프랑스, 스페인)로 구분하였다. 과잉형은 실제 경제적 요구보다 더 많은 수의 고숙련 노동자들을 양산한다. 이와는 대조적으로 적정형은 기술에 대한 요구에 따라 적절히 조정할 수 있도록 조직화되어 있다. 레지니는 각각의 체제에 장점과 단점이 있다고 지적한다.

레지니와 에쉬톤 등의 연구는 여기에서 다루기에는 아주 복잡하고 종합적인 것이다. 유럽 또는 다른 나라들의 훈련제도를 정교하게 구분하는 작업은 다른 연구자들에게 미루도록 하겠다. 여기서의 논의의 초점은 미국의 훈련과 일에 관한 것이다. 다른 많은 국가들에서처럼 세심하게 설계되어 수행되는 훈련 제도와는 다르게, 미국은 특이한 형태의 훈련 제도를 만들어 왔다.

훈련 비용과 종류는 어떠한가?

미국 기업들은 직무훈련에 엄청난 비용을 들이고 수많은 시간을 할애한다. 그 비용와 시간이 어느 정도인지는 아무도 모른다. 그 이유 가운데 일부는 고용주들이 훈련에 투자하는 자원의 정도나 훈련으로부터 얻는 이익에 대해 조사하려는 의지 또는 인센티브가 부족하기 때문이다. 좀 더 근본적으로 훈련을 측정하는 데는 많은 문제가 있다. 공식적인 훈련과 현직훈련(OJT)을 어떻게 구분할 것인지, 훈련시간으로 인한 생산시간의 손실을 어떻게 설명할 수 있을지, 노동자와 고용주 쌍방의 기회비용을 어떻게 측정할 수 있는지, 그리고 동시에 발생하는 학습과 업무를 어떻게 구분할 수 있는지가 명확하지 않다.

훈련비용 산정은 범위에 따라 상당히 달라진다. 곳곳에 분산되어 있는 훈련비용을 정확하게 계산하는 것은 쉽지 않다. 마쿼트Marquardt 등(2000)은 다양한 자료를 수집하여 훈련비를 가늠해보았다. 1995년 미국 기업은 공식적인 훈련에 553억 달러를 사용하였다. 이 액수는 상당히 큰 것이지만 전체 급여의 1.8% 밖에 되지 않는다. 그러나 좀 더 자세히 살펴보면

이 수치는 간접비용과 기회비용을 고려해 볼 때 약 10%에 이르게 된다 (Bassi et al., 2000). 아마도 고용주는 비공식적인 훈련에 이 액수의 2배 이상을 지출할 것이다. 또한 부문에 따라서 많은 차이가 있을 것이다. 급여에 대한 비율로 보았을 때, 훈련비용 지출은 정보기술 분야가 가장 높고 건강관리 분야가 가장 낮다.

그러나 모든 훈련이 기업에 의해 제공되는 것은 아니다. 업무관련 훈련에 참가한 사람의 절반 이상(52%)이 기업 이외의 부문에서 제공되는 교육을 받는다(Darkenwald et al., 1998). 교육의 상당 부분이 교육기관이나 전문 협회에서 제공된다.

노동자 훈련비용을 어떻게 범주화 할지에 대해서는 의견이 일치되지 않고 있다. 리Li 등(2000)은 보수훈련, 향상훈련, 재훈련을 구분한다. 스위스에서는 보수훈련에 대해 대체로 증서를 발급하지 않으며 고용주가 비용을 지불한다. 다른 두 종류의 훈련은 증서가 발급되지만 노동자가 비용을 지불한다. 훈련을 구분하는 또 다른 기준들로는 훈련내용, 목적, 공식성 여부, 그리고 운영특징 등이 있다(Hollenbeck, 1996; Frazis et al., 1997).

누가 훈련을 받거나 받지 않는가?

비록 훈련체계가 덜 정비되어 있더라도 훈련의 특성으로 일반화시킬 수 있는 것들은 엄청나게 많다. 모든 노동자들이 동등한 참여 기회를 갖는 것은 아니다. 아주 대략적으로 말하자면, 좋은 일자리, 높은 수입, 안정된 고용과 같은 요소가 누가 더 많은 훈련 기회를 갖는가를 결정한다. 귀속지위나 성취지위에 상관없이 높은 지위에 있는 노동자일수록 그렇지 않은 노동자보다 더 많은 훈련을 접한다는 많은 증거들이 있다. 이러한 불평등 문제에 대해서는 다음에 검토할 것이다.

분명한 사실은 노동시장에서 가장 우위에 있는 사람들이 계속교육을 가장 많이 받게 된다는 것이다. 전문기술직 노동자들은 블루칼라 노동자보다 훨씬 더 많은 훈련을 받는다(Osterman, 1995). 고용주들은 엘리트 사원 또는 핵심 인력에게 더 많은 비용을 투자한다. 마퀴트 등(2000)은 훈련 경비의 26%가 전문직 직원들에게, 25%는 관리자에게, 12%는 판매사원에게, 그리고 37%는 그 밖의 직원들에게 쓰였다고 밝혔다.

훈련 받을 가능성을 알려주는 가장 강력한 요인은 그들이 이미 얼마나 많은 교육을 받았는가 이다. 전반적으로 고용주는 경쟁력 없는 직원의 기초적인 기술에 투자하는 것보다는 이미 잘 준비된 직원의 기술을 향상시키기를 원한다. 즉, 고용주는 기초 기술을 제공하는 것보다 현재 보유하고 있는 기술을 발전시키는 것을 분명히 더 선호한다.

우수한 노동자가 더 많은 훈련을 받을 뿐 아니라, 앞 장에서 보았듯이 "고성과" 조직에 있는 사람이 더 많은 훈련 기회를 갖게 된다(Osterman, 1995; Frazis et al., 1997; Lynch & Black, 1998). 이는 미국에만 한정된 것으로 보이지 않는다. 휘트필드Whitfield(2000)는 이러한 현상이 영국에서도 똑같이 적용된다는 사실을 발견했다. 그의 연구에 의하면, 고성과 체제로 가기 위해서는 광범위한 사람들을 대상으로 하는 것보다 특정 집단에게 강도 높은 훈련을 제공하는 것이 더 효과적이다.

일반적으로 아프리카계와 남미계는 백인보다 더 적은 훈련을 받는다. 또한 어린 노동자와 나이 든 노동자는 왕성하게 일 하는 연령대의 사람들보다 더 적은 훈련을 받는다. 남녀의 차이는 그렇게 명확하지는 않지만 여성들은 훈련 기회에 있어 불리한 점이 더 많다(Knoke & Ishio, 1998; Lynch, 1998; Brown, 1990). 미국과 영국에서 모두, 비록 여자가 남자보다 비슷하거나 높은 비율로 훈련에 참가하는 경우가 자주있지만 이것이 동등한 가치로 인정되지는 않는다(Felstead, 1994; Kerckhoff & Bell, 1998).

직업훈련에 따른 보상은 있는가?

고용주가 여전히 훈련 제공을 위해 많은 노력을 하고 있으며, 노동자들도 이에 참여하고 있기는 하지만, 미국에서의 훈련비용은 다른 후기 산업사회의 기준으로 보면 보통정도라고 할 수 있다. 수익payoff은 무엇인가? 훈련받은 노동자는 더 생산성이 높고 많은 급여를 받는가? 기업은 훈련투자에 대해 이익을 얻는다고 확신할 수 있는가?

이 모든 훈련의 효력에 대하여 고용주들은 의외로 아는 것이 별로 없다. 버그Berg(1971)는 관리자들이 채용결정의 근거로 자격증을 어떻게 활용하고 있는지를 조사하였다. 그의 설명에 의하면, 관리자들은 훈련이 경제적 의미가 있는지 확인하려는 노력을 하지 않는다. 버그의 지적 이후에도 별로 달라진 것은 없는 것 같다. 관리자는 자격증을 활용하기는 하지만 이는 엄격하게 확인되고, 심사되고, 고려되지 않는다. 기업의 직업훈련 제공도 이와 유사한 것으로 보인다.

훈련의 효력에 대해 결론을 내릴 때는 주의할 필요가 있다(Li et al., 2000). 많은 다양한 목적을 위해 여러 종류의 훈련이 제공되고 있다. 이런 훈련 모두가 동등하게 효과적(또는 아마도 비효과적)이라고 생각할 수는 없다. 훈련의 목적이 근본적으로 다를 때 특히 그렇다. 숙련노동자에게 드릴 프레스 사용법을 가르치는 것, 대학교수에게 "다양성"에 대한 교육을 제공하는 것, 그리고 아동심리학자에게 "놀이 치료" 워크숍을 제공하는 것은 서로 다른 활동이어서 어떤 공통적인 측정법으로 효과성을 계량화하는 것은 무의미한 일이다.

훈련의 가치를 평가하는 데 있어 또다른 문제는 그것이 본질적으로 장기적 과업이라는 것이다. 많은 훈련의 분석은 단일 시점의 자료에 의존하고 있어 인과관계가 확실하게 나타나지 않는다. 더 중요한 점은 훈련의 효능성에 대한 조사는 직업과 훈련에 관련된 자기 선택self selection이라는 문제를 제기한다는 것이다. 모든 노동자가 동등하게 훈련에 참여하는 것이 아니기 때문에 학습기회를 스스로 선택한 사람인지 아닌지에 따른 특성과 이러한 기회의 실제 효과를 구별할 필요가 있다.

이러한 점은 중요한 경고가 된다. 그렇지만 일반적인 결론은 분명하다. 대부분의 훈련이 대부분의 상황에서 가치가 있다는 것이다. 노동자 입장에서는 많이 알수록 더 좋은 것이고, 기업 입장에서는 노동자의 기술이 향상될수록 더 좋은 것이다. 그러나 이를 모든 상황에 일반화하기에는 한계가 있다. 어떤 상황에서 이것이 사실인가 하는 것은 복합적인 것이기 때문이다.

훈련의 효과성을 훈련에 따른 급여 증가나 직업 안정 강화의 정도로 생각한다면, 이미 숙련직에 고용되어 있는 노동자들에게 훈련은 아주 큰 가치가 있다. 기술과 경험을 탄탄하게 갖춘 노동자는 훈련을 승진과 급여 인상의 기회로 생각할 수 있게 된다.

이와 대조적으로, 실업자에게 훈련은 잘 보상되지 않는다. 일반적으로 사람들은 훈련을 통해 더 일을 잘하게 되고 더 많은 급여를 받게 되지만, 일자리를 갖게 하는 데에는 별로 도움이 되지 않는다. 당연히 이런 사람의 경우 좋은 일자리로 가는 것은 더 쉽지 않다. 이는 학교에서 일터로의 이동 과정에 있는 신규 노동시장 진입자와 이미 근로경험이 있는 경력자 모두에게 해당된다. 경제학자 로버트 라론드Robert LaLonde(2001)의 보고에 의하면, 실직 노동자를 대상으로 한 직업훈련은 별로 장점이 없다. 이는 물론 너무 광범위한 설명이어서 경쟁력이 없는 노동시장 위치에 있는 사람을 대상으로 하는 모든 훈련에 일반화되지는 못한다. 또한 그는 고숙련의 실직자와 특화된 기술을 집중적으로 교육받은 사람들에게는 훈련이 도움이 된다고 보고했다. 이러한 각도에서 그는 실직자에게 필요한 것이 주의 깊게 선택되어야 하고 그것은 직무기술과 관련성이 있어야 한다고 결론을 내린다. 그에 의하면 실직자가 가장 원하지 않는 것은 팔방미인형의 교육이다.

이러한 논의는 고용이 어려운 사람을 위한 훈련 프로그램을 비난하려

교육과 일

는 것이 아니다. 다시 한번 말하지만 훈련된 노동에 대한 수요는 파생되는 수요이다. 고용주는 모든 노동자들에게 비용을 지불하지는 않을 것이다. 그 노동자가 생산하게 될 상품과 서비스에 대한 수요가 있는 경우가 아니라면 말이다. 간략히 말해 훈련은 새로 훈련된 사람이 들어갈 일자리가 없는 경우 별로 가치가 없게 될 것이다.

보일Boyle(2001)은 저숙련 노동자를 위한 훈련은 보상이 거의 없다고 지적한다. 그는 매사추세츠주에 위치한 55개 업체의 문해 훈련 프로그램을 연구한 결과, 이 프로그램이 가장 하위계층에 있는 노동자들에게 프로그램에 참여하기 이전보다 더 많은 기술, 생산성, 봉급 인상을 유발하지 못한다는 점을 발견하였다. 효과가 있었다면, 노동자들이 회사에 더욱 의존적으로 되었고, 직업 유연성이 감소하고, 노동자 본인들이 스스로에 대해 자책하게 되었다는 것이다. 최하위층 노동자에게 있어 그러한 불충분한 훈련은 직업적 가능성을 제고하기보다는 제약하였다.

이 책 전반을 관통하는 주제는 교육과 일의 수많은 관계의 양태가 후기 산업주의, 인구변화, 복지수준의 변화라는 복잡한 상황에 직면하면서 변화해가고 있다는 것이다. 이러한 상황은 훈련과 보상의 연계에 있어서도 마찬가지이다. 특히 저숙련 노동자들에게 더욱더 그러하다. 룬드그렌Lundgren과 랜킨Rankin(1998)에 의하면, 지난 10년간 미국의 복지 개혁은 순전히 "우선 일하기work first" 모형에 의존한 것이었다. 최근의 정책 변화, 구체적으로 직무훈련 파트너십에 관한 법률Job Training Partnership Act, 개인의 책무성과 일의 기회의 조화에 관한 법률Personal Responsibility and Work Opportunity Reconciliation Act은 사람들이 노동시장에 있는 어떤 종류의 일자리라도, 심지어 막다른 저급 일자리라도 갖도록 하는 효과를 가져왔다. 동시에 개인이 기술에 장기적으로 투자하도록 하는 장려책은 거의 사라졌다. 갱글Gangle(2002)이 독일사례를 통해 보여주었듯이, 실업자가 구직 시간과 기술 향상에 더 많이 투자할 기회를 가짐으로써 결과적으로 더 좋은 일자리를 갖는다는 것을 볼 때, 이것은 불행한 일이다. "우선 일하기"

라는 과도한 철학으로 경쟁력 없는 미국인 노동자들은 훈련을 통해 고용에 이르는 것이 거의 허용되지 않았다.

미국 기업은 훈련에 충분히 투자하는가?

노동자와 고용주 모두에게 직무 훈련이 가치롭다는 증거는 상당히 많다. 노동자가 자신의 기술을 향상시키려는 노력은 보상에 비해서도 더 크다. 그러나 여전히 미국의 고용주는 다른 선진국보다 더 적은 훈련만을 제공한다. 이는 미국의 고용주가 훈련에 충분하게 투자하고 있는가에 대한 질문을 제기한다.

미국이 훈련에 과소 또는 과다 투자를 하고 있는지 판단하는 데 있어서 기억해야 할 것은 훈련이 고용주가 필요로 하는 기술을 획득하는 유일한 방법이라는 것이다. 교육체제가 제대로 작동하고 유연하게 대응한다면 노동자들이 분업체제에서 자신의 위치를 유연하게 변경할 수 있도록 하여 고용주가 기술을 훈련시킬 필요성을 상당 부분 상쇄시켜줄 것이다. 이러한 문제를 고용주의 "육성 또는 채용make or buy" 결정이라고 개념화할 수 있다(Knoke & Janowiec-Kurle, 1999). 간단히 말해, 기업은 필요로 하는 기술을 그런 기술을 가진 사람을 채용해서 얻을 수도 있고, 현재 고용하고 있는 직원들에게 훈련을 시켜 얻을 수도 있다. 오스터만Osterman(1995, p.141)은 "과거에 습득한 기술을 중요시하여 직원을 채용하는 회사는 훈련을 제공할 가능성이 적어진다"는 사실을 밝혀냈다. 만약 기업이 필요로 하는 기술을 "구매" 전략을 통해 얻게 된다면 효과적인 훈련 프로그램이 있다 하더라도 훈련에 대한 과다 투자 가능성이 발생할 수도 있다는 것을 보여 준다(Booth & Snower, 1996 p.3).

그러나 밝혀진 바와 같이 미국이 훈련에 충분한 자원을 투입하고 있다고 믿을만한 증거를 발견하기는 어렵다. 바씨Bassi 등(2000)은 고용주들이 훈련 자체의 가치와 효과에 대해 조금밖에 알고 있지 못하다는 것은 그들이 훈련에 과소투자하게 된다는 것을 의미한다고 언급하였다. 즉, 투자자들이 자신들의 모든 투자비용을 정당화하도록 회사에 지속적으로 압력을 가할 경우 고용주들이 훈련에 대한 투자의 중요성을 합리화 할 수 있는 방법은 없다. 논리적 근거가 부족하기 때문에 미국의 고용주들은 훈련 투자에 대한 적합한, 즉 비용에 민감한 투자자들을 안심시킬 수 있는 사례를 만들지 못하고 있다. 이런저런 이유로 인해 미국 회사의 훈련에 대한 과소투자 증거는 설득력을 얻고 있다. 이것은 많은 노동경제학자들의 주장뿐만 아니라 앞서 2장에서 언급한 「낙오자 없는 교육No One Left Behind (1997)」에서 내렸던 결론과도 일맥상통하는 것이다. 리사 린치Lisa Lynch (1988)는 미국에서 증가하고 있는 임금 불평등의 원인이 유럽의 지표와 비교할 때 훈련에 대한 미국의 과소투자에 있다고 확신한다. 즉, 훈련이 명백하게 개인과 회사에 수익을 가져온다 할지라도, 비숙련노동자들이 훈련을 받지 못했기 때문에 경제적 불평등은 더욱 심화되고 있는 것이다. 다시 말해서 기술의 공급이 수요와 일치하지 않고 있다. 바씨 등(2000)은 회사의 성과에 대한 훈련의 기여정도를 특정하기 위해 진지한 노력을 기울였으며, 그 결과 미국의 회사는 훈련에 대해 보다 더 많은 비용을 투자할 필요가 있다고 결론을 내렸다.

그렇다면 미국의 기업과 노동자는 훈련에 왜 이렇게 적은 투자를 하는 것인가? 미국의 어려움은 사회적으로 강한 요구가 있음에도 시장이 잘 작동하지 않는 문제를 해결할 제도들을 만들어내지 못하는 데 기인한다. 따라서 앞에서 언급했던 유럽형 훈련 모형 또는 이 모형의 변이 모형을 다시 살펴볼 필요가 있다. 스트리크Streeck(1989)가 지적했듯이 모든 경제는 번영을 위해 노동자들의 기술을 충분히 개발해야 하는 문제에 직면한다. 어떤 이들은 상호 신뢰를 형성하기 위한 공동의 계약과 제도를 개발하여 고용주와 노동자 모두가 기술에 투자하도록 유도하고자 한다. 또 다른 이들은 자유 시장을 신뢰하여 고용주와 노동자에게 기술을 제공하고 습득할 수 있는 인센티브를 부여하고자 한다. 이렇게 볼 때 미국 고용주들은 새로 훈련한 노동자들을 더 높은 임금을 제안하는 다른 고용주에게 빼앗기게 될 것을 우려하여 자신들의 인력을 향상시키는 것보다는 다른 기업의 노동자에게도 유용할 것 같은 기술 훈련을 회피하는데 더 많은 노력을 기울이게 된다. 이에 따라 시장은 자연적으로 기술에 과소투자하게 된다(Streeck, 1989; Crouch, 1997).

부스Booth와 스노워Snower(1996)는 훈련 제공에 있어서의 시장실패 —즉 자유시장은 적극적인 주 정부 정책이나 고용주의 노력 없이 충분한 기술을 제공할 능력의 부족— 가 호주, 프랑스, 독일, 일본, 스웨덴 보다 미국이나 영국에서 더욱 심각하다는 것을 보여준다. 저자들은 전자의 국가들이 각기 시장실패를 대체할 수 있는 견습제도, 훈련교사, 재훈련, 경력경로 같은 제도를 구축해왔다고 본다. 미국이나 영국도 이런 방향으로 전혀 시도해보지 않은 것은 아니었지만 제대로 된 시스템을 구축하지 못하였고, 결과적으로 더 많은 내재적인 기술 부족을 겪게 되었다.

스트리크Streek(1989, p.97)는 "기술은 특유한 것이다"라고 요약하였다. 기술은 그것을 소유한 개별 노동자에게만 존재하는 것도 아니고, 그 기술이 표출되는 업무에만 존재하는 것도 아니다. 따라서 기술을 집합재collective good로 인식할 필요가 있다. 즉, 학교나 훈련기관에서 생성된 기술은 개인의 사회적 이동보다는 숙련된 노동력을 생산해내기 위한 인적자본의 창출이라는 점에서 더욱 중요하다. 미국의 정책결정자와 사회과학자들은 이런 방식으로 기술을 보는 데 주저하였다. 너무나 빈번히 훈련 받은 사람이 개인 노동자라고 여겨졌다. 스트리크 같은 학자들이 주장했듯이, 훈련은 매우 사회적인 과정이다. 기술은 개인뿐 아니라 노동 집단 내에 존재한다. 이와 마찬가지로 훈련의 효과는 집단 수준에서 가장 잘 표출될 수 있을 것이다.

견습제도, 지역사회대학, 그리고 그 밖의 성인학습환경

우리는 마치 훈련이 일터에서만 일어나는 어떤 것이라고 여겨왔다. 사실 훈련의 제도적 구성은 복잡하다. 미국의 훈련 '체계system'는 공급자, 중개인, 파트너십, 그리고 또 다른 훈련 실행자들이 복잡하게 얽혀 있다. 직무기술을 제공하는 전통적으로 중요한 두 가지 제도는 견습제도apprenticeship와 지역사회대학community college이다. 어떤 점에서는 전자의 쇠퇴가 후자의 상승을 가져왔다.

앞 장에서 이미 언급한 대로 미국의 견습제도는 수십 년 동안 젊은이가 일을 위해 준비하거나 경험이 풍부한 노동자들이 재정비할 수 있는 제도로 변형되어 왔다. 동시에 단지 견습제도에 국한되어 있었던 직업준비 기능은 공식적인 교육환경으로 이전되었다. 레스닉Resnick(1987)에 의하면, "기술 분야의 직업교육은 견습제도 쇠퇴의 역사와 동시에 이루어졌다." 효과적 기술 습득 체계 구축에 관심이 있는 다른 사람들과 마찬가지로 레스닉은 학습과 실행의 분리를 유감스러워 한다(Hamilton, 1990).

견습제도에 대한 반대 주장은 본질적으로 이에 대한 찬성 주장을 반영한다. 견습제도의 가장 큰 장점은 다양한 노동시장의 행위자들, 즉 고용주, 노동자, 노동조합, 그리고 정부를 한 데 모아 집합재를 확장하는 것이다. 다시 말해, 견습제도는 고용주들로 하여금 경쟁사에 기술을 매수당할 염려를 경감시키고 이에 따른 부당한 비용을 줄여준다. 그럼으로써 더 큰 기술 공급의 창출을 가능하게 하는 방향으로 기관들이 운영되도록 한다. 그러나 견습제도의 복합성은 점차 글로벌화 되고 기술 변동이 많은 세계 경쟁에서 필요한 탄력성을 잃게 한다. 어떤 의미에 있어서 견습제도는 현대사회가 요구하는 지속적 변화와 통합되는 기술을 공급하는데 방해가 될지도 모른다.

그러나 견습제도 모형이 결코 완전히 사라진 것은 아니며, 걱정만큼

심하게 위기를 겪고 있는 것이 아닐지도 모른다. 이러한 징후로 미국에서는 불과 몇 년 전만해도 낡은 것으로 버려졌던 견습제도 모델이 부활하고 있다. 프랑스, 이탈리아, 스웨덴에서는 최근에 견습제도의 실행으로 학교와 일터의 연계를 더욱 긴밀하게 하고 있는데(Crouch et al., 1998), 많은 미국인들이 관심을 가지고 이를 주시하고 있다.

훈련의 증가 ─실제로, 모든 미국 중등 이후 교육의 증가분─ 는 광범위하고 다양한 지역사회대학 제도에서 이루어지고 있다. 지역사회대학의 설립 목적과 실제적인 활동은 약 백 년전 이 기관들이 설립된 이후 여러 번 바뀌어 왔다. 지역사회대학은 원래 학문 지향적인 '초급대학junior colleges'으로 설립되었다가 4년제 대학 편입 준비, 직업훈련의 제공, 자기개발 과정, 보수교육, 그리고 상당 부분 경제적 개발의 역할을 담당하는 기관으로 어렵게 변화해 왔다(Dougherty, 1994; Brint & Karabel, 1989).

여기서 중요한 점은 미국에서 "교육과 일 사이의 관계"를 말할 때, 이는 점차로 지역사회대학에 대해 말한다는 것이다. 클린턴 전 미국 대통령의 모든 미국인이 대학에 갈 기회를 갖는다는 주장은 엘리트 중심의 비싼 배타적인 4년제 대학 보다는 2년제 기관의 확충과 더 많은 관련이 있었다. 또한, 최근에 많이 논의되는 "학사이하 노동시장sub-baccalaureate labor market"(Grubb, 1996; 1999a, b)은 바로 이 영역을 의미한다. 점점 더 지역사회대학은 "학습사회"의 활동이 일어나는 장이 될 것이다.

지역사회대학이 성장한 것을 모두가 받아들이기는 하지만 그 정도에 대해서는 쉽게 말하기 곤란하다. 이 대학들의 등록 인원을 산출하기는 까다롭지만, 장기적 동향으로 본다면 분명히 늘어나고 있다. 등록 인원은 꾸준히 증가하여 1976년 370만 명에서 1990년에는 대략 500만 명에 이르렀다. 그 수는 1995년에 530만 명으로 정점을 이루었고, 그 후로 1999년까지 조금씩 낮아졌다. 그 이후 지역사회대학은 급격하게 성장하였다. 이러한 성장에는 여러 가지 이유가 있다. 그 중의 하나는 인구통계학적인 것이다. 현재 대학에는 지역에 따라 차이가 나기는 하지만 고연령층의 학생이 많다. 또다른 증가의 이유는 경제적인 것인데, 이는 사립대학과 공립 4년제 대학의 등록금이 인플레이션 비율보다 더 높아졌기 때문이다. 또 다른 많은 경제적인 이유들이 있다. 정규 고용 상태에 있는 사람들이 기회가 여의치 않을 때 지역사회대학에 가기도 한다.

미국의 중등 이후 교육의 성장과 점진적인 정착에도 불구하고, 도허티 Dougherty(1994)의 "모순된 대학The Contradictory College"이라는 미국 지역사회대학에 대한 묘사는 교육과 일의 위계에 있어 그들의 위치를 적절하게 포착하고 있다고 보여진다. 그 모순은 여러 가지로 나타난다. 지역사회대학은 한편으로 수천만의 중간계층 노동자를 위한 직업 준비를 제공한다 (Grubb, 1996). 이러한 훈련은 대부분 정교하고, 인지적으로 복잡하며, 보상받을 수 있는 것이다. 이와 동시에 지역사회대학에는 학문적으로 준비가 부족하거나 심지어 겨우 문자해독이 가능한 수백만 명의 학생이 재학 중이다. 지역사회대학에서의 많은 교수 활동은 보충교육으로 구성되어 있다. 그럽Grubb과 칼맨kalman(1994)은 주 마다 차이가 있기는 하지만 재학생의 1/4에서 3/4이 보충학습이 필요한 것으로 산정했다. 지역사회대학은 이 부분에 우선권을 갖는다. 이것이 반드시 나쁜 것만은 아니다. 지역사회대학에는 전문적인 교원(성인교육 및 직무 훈련과는 다른)이 있기 때문에, 그들은 이런 종류의 교육을 제공하는 데 최고의 기관이다.

게다가, 경제 개발과 일에 대한 준비에 있어 중요한 역할을 수행함에도 불구하고, 지역사회대학이 표방하는 사명은 그들이 가진 자원들과 항상 합치되는 것만은 아니다. 대부분의 지역사회대학은 운영비용을 확보하는데 있어서 4년제 대학보다 기업화된 전략을 수립해야 했다. 좋은 평판으로 비교 우위에 있는 영역에서도 지역사회대학은 연방과 주 정부의 직업 기술 자금을 제공받기 위해 고등학교와 격렬하게 각축해야 한다.

숙련 노동력이라는 공공재public good를 위한 공적 재원의 불확실성으로 인해(Crouch et al., 1998; Labaree, 1997), 지역사회대학은 일의 세계와의 연계체제를 구축하는 데 있어서 창의적이어 왔다(공격적이라고 말하는 사람도 있겠지만). 도허티와Dougherty와 바키아Bakia(2000)는 지역사회대학에서의 계약훈련의 확대를 상세하게 기술하였다(Dougherty & Bakia, 1998; Lerman et al., 2000). 이 프로그램은 최대한 고용주와 (때로는 공적 재원으로) 직접적인 방식으로 거래를 하며, 직원 직무연수와 신입사원 계약훈련을 포함한다. 도허티와 바키아는 지역사회대학의 대략 90%가 어떤 형식으로든 계약훈련에 참여하고 있다고 추정한다.

지역사회대학은 고등학교 직업교육 및 견습제도와 동일한 문제에 직면해 있다. 급속하게 변화하는 후기 산업사회에서 어떻게 개개인이 일반적인 기술을 제공받아 특정 기업에 가치있게 이전하여 특수한 것으로 만들 수 있을까? 따라서 무엇을 가르쳐야 하는지, 그리고 어떤 방식이 좋은지에 대한 질문이 지역사회대학에서 특별히 강조되고 있다. 고등교육에서 합의되기는 어렵겠지만, 점차 공유되고 있는 신념이 하나 있다. 그것은 가장 효과적인 준비교육은 학문적인 교육과 직업적인 교육을 통합해야 한다는 것이다. 학문과 직업 양 영역에서 모두 탄탄한 배경을 가진 노동자를 양성하는 데 성공적인 프로그램의 사례가 나오고 있기는 하지만(Perin, 2001), 이러한 노력이 그리 흔하지는 않다.

중등 이후 교육의 또 다른 형태

견습제도는 쇠퇴하고 지역사회대학은 성장하였으나, 전반적인 추세는 분명히 성인교육의 공급자가 상당히 다양해지고 확산되고 있다. 고용주와 노동자는 이제 광범위한 제도와 기관들을 통해 특수한 기술과 훈련을 쉽게 찾을 수 있다. 그것들은 기업대학, 연수원, 사내 인증, 주 정부 지원 맞춤형 노동 훈련, 그리고 제약이 별로 없고 널리 퍼져있는 웹 기반 교육을 포함한다. 학사학위 이하 수준의 기관으로 한정해도, 기술학원, 지역 직업학교, 사설학원, 단기 직업훈련 프로그램, 그리고 공공기금이 부분적으로 지원하는 산업체 기반 훈련을 추가할 수 있다(Grubb, 1996, p.xv; Hollenbeck, 1993). 이 가운데 많은 기관들이 엄격하고 신중하게 설계된 교육을 제공한다. 다른 한편으로, 케트kett(1994)의 "고상한 이상주의와 천박한 행상(行商)"이 떠오르기도 한다. 비록 4년제 대학이 미국 고등교육을 독점해 왔다할지라도 그 독점이 역사적으로는 그리 길지 않았다는 점이 밝혀지고 있다.

이런 확장은 계속 진행되고 있고, 이는 앞으로도 전통적인 K-12 교육과 중등 이후 교육체제 밖에서 지속될 것이다. 그것의 좋은 사례로는 숙련노동자 확보를 위해 '채용'보다는 '육성'을 선택하는 기업대학corporate university이 있다. 마이스터Meister(2001)는 "기업대학을 통해 기업은 직원, 고객, 하청업자를 훈련시키고 교육하는 프로그램을 관리하고 운영한다"고 말한다. 앞으로 몇몇 기업대학들은 일반인들에게도 교육을 제공할 것이다. 기관의 운영에 있어 특정한 모델은 없다. 어떤 기업은 기업 소속의 교수진을 활용해 교육을 하기도 하고, 어떤 기업은 전통적인 대학과 제휴를 맺어 교육을 하기도 한다. 미국에서 기업대학의 수는 1988년과 2001년 사이에 400곳에서 2,000곳으로 증가하였다(Meister, 2001).

기업이 자체적으로 교육과 훈련을 제공하는데 있어서 권한과 책임을 가질 것으로 가정되지만, 이러한 기업의 전략은 전례가 없었던 것은 아니다. 넬슨-로Nelson-Rowe(1991)에 의하면, 100년 전 많은 기업 지도자들은 일반 학교에서 경쟁력 있는 노동자를 제공하는 능력을 평가절하 하였다. 이러한 실망감은 종합고등학교를 넘어 기술훈련, 직업학교, 견습제도로 확대되었다. 넬슨-로는 지금까지도 많은 부분에 있어 기업 지도자들은 산업교육자가 기업의 실제 요구에 주의를 기울이지 못하고 있다고 주장한다. 미국 노동시장에서 여전히 남아있는 "만들어 내기 아니면 구입하기(육성 또는 채용)"라는 결정에 직면해서 많은 기업들은 스스로 기업학교나 공장 견습제도를 계획하고 개발하는 전략을 선택하였다.

부상하고 있는 또 다른 모델은 수익을 목적으로 하는for-profit 중등 이후 교육기관이다(Bailey et. al., 2001). 이 기관들은 1970년대 직업학교의 급성장과 함께 등장하였고, 지금까지도 경영과 기술 분야에 집중되어 있다. 수익을 목적으로 하는 피닉스대학교University of Phenix나 웨스턴거버너스대학교Western Governors Universtiy 같은 종합대학의 부상은 지난 5년간 대단한 주목을 받아왔다. 베일리는 이런 수익 목적의 대학이 아직까지는 지역사회대학의 경쟁자라기 보다는 보완자로 보고 있다. 수익 목적 대학은 지난 몇 년간 몇 가지 운영상의 문제로 인해 좀 더 많은 규제를 받게 되었다. 이로 인해 그들의 존재는 평가인정직업대학Accredetied Career Collges, ACCs으로 자리매김하게 되었다. 지역사회대학과 유사하게 수익 목적 대학에는 소수 민족 학생과 여성의 비율이 높다. 이러한 주목에도 불구하고, 수익 목적 대학은 2년제(약 4%)와 4년제(약 2%) 등록생의 아주 적은 부분만을 차지하고 있다.

원격 학습: 학교와 일의 연계를 위한 정보기술의 가능성

다니엘 벨(1999)은 후기 산업주의의 큰 특징 중의 하나로 시간과 공간의 제약을 넘을 수 있는 정보기술의 사용 능력을 꼽았다. 전통적인 장소 중심의 대학제도와 나란히 부상하고 있는 실체가 없는 중등 이후 교육 체계에서 이는 분명히 나타난다. 교육기관은 이제 캠퍼스에 발을 들이지도 않은 학생에게, 또는 같은 나라에 있지도 않은 성인학습자에게 교육을 제공하고 졸업장을 발급할 수 있다. 렌Lenn(2002)은 교육과 훈련이 그 형식에 있어 "기업 과정, 원격교육 프로그램, 분교, 프랜차이즈 등"과 같이 다양해졌고, 그것이 이제는 미국의 다섯 번째 수출고가 되어 1999년에 100억 달러에 가까운 이윤을 창출했다고 보고하였다. 교육과 일의 관계는 이제 점점 더 "원격" 교육과 일의 관계가 되어 가고 있다.

다시 한번 사회이동의 개념은 무엇이 일어나고 있는가를 포착하는 데 도움을 준다. 원격교육 운동의 맹신자들은 구태의연한 관료주의와 낡은 교수법을 대체할 현대 기술의 불가피성을 예견하면서, 전통적인 중등 이후 교육이 즉각적으로 붕괴될 것이라고 주저함 없이 전망하고 있다. 그들은 벽돌과 시멘트로 만들어진 학교를 무엇이 대체할 것인가에 대해서는 명확하게 언급하지는 않는다.

실제로 기술과 노동자를 공급하는 중등 이후 교육기관과 고용주 간의 어떠한 제휴, 협약, 연합도 곧바로 쓸모없는 것이 되어 버리고 만다. 그러나 궁극적으로 피닉스대학이나 웨스턴거버너스대학이 어떤 식으로 생존하고 발전할지는 확실하지 않지만, 그런 기관들이 조만간 성인교육과 훈련에 있어서 주요한 역할을 담당하게 될 것이라는 점은 분명해 보인다. 예를 들어, 레거 샨크Reger Shank의 온라인 학습 기업인 코그니티브 아트Cognitive Arts는 콜럼비아대학교와 하버드 경영대학과 제휴하였고, 또한 고등학교와 지역사회대학을 특별한 수익시장으로 주목하고 있다. 이러한 사업들은 확실히 계속해서 이루어질 것이다.

새로운 형태의 훈련 인증

중등 이후 교육 단계에서의 교육기관 형태의 확장(특히 원격 학습)으로 인해 보호되었던 인증체계가 변화 교란될 가능성이 상당히 존재한다. 루이스Lewis와 그의 동료들은 "과거에는 개별적으로 이루어졌던 취사선택적 비학점 교육 프로그램들이 이제는 빠르게 종합적인 학위나 인증형태의 프로그램으로 통합되고 있다"고 언급하였다(Lewis et al., 2000 p.3). 이는 학력주의 대 실력주의 질문으로 환원된다. 만일 "교수instruction"라고 불리는 활동이 일어날 경우, 이를 인증하는 수단은 그렇게 멀리 떨어져 있다고 할 수 없다. 기술 공급자의 다양화와 파편화는 학습 인증에 대한 불확실성을 증가시킨다. 이는 전통적인 중등 이후 교육 인증체제를 위협한다.

기업이 부여하는 인증("역량 기반" 인증)의 합법성은 필요한 기술을 찾아내고 그 기술을 보급하는 수단을 계획하는 것으로 실제 현장에서도 매우 명료한 것으로 보인다. 특별한 인증기관이 없는 인터넷 교육 역시 또 다른 문제로 남아 있다.

정보기술 분야 산업 인증 프로그램의 급속한 증가는 이제 광대한 토대를 구축하고 있다. "테스트 센터, IT 훈련 회사, 출판사, 모의시험 판매처, 인증 책임사, 온라인 멘토링, 그리고 자료 제공자" 등이 그 예이다(Bartlett, 2001, p.11). 이러한 외부 기술증명서 ―시스코 인증 인터넷 전문가, 마이크로소프트 인증 시스템 엔지니어, 노벨 엔지니어 인증 등 천 여종― 에 대한 중요성의 증가는 무엇을 표준으로 삼는가 라는 문제를 포함한다. "육성 또는 채용" 결정의 계속되는 새로운 버전이 나오게 된 것이다.

기술의 외부 인증은 아직 전통적인 대학의 인증체계를 대체할 만한 단계에 이르지는 않았다. 그러나 엘리트 학위와 기술계 학위 역시 지속적으로 문제가 되고 있다. 따라서 장기적으로 외부 인증은 상정 가능한 대안이 될 수 있다. 이러한 새로운 증명서는 일의 세계와 상당히 밀접하게 연계됨으로써 전통적으로 일자리를 할당하는 데 사용된, 그러나 모호성이 많은 학위보다 더 큰 장점을 나타내고자 할 것이다. 버그Berg(1971) 등은 새로운 증명서가 공허하지만 필요한 사회적 상징의 예가 되고 있음을 냉소적으로 기술하였다. 누구나 쉽게 상상하는 바와 같이, 자격증 훈련 영역은 경제적 압박을 받는 지역사회대학의 수익원으로서 실력의 인증보다는 학교교육의 상품화와 더 관련되어 있다.

요 약

이 장에서 논의의 핵심은 교육과 일의 관계가 장기적으로 고려되어야 한다는 점이다. 과거에 그 관계가 장기간의 학업 후에 오는 장기간의 일의 관계로 개념화되었다면, 이제 그러한 시대는 끝났다. 후기 산업주의에서의 삶(Hage & Powers, 1992)은 학습자의 역할에서 노동자의 역할로 아주 쉽고 빈번하게 막힘없는 이동을 할 수 있도록 변화할 필요가 있는 삶이다.

CHAPTER 09

교육과 일의

미래

CHAPTER 10

교육과 일의 미래

아마도 이 책의 일관된 주제는 역사적으로 긴밀해지고 있는 학교교육과 사회경제적 보상의 연계에 관한 것이다. 나의 관심은 주로 미국에 관한 것이었지만 이를 세계적 상황으로 일반화시켜볼 수도 있을 것이다. 학교로부터 무엇을 기대하든지 간에 학교의 역할이 사람들을 일의 세계로 나갈 수 있도록 준비시키고 자격을 부여한다는 점에 대해서는 별다른 이의가 없다.

이러한 연계의 증거는 다양한 형태로 나타난다. 그 중 하나는 일을 위해 계속 높아지고 있는 교육 요건이다. 박사학위를 소지한 택시 운전사의 이야기는 믿겨지지 않지만, 많은 일자리에서 신입 직원의 교육수준이 높아지는 것은 분명해 보인다. 오늘날 학교 졸업장 없이 일터에 진입하는 젊은이는 무기를 지니지 않고 전쟁터에 가는 것과 다를 바 없다.

교육과 일의 상호관련성 증가에 대한 또 다른 증거로는 고등학교 교육과정의 직업화를 들 수 있다. 넓은 의미에서 "직업화vocationalization"는 고등학교에서의 경험이 과거 수십 년 전 쇠퇴한 직업교육보다 더욱더 일의 세계를 지향하고 있고, 이에 맞춰져 있다는 것을 말한다. 미국의 고등학교를 논의하는 공공의 토론의 장에서 노동자를 준비시키는 학교의 역할을 강조하지 않기는 어렵게 되었다.

중등 이후 교육의 직업화에 대한 증거는 훨씬 더 많다. 대학들은 경제적 성장 "동력"으로서 교육기관의 정당성에 기초하여 공적인 지원을 지속적으로 요구한다. 행정가와 입법자들은 불확실한 자금 제공을 담보로 하여 고등교육기관에게 졸업생의 취업률에 대한 책임을 묻는다.

또 다른 증거는 학교에서 습득한 기술에 대한 경제적 보상의 증가에서 찾아볼 수 있다. "중요한 것은 무엇을 아는가가 아니고 누구를 아는가이다"라는 조언을 포기하는 것은 시기상조일 수도 있으나, 이 충고는 과거에 가졌던 힘을 상실하고 있다. 직업시장에서 연줄을 가지고 있다는 것이 분명히 해가 되지는 않지만, 후기 산업사회는 교육자격증을 가지고 있지 않은 사람들을 인정하지 않는다.

마지막으로, 우리는 교육과 일 사이의 연계에 대한 단순하고 일반적인 문화적 승인을 지적할 수 있다. 존 메이어John Meyer(1977)가 분명하게 일깨워 주는 것처럼, 학교 체제는 개인 배치의 이론으로서 "작동"한다. 어떤 사람은 이를 합법성이라고 말하기도 하고 헤게모니라고 말하기도 하지만, 미국인들은 다른 나라 사람들과 마찬가지로 일을 위한 준비로서 학교교육에 대한 대안을 거의 생각하지 못한다.

역사적으로 긴밀해진 연계가 의미하는 것은 교육과 일의 제도가 점점 더 가깝게 연계되고 있다는 단순한 사실과는 전적으로 다른 문제이다. 이 연계의 긴밀성은 후기 산업주의의 계속적인 추세로 인한 기술적, 인지적 요구에서 나올 수도 있고, 교육받은 엘리트 부모가 채택하는 정교한 재생산 전략에서 비롯될 수도 있다. 이는 실력주의적인 선택을 지향하는 지속적인 경향을 나타내기도 하고 공허하고 관련 없는 졸업장의 가치상승을 보여주기도 한다. 물론 이는 모두 교육과 일의 연계에 관한 것들이다.

교육과 일의 연계가 점점 더 긴밀해지는 것은 불가피한가? 여기에는 역사적 필연성이 존재하는가? 당연히 그렇지 않다. 학교와 일 사이의 관계의 강도는 다른 사회적 관계에서처럼 가변적인 것이다. 콜린스Collins (2000)가 그의 탁월한 논문에서 보여주었듯이, 채용을 담당하는 사람이 신규 직원을 제공하는 교육기관에 어느 정도로 의존하는 지는 명확하고 단선적이지 않은 경로를 따르게 된다(Ringer, 1991 참조). 사회적 배치는 어떤 특정한 표식을 어느 정도로 중요하게 구분하는가 하는 방식에 따라 변화한다.

그러나 명확하고 단선적인 경로가 존재하지 않더라도 거기에는 분명히 어떤 경로가 있게 되고, 이러한 경로는 의존성을 만들어낸다. 일단 학교교육과 일과의 관계는 맺어져 있고, 이 관계를 지속하고 유지하려는 힘을 변경하기가 매우 어렵다. 몇 년전 레비탄Levitan(1973)이 제시한 "일은 여기에 계속 지속된다Work Is Here to Stay, Alas"는 책제목은 체념을 의미하는 것이었으나, 이제는 "학교교육과 일은 여기에 계속 지속된다"라고 쉽게 바꿀 수 있을 것이다.

교육과 일의 관계가 긴밀하지 않은 것이 더 바람직하다고 보는 사람들의 목소리도 당연히 있다. 콜린스Collins가 그의 「학력주의 사회The Credential Society」(1979)의 논의를 "학력 폐지론"을 위한 탄원으로 끝낸 것을 상기해보자. 더 나아가, 라바리Labaree의 사회 비평은 학교교육이 일터에 의해 강탈당했다고 할 정도로까지 이에 대한 재평가를 요구하였다. 역사가 벤 허니컷Ben Hunnicut(1999)의 논의에 따르면, "직업 직업 직업JOBS JOBS JOBS"이라는 문화적 주문은 일을 이데올로기화 하였고, 이는 통제의 범위를 넘어서게 되었다. 허니컷은 일에 대한 이러한 관점을 여가를 사소하게 여기는 것으로까지 확대했다. 이는 일을 제공하는데 있어 학교교육이 사소한 과정으로 다루어지는 것을 의미하기도 한다.

이러한 생각은 이 책에서 다루어졌던 두 번째 큰 주제로 이어진다. 이는 수요의 힘이 공급의 힘을 압도한다는 것이다. 있는 그대로 말하자면 이렇다. 만약 일터에서 x, y, z 기술을 가진 사람을 요구한다면, 학교는

x, y, z라는 기술을 제공하는 방법을 찾고자 할 것이다(또는 적어도 그렇게 요청했던 고용주와 대중을 확신시키기 위한 방법을 찾고자 할 것이다). 학교는 상호호혜성과 상호의존성에도 불구하고, 아직도 혁신적이고 주도적이기 보다는 일의 세계의 요구에 복종하고 있다. 이는 학교가 자신이 속해있는 사회를 창조하는 데 많은 역할을 하고 있다는 메이어Meyer(1997)의 통찰력을 부인하려는 것이 아니다. 단지 학교가 더 자주 경제적 요구에 순응하면서 자신의 위치를 찾고 있다는 점을 주장하는 것이다. 역사적으로 학교는 이러한 관계를 촉진하기 위해 많은 것을 해왔다(Callahan, 1962). 많은 학교 지도자들은 기업에 대한 학교의 대응이 그래야만 하는 것으로 주장해왔다. 남아있는 문제는 경제가 "요구하는(수요)" 것이 학교가 "제공하는(공급)" 것보다 일반적으로 우선한다는 점이다.

수요가 공급의 힘을 압도한다는 주장은 "기술적 해결책"이 이러한 기술에 대한 수요 없이는 성공할 수 없다는 것을 의미한다. 다시 말하면 사람에게 기술을 계속 더 많이 "투입"하는 정책은 ―학교에서 일의 세계로 처음 이동하는 젊은이든, "학습사회"에 참여하는 중년 노동자이든, 아니면 후기 산업사회의 전형적 PTM 노동자이든지 상관없이― 이러한 기술을 위한 시장이 존재할 때만 성공적일 수 있다. 헤르젠베르그Herzenberg 등 (1998, pp.16-17)은 다음과 같이 언급하고 있다.

> 마지막으로, 어떤 사람들은 일을 확산하고 막힌 진로를 해결할 가장 좋은 해결책으로 교육과 훈련을 제안할 지도 모른다. 교육은 그 자체가 선이다. 그러나 교육만으로는 저임금 노동을 사라지게 할 수 없다. … 사실 다른 정책적 보완 없이 많은 교육과 훈련을 제공하기만 하는 것은 단순히 노동자의 좌절을 더 확대시킬 뿐이다. 많은 미국인은 자신의 열망을 채우기에는 부족한 기회에 직면하게 될 것이다.

이 모든 것은 우리에게 무엇을 시사하는가? 우리는 어떤 결론을 얻을 수 있는가? 나는 이 마지막 장에서 학교교육과 일터의 연계가 발전하게 될 방식에 대한 몇 가지 제언을 하고자 한다. 앞서 교육과 일의 연계가 계속 강화되거나 또는 느슨해질 수 있다는 것을 논의했지만, 실제로는 졸업장과 일의 관계는 강화될 것이다. 반드시 그렇다고 할 수는 없다 하더라도 이러한 강력한 경향은 분명히 지속될 것이다.

실력주의와 학력주의 양자에 있어 모두 졸업장의 역할이 강화될 것이라고 예견하는 것은 어렵지 않다. 후기 산업주의는 버그Berg가 변덕스럽고 무분별하다고 표현한 것처럼 고용주가 더 이상 그런 방식으로 행동하지는 않을 것이라는 점을 내세웠다. 모든 일터와 직업이 아니더라도 생산적 능력을 반복적으로 "잘못 표시한mis-signal" 졸업장은 아마도 더 신뢰로운 다른 지표에 의해 대체될 것이다. 역설적인 것은 "인적자본의 시대"(Goldin, 2001)에서 진정한 기술을 표시해내는 학교교육의 능력이 40년 전 "인적자본의 전환" 시점에서 보다 지금 분명하게 더 크다는 점이다.

이와 동시에 교육 시스템을 충분히 활용하기 위해서는 교육과 계급엘리트의 풍부함을 과소평가해서는 안 된다. 학력주의는 실력주의와 거의 비슷하게 재생산을 위한 효과적인 전략이라는 점이 입증되었다. 엘리트 지위에의 접근을 "관리"할 수 있는 사람(Tilly, 1998), "조직의 첫 관문과 직무 위계"를 통제할 수 있는 사람(Bills, 1998), 그리고 이런 사회적 지시봉 social designation stick을 만들 수 있는 사람(Meyer, 1970)은 어떤 형태이건 학력주의가 지속적으로 작동할 수 있도록 많은 역할을 수행할 것이다.

교육과 일 사이의 긴밀한 연계가 계속될 수 있을까?

교육과 일의 관계가 지속되기 위해서는 몇 가지 필요한 것이 있다. 첫째, 고용주가 학교를 인적자본을 형성하는 원천으로 보는 시각이 계속되어야 한다. 둘째, 노동자와 구직자(학생 포함)는 자신이 갖고 있거나 갖게 될 졸업장과 고용주가 보상하는 졸업장 간의 연계를 직시해야 한다. 셋째, 학교는 고용주가 원하는 것과 구직자가 가지고 있는 것을 중재할 필요가 있을 것이다. 이에 따라 우리는 다음과 같은 질문을 제기할 수 있다. "일터는 계속해서 학교를 바라볼 것인가? 구직자는 계속 학력을 쌓아나갈 것인가? 학교교육은 계속해서 일터에 "봉사"할 것인가?"

이 문제는 수많은 하위 질문들과 부수적 상황을 수반하는 복잡한 질문들이다. 그러나 각 질문들에 대한 대답은 거의 확실하게 '예'가 될 것이다. 고용주, 노동자, 학교교육과 일의 연계는 계속해서 긴밀해질 것이다. 그러면 이를 반영하는 간단한 3막의 사회극을 살펴보도록 하자.

1막: 일터는 계속 학교를 바라볼 것인가? 고용주는 무엇을 하게 될 것인가?

1막에서 고용은 불확실한 상황에서 이루어지는 결정이다. 고용주는 그것이 불완전하더라도, 생산 잠재력을 측정할 수 있는 지표를 필요로 한다. 교육자격증은 그동안 이러한 목적을 위해 사용되어 왔고 앞으로도 계속 그러할 것이다. 그러나 고용주는 더 우월한 위치에 있다. 산업계는 항상 공립학교에 대해 상당한 힘을 발휘했고, 최근에 이 관계는 더욱 심화되었다(앞에서 다룬 미국 교육부와 노동부의 논의를 상기해보라). 1장에서 살펴보았듯이, 산업계는 학교가 무엇을 만들어내야 하는지에 대한 기대를 표현하는 데 거리낌이 없다. 역사적으로 산업계가 자신들의 요구가 무엇인지에 대해 아주 구체적으로 제시한 경우는 거의 없었다.

특별히 라바리Labaree(1997)는 교육의 고귀한 목적이 경제적 긴박함에 의해 희생되었다고 개탄했다. 그러나 이와 동시에, 학교와 일의 관계는 어떤 사회에서든 보호받고, 영향력 있는 기관으로서 학교교육의 이익에도 부분적으로 작용했다. 적어도 최근까지 제도화된 학교는 고용주의 관심에 맞는 자격증을 생산하는 독점적인 존재이다. 학교의 질과 준비된 노동자를 일터에 제공하는 능력에 대한 고용주의 불만을 흔히 접할 수 있지만, 대부분의 고용주는 학교를 신뢰하는 것으로 보인다. 이러한 고용주의 불평은 인적자본을 지속적으로 공급하는 학교의 능력에 대한 전반적인 비판이라기 보다는 고용주가 원하는 특정한 기술을 가진 노동자를 제공하지 못하는 학교의 무능력에 대한 비난으로 표출된다.

동시에, 교육자격증 제공에 대한 학교의 독점적 지위는 이제 거의 사라져 가고 있다. 개인 사업자와 비전통적인 훈련 공급자의 영역이 교육시장을 점점 침범하고 있다. 따라서 비록 교육과 일 관계의 규모가 지금과 같거나 더 커지게 되어도 그 관계의 구체적 형태는 다양하게 변화할 것이다(Brown, 1995; Bassi et al., 2000; Collins, 2000). 또 다른 표시들도 상당히 중요하게 될 것이다. 이런 것으로 ACT의 "핵심직무능력work keys" 시험 형태를 생각할 수 있으며, 또한 이러한 시험은 새로운 기업 인증 형태를 반영할 수도 있다. 그러나 이는 고용주가 광범위한 교육자격증 메뉴로부터 선택 기회를 계속 찾게 되는 것을 의미한다.

2막: 구직자

계속해서 2막으로 가면, 구직자는 고용주가 자신을 채용하도록 확신시키는 방법을 찾게 될 것이다. 이를 위해 구직자는 잠재적 고용주에게 보낼 수 있는 "신호signal"를 획득한다. 교육자격증은 수십 년간 이 역할을 수행해왔다. 물론 교육증서가 개인의 직장 적합성만을 보여주는 것은 아니었다. 다양한 시기와 장소에서 고용주는 경력, 민족, 성별, 연령, 또는 다른 많은 구직자 구별 방식에 더 의지해왔다. 어떤 면에 있어서 교육자격증 취득은 증가하는 학력 지상주의의 환경에서 자기 방어적 수단이 되어왔고, 어떤 면에서 이는 엘리트가 다른 엘리트에게 보여줄 수 있는 진입승인의 상징이기도 하다.

고용주가 어떤 교육자격증에 보상을 하면, 구직자는 그 자격증을 취득하고자 할 것이다(갑작스럽게 고용주들이 핵심직무능력 인증시험의 고득점을 선호하면 구직자들이 벼락치기로 그 시험을 보게 될 것이다). 그러나 이것은 구직자가 신호를 보내기 원하는 고용주를 고르고, 그 신호를 취득하기 위한 교육 계획을 진전시키며, 그 자격증을 노동시장에서 현금화하는 것 이상으로 더 복잡하게 얽혀있다. 이 가운데 특별하게 중요한 두 가지 복잡한 문제가 있다. 그 첫 번째는 많은 구직자들이 이런 모든 것이 어떻게 작동하는지 희미하게만 인식하고 있고, 이러한 인식은 어떤 의미에서 점점 더 모호해지고 있다는 것이다. 둘째는, 구직자가 활용할 수 있는 잘못된 인증서가 많아져서 그것을 가지고 고용주를 속여 노동시장에 들어가는 경향이 점차 증가하고 있다는 것이다. 이것들에 대해 더 논의해 보자.

먼저, 구직자와 부모가 교육자격증 취득과 일자리 획득의 관계를 어떻게 이해하고 있는지 생각해 보자. 1장에서 나는 학교교육을 성공의 열쇠로 여기는 미국인의 사고에 대해 논의한 바 있다. 이 과정에는 몇 가지 단계가 있다. 첫 번째, 미국의 부모는 학교교육을 자녀가 세상에서 자기의 가치를 만드는 수단이라고 본다. 불리한 위치에 있는 부모들에게 있어 학교교육은 그들 자녀의 신분상승의 수단인 반면, 엘리트 부모에게 학교교육은 세대를 거쳐 그들의 유리한 위치를 "재생산"하는 방법이다. 두 번째, 아이들은 부모와 주변의 가까운 사람들이 자신에게 바라는 열망과 기대에 대한 포부를 발전시킨다. 다시 말해서 교육의 팽창은 확대된 열망의 산물이다.

학력이 사회경제적 성공을 이끈다는 사고의 정당성이 훼손되면 학교교육과 일의 연계는 교란될 수도 있으며, 과거에도 이러한 전례가 있다. 그러나 여전히, 후기 산업, 정보화, 또는 기술지배적 사회인 동시에 불평등한 사회에서 신분상승이라는 미국의 "국민적 규범"을 부모와 자녀가 거부할 것 같지는 않다. 이런 주장에 대한 가장 적합한 근거로 현대 미국 청소년의 직업 포부가 그들의 포부를 흡수할 수 있는 직업 체계의 범위보

교육과 일

다 더 빠르게 증가하는 점을 들 수 있다. 보상을 제공하는 학교교육의 능력에 대한 신뢰가 부족하다기보다, 이제 관심은 학생들이 자신이 원하는 미래를 넘어서는 포부를 갖고 있다는 것에 있다.

50여 년 전 베이비붐과 후기 산업주의, 혹은 학력주의가 팽창하기 이전에 프랑시스 카프Frances Carp(1949)는 "고등학교 남학생들이 직업에 대해 현실적이다"라는 결론을 내렸다. 카프의 연구설계는 단순하지만 설득력이 있어 전후 초기에 젊은이들이 세상에 대한 명확한 비전을 가지고 일의 세계에 들어갔다고 밝혔다. 이와는 대조적으로, 미국 고등학생들이 직면하는 어려움은 대부분 동기나 포부가 없어서가 아니라 원하는 직업에 이를 수 있는 현실적인 교육 계획과 자신의 포부를 "조율"하는 데 실패하거나 어려움을 겪기 때문에 발생한다. 슈나이더Schineider와 스티벤슨Stevenson의 저서 「야망의 세대: 꿈은 있지만 방향이 없는 미국의 십대들The Ambitious Generation: America's Teenagers, Motivated But Directionless」(1999)은 이를 잘 보여준다. 이들은 많은 수의 학생들이 보수가 많은 직업을 원하지만 이를 위해 어떤 경로를 선택할 것인가에 대한 생각이 분명하지 않다고 주장한다. 더 나아가, 이들은 고용 기회를 가장 긍정적인 것으로 전망하면서 직업 구조가 수용할 수 있는 이상의 수준을 열망하고 있다.

이러한 포부를 실현하기 위한 수단으로 점점 더 교육이 도구화되는 경향과 함께, 수많은 다른 연구들이 포부의 증대에 대한 슈나이더와 스티벤슨의 연구를 지지하였다(Hanson, 1994; Morgan, 1996, 1998; Rindfuss et al., 1999; Reynolds & Pemberon, 2000). 이 연구들은 인종, 성별, 그리고 사회계층과 같은 기준에 따라 중요한 차이가 있음을 보여주기는 하지만 대체적인 경향은 동일하게 지적한다. 미국 청년들은 그것이 약속하는 경제적 보상을 얻기 위해 졸업장을 원하고, 그러한 교육증서를 취득하는 방향이 항상 분명한 것은 아닐지라도 지속적으로 일에 대해 준비하고 있다. 구직자는 잠재적 고용주에게 보낼 수 있는 신호를 원한다. 비록 불확실하거나 비현실적이라고 하더라도 교육자격증에 대한 추구는 계속될 것이다.

구직자가 교육자격증을 통하여 고용주에게 신호를 보내는 데 있어 복잡한 두 번째 문제는 점점 더 많은 교육증서들이 속임수의 성격을 가지게 되었다는 사실이다. 산업계에서는 졸업장이 없는 사람이 어려운 환경에 적응하기 위해 자신을 조작하려고 한다고 의심한다. 학위 제조 산업과 가짜 학위 제공자들이 이러한 속임수를 조장하고 있다(Potter, 2003). 전통적인 고등교육기관은 거버너스대학Governor University이나 시스코 시스템Cisco Systems뿐만 아니라 학위 취급 업자Degrees-R-Us나 사이버 학위 업체 Cooldegree.com와도 경쟁해야만 한다.

이런 속임수를 판별할 수 있는 믿을만한 자료를 확보하는 것은 어렵다. 그러나 학력 평가 사업에 종사하는 사람들은 교육자격증에 대한 속임수가 증가하고 있다는 점에 대해 거의 의심을 하지 않는다(Meredith, 2001). 한 조사에 따르면, 교육 성취수준을 부풀리는 지원자 비율이 1995 ~96년 14%에서 2000~01년 18.5%로 증가했다. 또 다른 조사에 의하면, 고용주에게 대학 경험에 대해 거짓말하는 사람이 한해에 50만 명을 넘는다고 한다(Forster, 2003). 이러한 속임수의 명백한 증가로 인해 크리덴셜사Credentials Inc와 에드베리화이EdVerify 같은 업체가 정교한 학력 검증 산업에 합류하기 시작했다.

미래의 학력주의 모형은 더욱 복잡하게 성장할 것이다. 지금까지 합법적인 신호의 장점을 가졌던 졸업장은 부풀려진 기대를 가지고 있는 사람들과 공존할 것이다. 이와 더불어 다른 형태의 "음지shadow" 인증 시스템이 급증할 것이다. 이러한 음지형 인증체계는 사내 자격증이나 온라인 학습 등과 같은 광범위하고 제어하기 어려운 체제로부터 나타나고 있다. 두 번째는 더욱 "음지"라는 어휘에 걸맞는 것으로 기만적이고, 날조되거나 잘못된 교육자격 체계가 확대될 것이라는 점이다.

3막: 교육기관

이제는 이 3막극을 마무리 할 차례이다. 고용주와 구직자들이 학교와 일의 연계에 있어서의 합법성과 유효성을 받아들이는 한 확실히 학교 시스템은 계속해서 확장될 것이다. 그렇게 함으로써 학교는 고용주의 관심을 유발하여 시장을 지속적으로 점유할 수 있다. 교육의 확대는 분명히 어떤 수준의 학교, 어떤 목적의 학위가 특정 직업 획득과 관련되는지에 대한 시사점을 제공한다. 만약 학력주의가 학력 인플레이션으로 해석될 수 있다면 이는 어떤 일을 하기 위해 더 많이 공부를 해야 한다는 의미이며, 따라서 계속되는 교육 확대에 대한 전망이 어떠할 지를 예측하는 것은 상당히 흥미로운 작업이다. 이와 함께 중요한 것은 무엇이 교육의 성장을 용이하게 하고, 또 가로막는 지에 대한 질문이다. 그렇다면 향후 교육체제는 얼마나 확대될 수 있고, 이는 교육과 일의 관계에 어떤 의미를 갖는가?

교육 연구자들은 중등 이후 교육등록률 예측에 상당히 많은 시간과 노력을 투자한다. 그 연구자들은 교육의 확대를 막는 제한요인과 이러한 확대를 계속해서 강제하는 힘 모두에 대해 끊임없이 탐구한다. 중등 이후 교육의 확대를 방해하는 요인은 교육을 열망하는 개인이 지불해야 하는 비용과 더 넓게는 사회가 감당해야 하는 비용에 관련된다. 교육의 급속한 확대를 촉진하는 요인은 대체로 직업 포부와 관련이 있다.

고등교육의 보편화라는 세계적 동향이 언제까지 계속될 것인가에 대한 연구들이 있으나 여기에서는 이에 대한 자세한 논의를 하지는 않겠다(Farley, 1996; Doughety, 1997; Rubinson & Hurst, 1997). 미국에서는 대체로 중등 이후 교육을 포화상태라고 보지는 않는다. 아직까지는 성장의 여지가 남아있다고 여긴다. 교육과 일의 관계에 초점을 맞추어 볼 때, 교육 시스템의 지속적인 계층화 경향은 상당히 다른 두 가지 형태를 취한다. 첫 번째는 수직적 확대vertical expansion이며, 두 번째는 수평적 다양화horizontal differentiation이다. 전자에는 어떤 한계가 있을 수 있지만, 후자는 사실상 한계가 없다.

수직적 확대란 상위의 학위를 취득하기 위해 더 오랜 기간 동안 학교에 다니는 사람이 많아지는 것을 의미한다. 이는 교육팽창에 관한 논의에서 일반적으로 다루어지는 사항이다. 이와는 대조적으로 수평적 다양화는 특정 단계의 교육제도에서 더 많은 다양성을 갖게 되는 것이다. 교육 확대에 대한 논의만큼 충분하게 이루어지지는 않았지만, 다양성 증가의 장기적인 결과는 실력주의와 학력주의 양 진영 모두에서 여전히 중요하다 (Breen & Jonsson, 2000; Lucas, 2001).

수평적 다양화의 전망은 고등교육에서 만큼이나 K−12 수준에서도 광범위하게 펼쳐진다. K−12 수준에서의 수평적 확대는 조기교육, 영재 프로그램, 대학과목 선이수제(AP), 그리고 특성화 학교 같은 학교 내에서의 교육과정과 프로그램 차별화를 포함한다. 다양화는 학교들 간에서도 중요한 문제이다. 헌장학교charter school, 마그넷학교magnet school 등과 같은 학교가 최근 성장한 가장 중요한 이유는 아닐지라도, 이런 다양화는 기업과 일터에서의 "고용 가능성"에 대한 더욱더 계층화된 신호로 작용한다. K−12 체제는 각 단계별로 끊임없이 다양화할 수 있어서, 중등 이후 교육과 노동시장 모두에게 다양한 정보를 보내게 된다. 간단히 말해서, K−12 교육체제가 일의 세계에 더욱더 다양한 교육자격증을 제공하는 능력을 가로막을 수 있는 방해요인은 거의 없을 것으로 보인다.

다양화는 중등 이후 교육 단계에서 그 폭이 더욱더 넓다. 이는 학문 영역, 학교의 입학 경쟁률("질"이라고 언급되기도 하다), 그리고 학교의 명성에 이르기까지 다양하다. 이 모든 것에 있어서 기관 간 또는 기관 내의 차이는 과거에 고용주에게 무언가 중요한 신호를 보내기 위해 활용하였던 수단들보다도 더욱 중요하다.

교육자격증과 일터의 긴밀한 연계는 과거에 비해 수직적 확대보다는 수평적 다양화의 형태로 더 많이 나타날 것이다. 역사적으로 수직적 확대는 학력 인플레이션 또는 직업수준의 향상이 주요 원인이었다. 미래에는 더욱 다양하고 풍부한 정보를 담은 교육자격증이 변화를 이끌어 갈 것이다. 기술 향상과 인증체계가 확대되든지 혹은 다양해지든지 졸업장의 계층화는 지속적으로 이루어질 것이다. 구직자와 고용주 양자의 입장에서 볼 때 교육증서에 대한 요구는 실제로 충족되지 못한다. 이러한 교육자격증을 생산하는 곳이 미래에는 달라질 수도 있겠지만, 학력주의 사회는 (실력주의 여부에 관계없이) 지속될 것이다.

결론: "새로운 근대"에서의 교육과 일

다니엘 벨은 「후기 산업사회의 도래The Coming of Post-Industrial Society」에서 근본적인 문제를 명료하게 기술하였다. "오늘날 어린 아이는 과거와의 근본적 단절에 직면할 뿐 아니라 미지의 미래를 위해 훈련받아야 한다. 이는 사회 전체가 직면하는 과제이다"(p.171). 먼저 드러나는 것은 기술적이고 규범적인 것이다. 이는 우리가 어떻게 후기 산업사회의 요구에 대응할 수 있는 교육제도를 계획하고 수행해야 하는가에 대한 질문을 제기한다. 더욱 긴급한 것은 이로부터 나타나는 교육과 일의 관계가 어떻게 되어야 하는가 하는 문제이다.

이는 사회학자들이 대답할 수 있는 범위를 넘어서는 것일지도 모른다. 그것은 후기 산업주의 사회를 사는 모든 사람들 ―부모, 고용주, 노동자, 가족, 정부, 퇴직자― 이 교육과 일의 관계를 어떻게 형성하는가에 달려있다. 우리가 기대하는 학교와 일터의 관계는 우리가 어떤 종류의 사회를 원하는가와 관련된다. 한계가 있기는 하지만, 우리는 라바리Labaree(1997)가 아주 조심스럽게 제안한 학교의 세 가지 목표 ―민주시민정신, 사회적 효율성, 사회 이동― 를 조정할 수 있는 선택권이 있다. 우리는 또한 학교교육과 일 사이의 긴밀한 연계를 선택할 수도 있고, 사회 이동을 우선적 목적으로 선택할 수도 있다.

　이는 광범위한 참여와 다양한 목소리를 요구하는 대화이기는 하지만, 사회학자들은 보다 특별한 논의사항을 이끌어 내야 한다. 사회학은 이와 관련된 도덕적, 규범적 문제들을 해결하지는 않지만, 더욱더 분명한 경험적이고 개념적인 이해를 제공한다. 이 책을 통해 내가 보여주고자 한 바와 같이, 이러한 이해를 촉진하기 위해서 우리는 더 많은 학습이 필요하다. 교육과 일의 관계를 풀어나가는 데 있어서 과거 어느 때 보다 더 사회학적 상상력이 중요해지고 있다.

본 **QR코드**를 스캔하시면, "**교육과 일: 사회학적 접근**"의 **참고문헌**을 참고하실 수 있습니다.

인명 찾아보기

교육과 일

교육과 일

내용 찾아보기

한국사회에서 교육과 일은 어디로 가야 하는가?

장원섭

데이빗 B. 빌스 교수는 매우 예리하다. 그는 후기 산업사회에서 교육과 일의 관계에 대해 날카롭게 분석하고 엄밀하게 논리를 전개한다. 이 책에서는 교육, 일, 기술, 학력주의와 실력주의, 후기 산업주의, 인구학, 직업교육과 청소년 노동시장, 성인교육과 학습사회 같은 아주 기본적인, 그러나 혼란스럽게 사용하는 용어들을 치밀하게 개념화한다. 그리고 그 개념들 사이에 복잡하게 얽힌 관계들을 주도면밀하게 풀어낸다. 수많은 경험적 증거들을 냉철하게 검토하고 철저하게 인용하는 동시에 폭넓은 식견과 탄탄한 논리로 그 관계들에 대한 통찰력을 제공한다.

빌스 교수는 대단히 신중하다. 그는 어느 하나의 관점에 편향되지 않은 균형 잡힌 시각을 가지고 교육과 일의 관계를 검토한다. 매우 복합적인 관계들에 대한 단순명쾌한 정답은 없다. 그는 결코 서둘러서 결론을 내리지 않는다. 그 대신 교육과 일의 관계들에서 나타나는 수많은 문제들을 아주 세심하게 살펴보고 그로부터 제기되는 또 다른 새로운 연구문제들을 제시한다. 다만, 그는 우리 모두가 교육과 일의 관계에 대한 사회학적 상상력을 발휘하기를 요청할 뿐이다.

빌스 교수의 학문적 예리함과 신중함은 내가 십 수 년 전에 박사과정에서 그로부터 배웠기 때문에 이미 알고 있었다. 그렇지만 이 책을 읽으면서 새삼 다시 한 번 놀랐다. 사실 교육과 일의 관계는 지난 십여 년 이상 나의 거의 유일한 연구주제였다. 내가 1997년에 썼던 『교육과 일의 사회학』과 2006년에 쓴 『일의 교육학』이 그 결과물들이다. 빌스 교수의 책은 나의 책들과 많은 유사한 주제들을 담고 있다. 그러나 동시에 그는 내가 미처 생각하지 못했던 문제들에 대한 신선한 지적 자극을 주었다. 내가 이 책을 번역하기로 마음먹은 것도 그런 보완적 시각과 내용들 때문이다.

내가 이 책을 처음 접하여 읽고 번역하는 동안에 내 머릿속에서 끊임없이 떠나지 않았던 두 가지 문제가 있었다. 그 중 하나는 미국과 한국에서 교육과 일의 관계가 어떻게 같고 어떻게 다른가하는 문제였다. 사실 미국은 우리나라와는 역사적 배경과 경제사회적 상황, 그리고 교육적 조건이 매우 다르다. 그럼에도 불구하고, 이 책에서 우리는 미국에서 나타나고 있는 교육과 일의 관계의 많은 문제들을 놀라울 정도로 유사하게 우리들도 겪고 있다는 점을 발견할 수 있다. 빌스 교수가 제시한 후기 산업사회로의 이행이나 인구학적 변화, 그리고 학력주의와 실력주의의 다툼, 교육의 직업화/경제화, 평생학습의 대두 등은 그 주요한 사례들이다. 어쩌면 이것이 이 책의 주제인 교육과 일의 관계 전부에 해당하는 것일지도 모른다. 그럼에도 불구하고, 우리가 잊지 말아야 할 것은 그 유사한 현상들이 매우 다른 교육과 일의 맥락과 여건 속에서 나타난다는 점이다. 이런 측면에서 우리는 이 책으로부터 얻은 문제인식과 시사점을 우리의 고유한 언어로 다시 새기고 풀어나가야 하는 숙제를 안게 된다.

또 다른 하나의 문제는 교육과 일이 도대체 어디로 가야하는가 하는 질문이었다. 빌스 교수에게 교육과 일은 학교(또는 교육제도)와 일터라는 사회제도로 간주된다. 그는 제도로서 교육과 일이 어떤 관계로 나타나고 있는지를 사회학적으로 분석하였다. 한마디로 빌스 교수는 냉철하면서도 포괄적인 사회학적 접근법을 충실히 견지하면서 이 책을 썼다. 나는 이 책을 읽으면서 교육학적 관점을 끊임없이 되뇌었다. 학교와 일터는 교육과 일의 규범적 가치와 이상을 실현하는 실천의 장일 수도 있지만, 현실에 있어서 그 제도들은 교육과 일의 본질적 의미를 왜곡하는 주범이기도 하다. 한국 사회, 그리고 학교와 일터라는 현실적 틀 속에서 교육적 가치와 이상이 어떻게 구현되어야 하는지의 문제는 그 자체로 모순일 수 있다. 그럼에도 불구하고, 빌스 교수가 요청한 사회학적 상상력과 더불어, 학교와 일터라는 제도에 갇혀 있는 교육과 일이 어디로 어떻게 가야하는지를 숙고하고 성찰할 수 있는 교육학적 통찰력이 동시에 필요하다.

저자·역자 소개

저자 데이빗 B. 빌스(David B. Bills) 교수는 아이오와 대학교 교육정책 및 리더십 학과의 교수이다. 그는 『사회계층화의 양상 The Shape of Social Stratification: Papers in Honor of Archibald Haller. Social Stratification and Mobility volume 22 (2004)』, 『직무훈련의 사회학 The Sociology of Job Training. Research in the Sociology of Work, volume 12 (2003)』, 그리고 『새로운 근대 The New Modern Times: Factors Reshaping the World of Work (1995)』 등을 편저하였고, 고용과 승진에서 교육자격증의 역할, 일의 세계 변화, 성인의 교육과 훈련 참여 등에 관한 수많은 논문을 발표하였다.

역자 장원섭 (연세대학교 교육학부 교수)
장시준 (한국교육학술정보원 연구위원)
김영실 (안산대학교 국제비서사무과 교수)

교육과 일: 사회학적 접근

초판발행   2017년 8월 25일

지은이   데이빗 B. 빌스
옮긴이   장원섭·장시준·김영실
펴낸이   안상준

편 집   김효선
기획/마케팅   이선경
표지디자인   조아라
제 작   우인도·고철민

펴낸곳   ㈜피와이메이트
                서울특별시 마포구 월드컵북로 400, 5층 2호(상암동, 문화콘텐츠센터)
                등록 2014. 2. 12. 제2015-000165호
전 화   02)733-6771
f a x   02)736-4818
e-mail   pys@pybook.co.kr
homepage   www.pybook.co.kr
ISBN   979-11-88040-13-1   93370

* 잘못된 책은 바꿔드립니다. 본서의 무단복제행위를 금합니다.
* 역자와 협의하여 인지첩부를 생략합니다.

* 책값은 뒤표지에 있습니다.

박영스토리는 박영사와 함께 하는 브랜드입니다.